北京国家会计学院·中国管理会计实践与创新丛书

管理会计师系列

总编 贺颖奇 张 静

中级管理会计

主编 王 娟

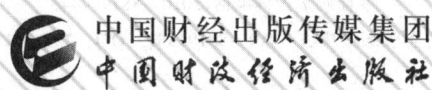

图书在版编目（CIP）数据

中级管理会计／王娟主编． -- 北京：中国财政经济出版社，2020.12

（北京国家会计学院·中国管理会计实践与创新丛书．管理会计师系列）

ISBN 978-7-5095-8695-2

Ⅰ.①中… Ⅱ.①王… Ⅲ.①管理会计－教材 Ⅳ.①F234.3

中国版本图书馆 CIP 数据核字（2018）第 275841 号

责任编辑：温彦君　　　　责任印制：党　辉
封面设计：孙俪铭　　　　责任校对：张　凡

中级管理会计
ZHONGJI GUANLI KUAIJI

中国财政经济出版社 出版

URL：http://www.cfeph.cn
E-mail：cfeph@cfeph.cn

（版权所有　翻印必究）

社址：北京市海淀区阜成路甲28号　邮政编码：100142
营销中心电话：010-88191522
天猫网店：中国财政经济出版社旗舰店
网址：https://zgczjjcbs.tmall.com
北京密兴印刷有限公司印刷　各地新华书店经销
成品尺寸：185mm×260mm　16 开　15.75 印张　379 000 字
2020 年 12 月第 1 版　2020 年 12 月北京第 1 次印刷
定价：63.00 元
ISBN 978-7-5095-8695-2
（图书出现印装问题，本社负责调换，电话：010-88190548）
本社质量投诉电话：010-88190744
打击盗版举报热线：010-88191661　QQ：2242791300

《中级管理会计》编委会

总　　编：贺颖奇　张　静
主　　编：王　娟
编委会成员（按姓氏笔画排序）：
　　　　王　娟　王志成　孙　娜
　　　　肖　建　张玉琳　张黎群
　　　　贺颖奇

前言

为贯彻落实党的十八大和十八届三中全会精神，深入推进会计强国战略，全面提升会计工作总体水平，推动经济更有效率、更加公平、更可持续地发展，2014年10月27日，财政部根据《会计改革与发展"十二五"规划纲要》，制定发布了《关于全面推进管理会计体系建设的指导意见》（以下简称《指导意见》），明确了管理会计体系建设的指导思想和基本原则，提出了管理会计体系建设的总目标，并围绕该目标部署了相应的任务、具体措施和工作要求。这一文件是中国会计改革与发展工作新的里程碑，标志着中国会计改革与发展工作重心转向培育和发展管理会计，为中国管理会计的建设、发展与推广应用指明了方向，为中国管理会计人才培养提供了基本环境。

财政部会计司在关于《指导意见》的相关解释中[①]，对我国推进管理会计发展与应用的背景做了深刻分析，概括起来主要有以下方面：

1. 全面推进管理会计体系建设，是推动经济转型升级的迫切需要。国际金融危机以后，世界经济进入增速减缓、结构转型、竞争加剧的时期。我国经济正处于增长速度换档期、结构调整阵痛期和前期刺激政策消化期"三期"叠加阶段，只有加快经济发展方式转变，充分挖掘管理潜力，才能实现社会经济持续发展。在会计领域贯彻落实全面深化改革要求，非常重要的一项内容就是要大力加强管理会计工作，通过强化管理会计应用，推动企业建立、完善现代企业制度，实现管理升级，增强核心竞争力和价值创造力，进而促进经济转型升级；推动更加科学、全面地衡量企业绩效，加快形成企业自主经营、公平竞争的市场环境，充分发挥市场在资源配置中的决定性作用。

2. 全面推进管理会计体系建设，是建立现代财政制度、推进国家治理体系和治理能力现代化的内在要求。要发挥好大国财政职能作用，必须具备国际先进的管理能力和宏观调控水平。管理会计重在利用有关信息参与决策、规划未来、控制和评价经济活动，其理念和方法对财政管理具有较大的借鉴意义。通过运用管理会计，有助于关注和重视政府管理中不同环节、不同岗位之间的相

---

① 参见财政部《规划宏伟蓝图 开创历史先河——〈财政部关于全面推进管理会计体系建设的指导意见〉系列解读之一》。

互衔接，加强规则制定、流程控制，提高政府管理效能；有助于推进行政事业单位加强预算绩效管理、决算分析和评价工作，推动建立与实现现代化相适应的现代财政制度，进而推进国家治理体系和治理能力现代化。

3. 全面推进管理会计体系建设，是会计改革与发展的重要方向。改革开放以来，特别是市场经济体制建立以来，我国会计工作紧紧围绕服务经济财政工作大局，会计改革与发展取得显著成绩。但是，一个时期以来，我们的会计标准建设以及会计学术研究和会计实务，考虑外部投资者、社会公众和外部会计较多，而服务内部管理决策不够，管理会计发展相对滞后，为单位发展提供规划、决策、控制和评价等方面的作用未得到充分有效发挥。全面推进管理会计体系建设，是顺应会计科学发展的必然选择，是实现中国特色会计体系的自我超越和自我完善的必要举措，是推动中国会计工作转型升级的重点所在。

4. 全面推进管理会计体系建设，是弥补差距、迎头赶上、跨越发展的需要。在我国，尽管管理会计已有一些探索和应用，但总体上看，管理会计在服务经济社会发展，对单位经营情况和支出效益进行深入分析，制定战略规划、经营决策、过程控制和业绩评价等方面，急需充分发挥其应有的作用。管理会计总体上与发展需要有一定差距。要实现我国管理会计跨越式发展，提高单位资金使用效益和价值创造力，推动中国经济转型升级，关键是要科学系统地进行体系规划，坚持问题导向，解决这些制约管理会计发展的重点难点问题，切实加强管理会计实践应用。

基于以上背景，财政部立足国情，借鉴国际经验，在《指导意见》中提出了"4+1"的管理会计有机发展模式，即推进管理会计理论体系建设，推进管理会计指引体系建设，推进管理会计人才队伍建设，推进面向管理会计的信息系统建设和发展管理会计咨询服务市场。管理会计"4+1"模式是管理会计体系建设的核心任务，各个体系既各有侧重、自成一体，又相辅相成、相互促进，共同构成有机整体，其中，理论建设是基础，指引体系是保障，人才培养是关键，信息化建设是支撑，咨询服务是外部支持。管理会计体系建设必须坚持整体推进，各部分要寻求均衡发展，不可偏废其一。但是，人才建设是关键，是其他各项建设的依托。《指导意见》提出的中国建设管理会计体系的宏伟目标是：争取3-5年内，在全国培养出一批管理会计人才（管理会计师）；力争通过5-10年的努力，建成中国特色的管理会计体系，使其接近或达到世界先进水平。这一目标既脚踏实地，立足当下，又放眼未来，谋划长远，描绘了中国管理会计未来发展前景，是指导我国未来开展管理会计工作的总体规划。

根据《指导意见》的部署与任务要求，财政部会计司以管理会计指引体系建设为直接抓手，推动管理会计的建设工作，提出以管理会计基本指引为统领、以管理会计应用指引为具体指导、以管理会计案例示范为有益补充的管理会计指引体系建设规划与具体方案，为单位应用管理会计提供有力的指导和具体指南，确保管理会计工具方法在单位中的应用效果，达到提升单位价值创造力的目标。从2014年至今，已经基本完成管理会计指引体系建设的主体性工作。具体工作成果是：

2016年6月，财政部会计司正式颁布《管理会计基本指引》（简称《基本指引》）。该指引在深入研究和吸收各方意见的基础上，形成了涵盖目标、原则、要素等的基本框架，并以要素为主线铺陈章节，其中，总结提炼了应用环境、管理会计活动、工具方法、信息与报告这四项管理会计要素，构成了管理会计应用的有机体系。在《基本指引》中，明确了管理会计具体应用的七大领域，即战略管理、预算管理、成本管理、营运管理、投融资管理、绩效管理和风险管理；每个领域中都列举了具有代表性的、相对成熟的管理会计具体工具方法，为管理会计应用指引的建设提供了基础。

在基本指引指导下，财政部会计司分别于2017年9月、2018年8月和2018年12月正式颁布三批《管理会计应用指引》（简称《应用指引》），共计34项。该《应用指引》对管理会计各个应用领域所涉及的主要管理会计工具方法进行了系统梳理，清晰、明确地指出这些工具方法是什么、怎么用、有哪些优缺点、运用环境、如何选择、预计效果等内容，为各单位结合自身情况选择运用适合的管理会计工具方法提供了具体指南。

管理会计应用指引体系建设的另一个主要方面就是管理会计案例库建设。该案例库不同于学术性、教学型的案例库，其主要是配合管理会计应用指引的落地实施，对应《应用指引》涉及的管理会计具体工具方法（如预算管理、作业成本法、目标成本法、平衡计分卡、战略地图等），提供源于中国企业单位实践的示范案例，其目的就是为各个单位开展管理会计活动，应用具体管理会计工具提供操作性示范。因此，管理会计案例库建设是整个指引体系建设中不可缺少的有益补充部分。

上述中国管理会计发展环境和政策建设成果，标志着由国家政府机构（财政部）推动的我国会计改革与发展进入一个新时代，同时，从《指导意见》到整个指引体系建设的具体内容，表明管理会计的功能和应用领域几乎涉及一个单位的各个管理方面，管理会计的广泛性和包容性得到充分体现。正因如此，管理会计成为会计职能和会计人员转型的根本方向，也为管理会计人才培养的能力标准建设、培养培训方式的改革以及中国管理会计专业人才职业化、国际化的发展带来了挑战和机遇。

从挑战方面看，新的环境对各个单位的会计部门职能和会计人员角色定位提出新的要求，具体是：(1) 新环境要求会计（财务）部门的职能必须由面向过去的"交易处理"为主，转变为面向未来的"管理决策支持"功能为主，财会部门的职能必须由过去的"数据提供者"转变为"经营分析者和预测者"。（2）会计（财务）人员角色要与上述会计（财务）部门的职能新定位相适应，会计（财务）人员角色要从过去的"理财管家"转变为"管理策略家和战略规划家"，真正成为企业管理决策支持活动的行为主体。

从机会方面看，管理会计人才（管理会计师）培养和会计转型建设迎来前所未有的大好时机。首先，从政策面上看，国家财政部在《指导意见》相关解释中明确指出：管理会计人才队伍建设是关键，是其他各项建设的依托。我国虽有超过1660万的会计人员，但是，高端会计人才相对缺乏，其中能够为单位管理高层提供有效经营和最优化决策信息的管理会计人才尤为匮乏，力量较为薄弱，已经成为当前制约管理会计发展的突出瓶颈。因此，全面推进管理会计体系建设，客观上要求我们抓紧解决人才匮乏这一关键问题，体现"坚持人才带动，整体推进"原则，重点通过改进和加强会计人才队伍建设，培养一批适应需要的管理会计人才，带动管理会计各体系的整体发展。这一政策背景为我们以培养中国管理会计师为抓手的管理会计人才培养方案提供了政策依据，建立适用于中国环境的管理会计师胜任能力体系及其水平能力考试认证制度可谓水到渠成。

其次，从财会职能和财会人员角色转型的角度看，挑战正孕育着机会。未来一个合格的管理会计人才（管理会计师）需要在战略管理、营运管理、成本管理、预算管理、绩效管理、投融资管理、IT应用等领域掌握足够的知识和技能，需要以最有效的方式进行沟通、协调，有效地领导或主导推进管理会计活动。因此，培养合格的管理会计人才（管理会计师）恰恰需要建立适用于我国国情的管理会计专业人员能力框架，确定人才培养标准和评价标准，保证其未来所需知识体系、能力技能和职业道德的合理性和完备性。由此为解决中国管理会计人才（管理会计师）培养范围、标准、职业化等一系列问题提供规范依据。

北京国家会计学院以管理会计研究所为依托，参与国家管理会计体系建设的《指导意见》《基本指引》《应用指引》、案例库建设和一系列相关课题研究工作[1]。作为国家管理会计人才培养的基地，学院从2015年底开始着手中国管理会计师胜任能力的研究，2016年初特别立项《中国管理会计师胜任能力框架研究》课题，紧紧抓住解决管理会计人才匮乏这一关键问题，在认真分析企业商业环境、当前和今后一个时期管理会计人才发展面临的新形势、新任务和新挑战的基础上，总结中国管理会计实践经验与成就，借鉴国际管理会计职业机

---

[1] 北京国家会计学院管理会计研究所2015–2019年间中标的财政部"中国管理会计发展规划项目"有：《管理会计概念框架研究》（2015–2016）、《面向管理会计的信息标准、生成应用研究》（2015–2016）、《案例库的开发与构建研究》（2018）、《政府部门全面预算管理研究》（2018–2019，此项目为财政部世界银行贷款项目的子项目）。

构的成熟做法,研究建立了我国管理会计师能力框架①,其标准结构如图1所示。该框架是按照有效达成管理会计实务的绩效目标或结果要求,以"管理会计职能标准、管理会计师个人特性标准,包括其知识体系、技能体系和职业操守"为构建要素,定义了初级管理会计师、中级管理会计师和高级管理会计师三个关键角色。这三个角色具体按照能力标准开展管理会计活动。

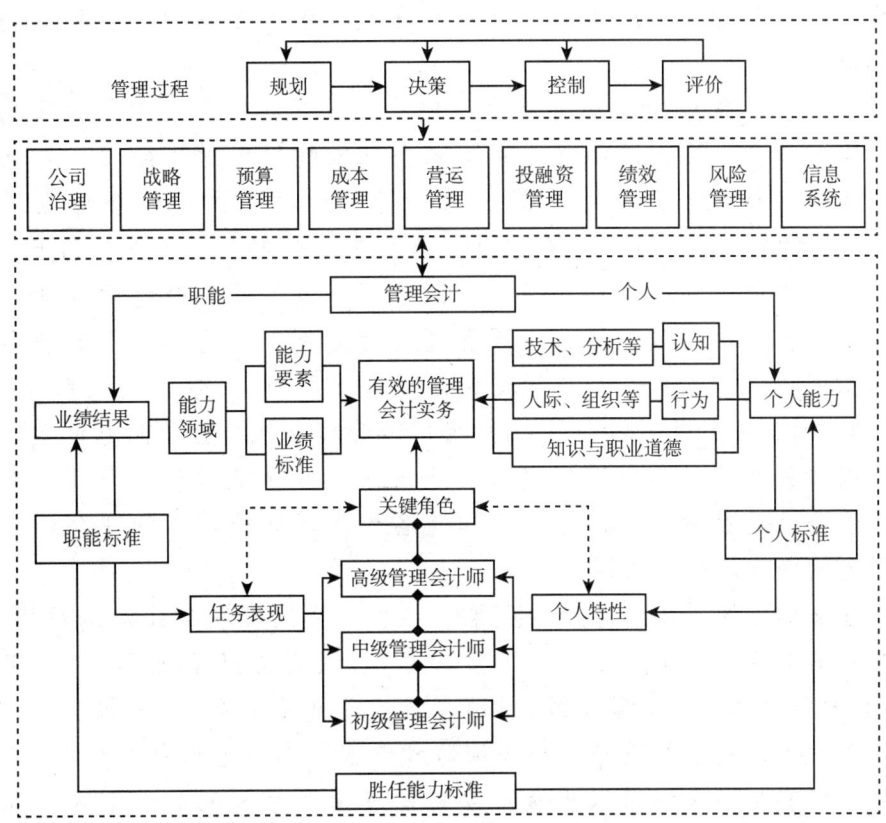

图1 管理会计师胜任能力框架标准结构

该框架的意义在于:(1)为我国建立管理会计人才培养标准提供依据;(2)为促进我国管理会计人才培养培训模式与内容创新提供基础;(3)为我国建立管理会计人培养体系、专业能力考试提供依据;(4)为我国建立管理会计人才测评体系及其信息化提供依据;(5)为推进我国管理会计专业职业化、国际化进程提供具体抓手;(6)为促进管理会计人才培养模式与内容创新,实现我国管理会计总体战略目标等提供基础性支持;(7)以胜任能力框架为依据,以专业能力培训和考试为抓手,为管理会计人才专业能力培养提供可行路径。

---

① 有关问题的详细讨论请参阅:贺颖奇,《中国管理会计师胜任能力框架》,中国财政经济出版社,2020年版。

2017年6月以来，在中国管理会计师胜任能力框架的基础上，北京国家会计学院以教务部为具体执行和运营管理机构，推出管理会计专业人才培养项目，为国家和社会培养和储备管理会计人才。该项目名称为管理会计师，英文为"Certified Management Accountant"，（简称为CNMA），分为初级管理会计师、中级管理会计师和高级管理会计师三个等级的考试。经过两年多的运营探索，以特色课程、高质量师资、严格的考试及管理过程和高公信力，得到社会企事业单位的广泛认可。

为了进一步提高CNMA教育质量、规范专业人才培养并为相关机构和个人学习、应用管理会计提供便利，北京国家会计学院根据财政部《指导意见》提出的人才培养目标要求，以财政部《基本指引》规定的管理会计应用领域为"经"，《应用指引》为"纬"，在总结经验和广泛听取各方意见基础上，应社会各界要求，推出中国管理会计实践与创新丛书，包括管理会计师专业人才培养方案、中国管理会计实践案例、中国管理会计创新、中国环境下管理会计理论研究等一系列成果。本系列为"管理会计师培训用书"，包括《初级管理会计》《中级管理会计》《高级管理会计》和《中国管理会计师胜任能力框架》等。这套丛书可以作为实务界各个单位（包括企业和行政事业单位）学习、应用、指导开展管理会计的参考用书，也可以作为各个高等院校培养管理会计专业学生及相关课程的教学参考用书。

本套丛书的出版是集体劳动的成果。参加《中级管理会计》编写的人员有：贺颖奇（前言和第一章）、王志成（第二章）、张黎群（第三章）、肖建（第四章）、王娟（第五章）、孙娜（第六章）、张玉琳（第七章）。王娟负责本书的总纂，张静负责本套丛书的策划、组织编写和统稿，秦荣生负责本套丛书的审定。

此外，本套丛书最终得以出版，要特别感谢北京国家会计学院领导的具体指导和支持，学院教务部负责人和员工的大力推动与支持，参加考试、培训、学习的各界学员以及其他社会各界人士对管理会计师项目的积极反馈和关心；特别感谢中国财政经济出版社会计分社社长樊清玉女士对本套丛书出版付出的辛苦和耐心。

最后特别说明：本丛书在编写过程中参考了很多国内外相关书籍和文献，虽然作者尽量按照规范要求在注释和参考文献中予以列示，但依然难免"挂一漏万"，在此特别请求相关书籍和文献的作者给予谅解，在此向您们表示衷心的感谢！

期待着所有读者的批评与反馈，这是我们未来不断修订本书的宝贵财富。您的宝贵意见可以随时发到以下邮箱：4000630318@ nai. edu. cn。

目 录

第一章 绪论 (1)
- 第一节 管理会计的定义、基本功能与目标体系 (1)
- 第二节 管理会计信息质量特征、基本原则与职能 (8)
- 第三节 管理会计的应用领域 (13)
- 第四节 管理会计在企业单位组织中的地位 (16)
- 第五节 环境、管理思想与管理会计的发展 (20)
- 本章小结 (24)
- 本章习题 (25)
- 参考文献 (28)

第二章 预算管理 (30)
- 第一节 企业预算管理框架 (30)
- 第二节 预算的编制 (43)
- 第三节 预算的执行 (56)
- 第四节 预算的考核 (59)
- 本章小结 (69)
- 本章习题 (69)
- 参考文献 (72)

第三章 成本管理 (73)
- 第一节 成本管理流程 (73)
- 第二节 变动成本与管理控制 (74)
- 第三节 标准成本与管理控制 (86)
- 本章小结 (96)
- 本章习题 (96)
- 参考文献 (100)

第四章 营运管理 (101)
- 第一节 营运管理与内涵 (101)
- 第二节 营运管理模式与方法 (106)

第三节　营运价值分析 ··· (125)
　　本章小结 ·· (139)
　　本章习题 ·· (140)
　　参考文献 ·· (143)

第五章　绩效管理 ·· (144)
　　第一节　绩效管理概述 ·· (144)
　　第二节　基于KPI的业绩评价体系 ······································ (146)
　　第三节　基于EVA的业绩评价体系 ······································ (153)
　　第四节　集团企业业绩评价体系实践 ···································· (157)
　　本章小结 ·· (163)
　　本章习题 ·· (163)
　　参考文献 ·· (165)

第六章　风险管理 ·· (167)
　　第一节　风险管理体系的构建 ··· (167)
　　第二节　风险管理文化的构建 ··· (174)
　　第三节　风险管理基本流程 ·· (178)
　　第四节　风险管理策略 ·· (183)
　　第五节　企业集团的风险管理 ··· (195)
　　本章小结 ·· (208)
　　本章习题 ·· (208)
　　参考文献 ·· (209)

第七章　管理会计信息化 ·· (210)
　　第一节　管理会计信息系统建设 ·· (210)
　　第二节　管理会计信息系统应用框架及系统特点 ····················· (226)
　　第三节　管理会计信息系统的技术支持 ································· (229)
　　本章小结 ·· (236)
　　本章习题 ·· (236)
　　参考文献 ·· (236)

第一章 绪 论

【学习目标】
- 理解管理会计的定义、基本功能与目标体系
- 掌握管理会计信息的质量要求
- 理解管理会计的职能与应用领域
- 了解管理会计在企业单位管理中的地位
- 掌握管理会计与财务会计的区别
- 了解环境变化、管理思想的发展对管理会计发展的影响

第一节 管理会计的定义、基本功能与目标体系

什么是管理会计？管理会计"与生俱来"的基本功能是什么？管理会计的目标是什么？这些问题是管理会计的本质问题，也是我们学习、理解和应用管理会计需要厘清的关键问题。

自 2014 年国家财政部颁布《关于全面推进管理会计体系建设的指导意见》以来，管理会计成为学界和实务界共同"热议"和"追捧"的话题。到底如何理解管理会计，进而如何理解管理会计的功能和目标，这个看似简单、直接的问题，却在学界和实务界专家中呈现"百花齐放"的局面。从学术探讨的视角看，这种局面或许是有利的，但是，从管理会计实践、管理会计专业与职业发展和管理会计职业化人才培养的角度看，这种局面却恰恰造成了很多认识上的混乱和实践上的困惑。因此，我们有必要对管理会计的定义、目标和功能等基本问题进行讨论，试求走出"乱局"，为管理会计专业与职业化人才培养（例如管理会计师培养）提供相对清晰的管理会计的定位，帮助大家更好地理解、学习管理会计。

一、管理会计的定义与基本功能

关于管理会计的定义与基本功能，学术界和实务界等均有多种不同的理解和描述，但出于本教材的目的，我们按照时间先后顺序，仅就国际上一些代表性会计职业组织对管理会计所做出的具有里程碑性质的定义和我国财政部对管理会计的定义和基本功能进行介绍和解析。

（一）国际会计职业组织的定义及其分析

1966 年，美国会计学会（American Accounting Association，简称 AAA）发布了影响世界

会计理论研究与实践发展的著名公告：《会计基本理论公告》（A Statement of Basic Accounting Theory，简称 ASOBAT）。该公告首先将会计定义为"识别、计量和提供经济信息，以便信息使用者得以有根据地做出判断和决策的过程"（The process of identifying, measuring, and communicating economic information to permit informed judgments and decisions by users of the information），并进一步指出"本质上，会计就是一个信息系统"（Essentially, accounting is an information system）——这一会计定义深刻地影响着整个世界的会计学科的发展，此后，美国主流会计学理论研究基本上都遵从该定义，直到现在，虽然每年不断有新的会计理论文献，但均未能超越该定义（胡玉明，2017）[1]。在此概念之下，AAA 进一步定义了管理会计，即"管理会计是利用适当的技术和观念，加工历史和未来的经济信息，以帮助管理人员制定合理的经济目标方案，并协助管理部门达到其经济目标制定合理的经济决策。"按照 AAA 的说明，管理会计本质上是一个信息系统，其基本功能是"提供信息和利用信息开展管理活动"，而管理活动表现为管理决策支持过程。

1986 年，美国全国会计师协会（National Association of Accountants，简称 NAA）的下属管理会计实务委员会将管理会计定义为："管理会计是向管理当局提供关于企业内部计划、评价、控制以及确保企业资源的合理使用和经营责任的履行所需财务信息的确认、计量、归集、分析、编报、解释和传递过程。管理会计还包括为诸如股东、债权人、规章制定机构及税务当局等非管理集团编制财务报告"。该定义没有改变管理会计的本质之说，只是扩大了管理会计的范围，即管理会计是包括财务会计在内的大会计体系，其基本功能依然是"提供信息和利用信息开展管理活动"，只是管理活动被具体化为服务于企业单位的内部计划、评价、控制和资源利用等管理过程。

1988 年，国际会计师联合会（International Federation of Accountants，简称 IFAC）在其《管理会计概念公告》（征求意见稿）中指出，"管理会计是指在组织内部，对管理当局用于规划、评价和控制的（财务和运营）信息进行确认、计量、积累、分析、处理、解释和传输的过程，以确保其资源利用并对它们承担经管责任。管理会计是管理活动的组成部分，关注在动态竞争环境中运用各种技术有效地利用资源，来增加组织价值"。

IFAC 对管理会计下的定义与 NAA 20 世纪 80 年代的定义相比，同样没有改变管理会计的本质和基本功能，最大区别在于：其一，明确了管理会计信息的来源是广泛的，不仅包括财务信息，而且包括经营信息；其二，强调了管理会计信息的使用者是企业内部的管理人员，不包括企业外部的相关组织和人员，从而将管理会计与财务会计理论与实务的发展分离为明确的两个分支。

1988 年，加拿大管理会计师协会颁布了管理会计指引（Management Accounting Guidelines，简称 MAGs），其中对管理会计的定义是："管理会计是会计专业的一个分支，是提供企业管理开展计划、指挥、决策等所需要的信息以及企业各层级管理者如何有效利用信息进行最有效决策的过程。"这一定义遵循管理会计的本质是信息系统之说，管理会计的基本功能依然是"提供信息和利用信息开展管理活动"。

1997 年，美国管理会计师协会（The Institute of Management Accountants，简称 IMA）[2]

---

[1] 胡玉明，《中国管理会计理论研究：回归本质与常识》，《财务研究》，2017 年第 3 期。
[2] 1991 年 NAA 更名为 IMA。

的定义为:"管理会计是提供价值增值,是企业规划设计、计量和管理财务与非财务信息系统的持续改进过程,通过此过程指导管理行为、激励行为、支持和创造达到组织战略、战术和经营目标所必须的文化价值。"由该定义可以清楚地看出管理会计是一个信息系统,基本功能依然是"提供信息和利用信息开展管理活动"。这个定义一个明显的特点就是将管理会计参与管理活动的范围扩大而且更具一般性,具化为战略、战术、管理行为、激励行为、持续改进等综合概念表达。

2005 年,英国特许管理会计师公会(The Chartered Institute of Management Accountants,简称 CIMA)对管理会计的定义为"运用会计和财务管理的相关原则,用以创造、保护、增加公共部门和私营部门中营利及非营利企业利益相关者的价值。管理会计是管理的重要组成部分,它需要识别、生成、展示、解释和使用相关信息来达到以下目标:(1)提供战略决策信息以及制定商业战略;(2)计划长期、中期、短期的运营;(3)制定资本结构决策并有效融资;(4)决定股东和管理层的激励策略;(5)为经营决策提供信息;(6)控制运营并确保资源的有效利用;(7)计量财务和非财务绩效并报告给管理层和其他利益相关者;(8)保全有形和无形资产;(9)实施公司治理程序、风险管理和内部控制。"该定义扩展了相关信息的范围和其使用范围,认为管理会计是一个信息系统,基本功能依然表现为"提供信息和利用信息开展管理活动"。

2008 年,IMA 决定对《管理会计公告》(SMAs,Statements on Management Accounting)进行大规模修订,重新定义了管理会计,认为"管理会计是一个涉及管理决策、设计规划和绩效管理体系的职业,在财务报告和控制方面提供专业支持来帮助管理层构建和实施组织战略"。该定义改变了以往从管理会计属性功能的角度定义管理会计,而是从管理会计职业主体的角度——管理会计师的角度将管理会计定义为一种"职业",没有直接表达实施这一职业活动的手段和技术过程,但是,这并不影响管理会计是一个信息系统的本质,因为任何职业管理会计师开展管理会计活动依然需要和利用管理会计信息。因此,管理会计的基本功能并未改变,只是更加明确了这一基本职能的行为主体。

2014 年,CIMA 和美国注册会计师协会(AICPA)联合发布了《全球管理会计原则》,其中给出了新的管理会计定义,认为"管理会计是为组织创造价值和保值而收集、分析、传递和使用与决策相关的财务与非财务信息"。这一定义可谓是描述管理会计本质和基本功能最为简明、直接的定义,即管理会计是一个信息系统,基本职能是"提供信息和利用信息开展管理活动"。

上述各个国际职业组织对管理会计定义的演进过程表明:管理会计本质是一个信息系统,其基本功能是提供信息和利用信息开展管理活动。至于职能划分、专业技术、工具和方法等都是完成这两项基本功能的手段。

(二)中国财政部的定义及其分析

中国财政部在 2014 年 10 月颁布的《关于全面推进管理会计体系建设指导意见》(简称《指导意见》)中明确指出:"管理会计是会计的一个分支,主要服务于单位内部管理需要,是通过利用相关信息,有机融合财务与业务活动,在单位规划、决策、控制和评价等方面发挥重要作用的管理活动。"该定义该如何理解?由于本书采用财政部的定义,故在此对该定义做详细的解析。

（1）该定义明确了管理会计在会计学科和会计工作中的位置，即管理会计是会计学科和会计工作的一个分支。（2）该定义强调了管理会计的服务对象，即"单位内部管理需求"，管理会计的信息使用者是"内部管理者"。（3）该定义的核心是强调管理会计如何利用信息为管理服务。因此，该定义本质上是说管理会计是一个信息系统，基本职能依然是提供信息和利用信息开展管理活动。（4）该定义强调了管理会计发挥作用的路径或载体，是规划、决策、控制和评价等管理过程及其具体职能活动。这一点非常重要，它意味着管理会计与这些管理活动过程的关系是伴生性关系，管理活动在哪里，管理会计的服务功能就应该跟着发挥到哪里。因此，提供信息是管理会计发挥作用的必要条件，而业财信息的融合运用是管理会计有效发挥作用的充分条件。（5）该定义界定的管理会计的服务领域（也可以理解为管理会计的工作领域）非常宽泛，涉及单位规划、决策、控制与评价的各个职能管理领域（如战略管理、预算管理、成本管理、营运管理、投融资管理、绩效管理、风险管理、信息与报告等）。（6）该定义说明管理会计为管理服务，解决的是"管理"问题而非"会计"问题，进而说明管理会计在服务管理过程中起到的是支持、帮助、参谋的作用而不是替代管理的作用。因此，管理会计作为信息系统，其功能也可概括地表述为决策支持系统[①]。

总之，财政部对管理会计的定义相比其他而言，更具广泛性、动态性和包容性，为管理会计的研究、应用和发展提供了广阔空间。同时，也为管理会计人才及其培养提出更高要求和挑战。

二、理解管理会计的前置性概念

如前所述，管理会计是与管理过程伴生的、在企业单位经营管理过程中发挥作用的。为更好地理解管理会计，说明管理会计目标问题，我们需要对相关概念首先做一界定。

（一）基础核心概念

以下概念可以帮助理解整个管理会计的核心概念和语言语境体系。

1. 资源。资源是指企业单位为创造未来收益而取得的关键性要素，包括人力、物资（机器、原材料、空间场所等）、信息技术、环境标准、资金和组织资源等。

2. 企业单位。企业单位是资源的集合，其从外部取得资源，内部配置、使用资源，并向外部（社会）输出资源。

3. 管理目标。企业单位管理过程是一个目标管理过程，因此，管理目标是指企业单位管理者为开展一个或多个管理活动而监控的资源应用或提供的特定结果或产出。

管理目标可以是单位的最终成品或服务，也可以是任意的中间产品或服务。在单位管理者接受的时空约束条件下，管理目标适用于单位规划、决策、控制与评价活动中的任何的测量、分析或预测等目的。

4. 企业单位管理过程的三个关键"资源流"：

（1）广义物流：是指企业单位管理过程中按照数量、质量标准、结构与时间方向约束

[①] 此处所使用的决策的概念，并非狭义的选择行动方案或拍板决定做某件事，而是接受了赫伯特·西蒙提出的决策概念，包括决策环境分析、决策方案选择、决策方案执行与决策执行结果的评价反馈。具体内容可参见：赫伯特·西蒙著，《管理决策新科学》（中译本），中国社会科学出版社，1985年版。

等所进行的资源配置的物理过程。其计量属性是以资源的自然属性（自然量纲单位）计量，从长期经营的角度看，广义物流通常表现为战略资源规划，而从短期经营的角度看，则表达为企业年度资源配置计划，即经营计划。广义物流与企业单位的核心经营流程相对应，可表达为企业单位的供应（采购）、生产和销售三大继起核心流程，同时，这三大流程的一般化即是供应链。

（2）资金流：是指与广义物流相伴生的资金流动，从财务的角度看，就是价值流。其计量属性是价值属性计量，资金流量或价值流的多少是由广义物流配置数量与其相应的资源价格（广义的资源消耗定额）的乘积决定。从战略角度看，资金流或价值流通常表达为中长期资金规划，从短期看，则表达为年度资金计划和预算。与广义物流的三大继起流程相对应，资金流表达为采购资金流、生产资金（成本）流和销售资金流（销售收入与费用），同时，这三大资金流的一般化就是核心价值链。

（3）信息流：是指与广义物流和资金流相伴生的业务和财务信息流动[1]。信息流通常以各种媒介为载体，为管理者提供所需要的信息，表达为为规划、决策、控制、评价提供服务的过程，故"信息流"实际上是管理的"抓手"。信息流的载体正式表达为管理会计报告。

5. 价值链。如上所述，供应链和价值链是"一个硬币的两个面"，其差别在于资源（硬币）计量基础不同（两个面）。为了更好地从整体上理解管理会计，我们进一步对价值链的概念进行讨论。

价值链概念的前提将整个社会的经济活动过程视为社会的价值创造过程。价值链就是从这个过程的最上游——各种资源的取得，到最下游——终端消费过程各个价值创造活动（或称环节）构成的链条（迈克尔·波特，1985）[2]。价值链包括核心价值链（主价值链）和辅助价值链。前者是任何一个企业单位都必有的客观存在，没有核心价值链就没有企业单位产品或服务；后者是辅助或保障前者有效开展的各种管理活动，例如战略管理、人力资源管理、法务管理、信息系统、通信系统、绩效管理、风险管理等等，价值链的基本结构如图1-1所示。

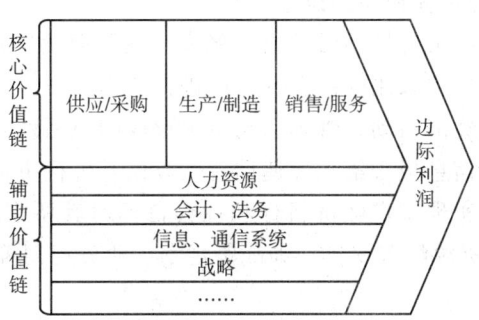

图1-1 价值链的基本结构

6. 经营管理。经营管理是企业组织为了实现管理目标，开展供、产、销活动过程以及为保障该过程顺利进行的各种管理活动的总称，其核心是在一定时空条件下做出资源合理配置与资源有效利用相关规划、决策、控制、评价等活动。

---

[1] 在此"财务信息"和"会计信息"同义。
[2] 详细讨论参见迈克尔·波特著，《竞争优势》（中译本），华夏出版社，2005年版。

7. 责任中心。责任中心是指在企业单位经营管理活动中各个管理者实施规划、决策、控制与评价的主体。受管理权限的约束，责任中心可以分为三大类：投资中心、利润中心和成本（费用）中心，如图1-2所示。

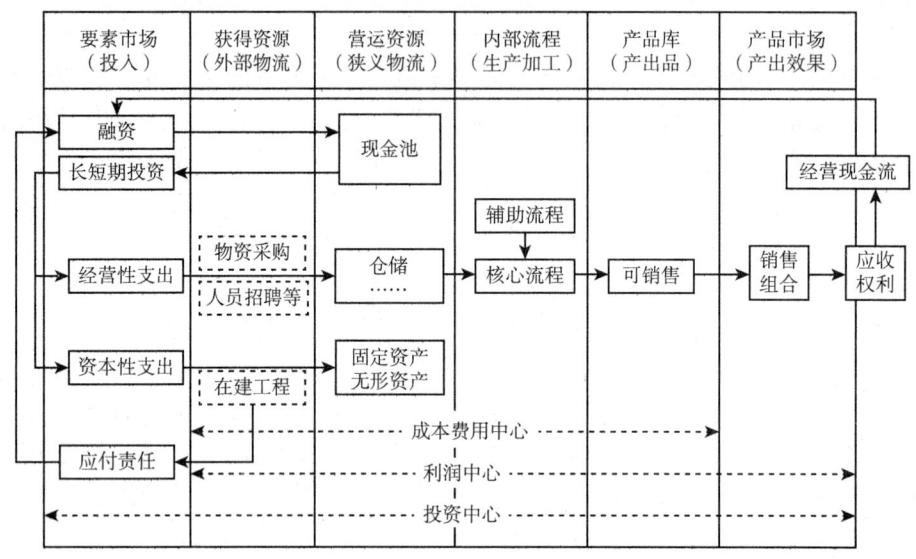

图1-2 资源流动与责任中心的划分

图1-2表明，责任中心的界定与企业资源流动结构（隐含着管理会计代理目标及其要素）及管理过程密切相关。从管理过程来看，不同的资源流动环节所涉及的决策权力不同，责任也就不同。

（二）与管理会计活动过程相关的概念

1. 计量：是指对管理决策与控制活动（已经发生或预期发生）事项所做的量化的测定。
2. 归集：是指对计量事项采用的一贯的方法进行适当分类。
3. 分析：是指对相关经济活动、管理活动事项形成的原因及其相互关系进行确定。
4. 传递：是指将相关信息报告给相关使用者，以供其进行决策和控制。
5. 规划：是指单位为实现特定经济目标和社会目标对其所需要的资源、使用资源的水平和预期结果预先做出的资源配置安排，如战略规划、业务规划等。规划通常是企业经营预算的编制前提。
6. 决策：是指为了实现管理意图而做出的是否开展某项管理活动的决定。
7. 控制：是指单位为保证管理决策与控制行为的目标一致性所做出的各种预防或矫正性活动。
8. 评价：是指单位按照一定标准对管理活动事项的结果或过程做出的有效性判定，并将结果进行反馈。
9. 机会成本：是指单位在资源稀缺性的约束下，将有限资源投资于最优机会而放弃次优机会发生的应得而未得的受益。
10. 报告：是指管理会计活动中，为满足管理活动的信息需要，以恰当的载体和符合逻辑的方式和格式，对会计与业务性数据、信息，按照特定的管理意图或特定管理需要予以提供、传递、解释和协调的过程。

三、管理会计的目标

管理会计的目标是管理会计职能活动的逻辑起点，也是认识管理会计职能属性的基本前提。下面在以上核心概念的基础上，我们讨论管理会计的目标问题。

不同的学科和管理职能通常都会有其反映自身特点、属性的目标。例如，我们所熟悉的"财务管理"，其目标在股东至上的治理结构下被表述为"股东价值最大化"；在利益相关者治理结构下被表述为"利益相关者价值最大化"；再如，很多商业管理职能的目标都概括地表述为"价值最大化"。管理会计作为一个学科或者一种管理职能，其目标应该是什么？应该如何表述？如何反映其专有属性？这并不是一个简单的问题。

在前文所讨论的管理会计定义，实际上都包含管理会计的"目标"指向和表述，如帮助管理层实现"资源有效利用"、解除"经管责任""增加组织价值""价值增值""保值增值"等，概括起来就是说管理会计为企业单位"创造价值"或实现"价值最大化"，这一说法是否恰当？如果从管理会计的终极目的来看，这种说法并无不妥，但是，就其直接目标而言却有待商榷。

我们建议管理会计的目标应具有和反映管理会计的专有属性，唯此才能体现与其他管理职能目标的区别，并反映管理会计本身的特点。因此，理解、把握管理会计目标需要紧密结合企业单位经营管理过程和经营管理结果，对管理会计的目标进行适当分类和表述。

管理会计的目标归根结底是通过提供信息和参与管理过程，为组织创造价值服务。这一过程表现为管理会计借助专业工具与方法，帮助管理者对资源的最优化配置和使用做出有效规划、决策、控制与评价。这一目标符合经济管理活动的"成本—效益"基本原则。因此，恰当理解管理会计目标要把握好两点：首先，应该合理地认识企业单位目标，包括终极目标、代理目标和代理目标要素；其次，在此基础上，将管理会计的目标划分为直接目标和附属目标，它们共同形成管理会计目标体系。

1. 企业单位的终极目标。可持续地创造价值是所有企业单位追求的目标，而企业管理过程表现为企业价值管理过程。因此，企业的终极目标即价值创造的结果，通常抽象地表述为企业价值最大化。

2. 终极目标的代理目标。由于企业终极目标是抽象的，因此，从实现在规划、决策、控制和评价的操作过程角度看，终极目标可以通过代理目标来体现和表达。根据前面对企业单位的基本定义和图 1-1 所示的企业单位的核心流程，代理目标包括：

（1）经济性：是指企业单位取得资源和资源使用过程的经济合理性，通常采用以货币计量的资源取得成本和耗费的合理性表示。

（2）效率性：是指企业单位以既定的经济资源所获得的产出结果，通常用投入产出比表示。在不考虑效果的情况下，投入产出比越高越好。

（3）效果性：是指单位产出结果达到或满足预期管理目标程度的计量，达到或满足预期管理目标的程度越高越好。

经济性、效率性和效果性的综合体现即是经济效益。

3. 管理会计的直接目标。管理会计的直接目标是为企业单位内部管理者实现有效规划、决策、控制和评价等管理活动提供有用信息,并通过参与这些管理活动为企业实现其终极目标服务。由于单位规划、决策、控制和评价等管理活动意图不同,其所需要的有用信息不同,相应地,选择的管理会计工具方法也不同。因此,管理会计的直接目标能否实现以及实现的程度,取决于融合会计与业务信息的质量特性和工具方法的适用性。

4. 管理会计的附属目标。企业单位规划、决策、控制和评价管理活动在实务体系中,表现为具体的企业单位治理、战略管理、预算管理、成本管理、营运管理、绩效管理、投融资管理、风险管理、信息系统运行等各种具体管理职能活动。因此,管理会计的附属目标是指管理会计为企业单位有效开展各种管理职能活动提供有用信息(包括财务与非财务信息,定量信息和定性信息),并通过参与这些管理职能活动,保证其有效服务于单位规划、决策、控制和评价的直接目标的实现。

综上所述,在以上目标体系中,附属目标应保证直接目标的实现;附属目标、直接目标共同保证代理目标的实现,而附属目标、直接目标、代理目标共同保证终极目标的实现。上述目标体系的结构关系如图1-3所示。从管理过程到终极目标实现的过程看,管理会计的目标可以概括为一句话:帮助企业单位"向管理要效益"。

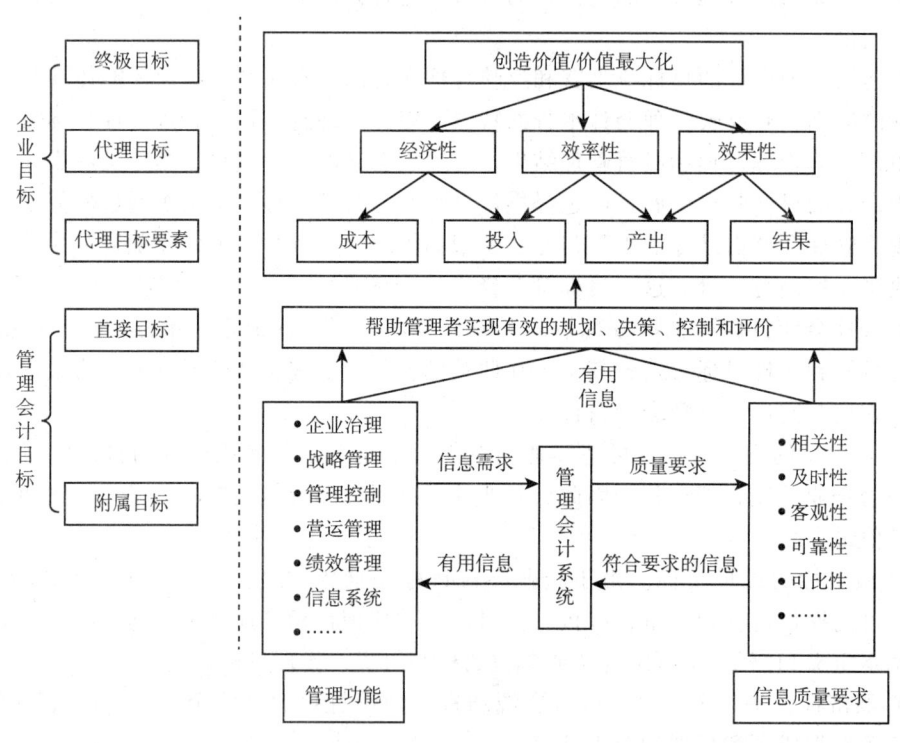

图1-3 管理会计目标体系及关系

第二节 管理会计信息质量特征、基本原则与职能

管理会计所提供的信息需要达到一定的质量要求,运用管理会计信息参与管理活动需

遵循一定的原则，这是实现管理会计活动或工作有用的基础。

一、管理会计信息质量特征

管理会计信息的质量特征可以通俗地理解为管理会计的信息质量标准或信息质量要求。和其他产品或服务一样，管理会计作为一种为企业单位内部管理提供服务的"产品"，有其特定的质量要求（质量特征）。根据国内外职业机构和学者的研究，管理会计若要实现为规划、决策、控制、评价活动提供有效服务，则其信息当且仅当具备对规划、决策、控制和评价的有用性，而这种有用性是以以下信息质量特征（标准要求）刻画的。

（一）相关性/目标相关性

相关性指的是该信息基于或者有利于促进行动和产生想要的结果。例如，给定不同的替代品，相关成本和收入是指与至少一种替代品不同的预期成本和收入。历史成本可能只能作为估算预期成本的基础。

相关性取决于目标功能的结构。换句话说，相关性信息是指关于使用者目标功能的任何变量的信息，而且必须要十分接近目标功能的内在定义。相关性是定性的而非定量的特性，从这个意义上说，信息要么相关，要么不相关。

相关性取决于接收信息的特定使用者以及他们的特定决策。一些变量可能与某一使用者相关，但与其他人不相关；或者只与某一种类型的决策相关，与其他决策不相关。

（二）准确性/精确性/可靠性

从统计意义上讲，这些特性是相互关联的。准确性概念是由精确性和可靠性概念来表述的，精确性则需要可靠性。可靠性常常用于描述在一个置信区间内涵盖估计的真值的可能性；精确性常常用于描述样本估计的区间；尽管我们不可能得到100%的准确性，但是我们可以设定一个上下界限，在这个区间内准确性是管理会计信息的有效特性。

（三）一致性/可比性/统一性

一致性是指在一个企业单位连续的时间内使用相同的规则和程序，以使它自己的报表与其他企业单位的报表具有可比性。统一性涉及在不同企业单位使用相同的规则。一致性、统一性以及确保的可比性是财务报表的理想标准。管理会计的相关性在长期决策和短期决策上有所不同。长期计划决策依赖多样化的、非结构化的信息以及非重复性的场景，并且这可能被强调一致性/可比性/统一性的内部会计系统所过度束缚。但是，短期计划和绩效控制领域则更多地依赖于结构化信息、重复性场景，并且与强调一致性/可比性/统一性的内部会计系统紧密相关。

（四）可验证性/客观性/中性/可追溯性

可验证性和客观性是指独立的计量者运用相同的计量方法能得出相同的计量结果。我们通常能通过数据的差异来计量出数据的离散程度。如果计量规则具体明了，我们就可以通过再现最初的计量过程以及基于可审计追踪的证据文件来实现对计量结果的验证。可追溯性是指审计踪迹的存在性。中性是指在存在多方组织的情况下，数据的不偏不倚。计量者对于数据的个人兴趣可能使得计量结果产生偏差。为管理会计产生的数据的可验证性/客观性/中性/可追溯性的程度与财务会计有所不同。然而，信息的中性是期望的目标，尤其是当数据用于信息评价或者作为调配资源或者解决纠纷的基础时，信息的中性要求尤为重要。

（五）灵活性/适应性

灵活性是指数据分类和聚合程度，而这些数据是形成不同信息和报告的基础。比如，采购数据可能按以下类别进行分类：（1）单个产品和服务；（2）单个采购者；（3）供应商。这些数据可能按以下分类来汇总：（1）交易类别；（2）日；（3）月等。

适应性是指从数据库取出的数据与企业决策过程的一致程度。会计系统的适应性不仅要求其具有灵活性，而且要求其与决策过程明确、协调。由于管理会计报告缺乏一致性，报告的种类很多，以及要满足不同的决策需要，管理会计比财务会计需要更好的灵活性和适应性。

（六）及时性

及时性是指信息的时间问题。及时性有两部分：间隔和延迟。间隔是在编制两份连续报告时所费的时间；延迟则是加工数据、准备报告、传递报告所需要的时间。尽管及时性是管理会计信息独特的理想特性，但是，及时性可能受到成本考量的影响，并且可能与其他标准（比如准确性等）相冲突。

（七）可理解性/可接受性/动机性/公平性

可理解性是指管理会计提供信息时，必须考虑到信息使用者的理解能力，所提供的会计信息必须保持明晰性；可接受性是指信息使用者对已经满足问题要求和计量标准的信息认可程度。公平性指的是信息的中性。动机性是指确保信息使用者和企业单位目标一致的企图。简单地说，管理会计信息应该易于理解，便于接受，对使用者公平以及让使用者有动机以企业单位期望的方式开展管理活动。

以上管理会计的主要信息质量特征并不是同等层次的，而是要根据决策和用户的需要进行分层分类，如图1-4所示。

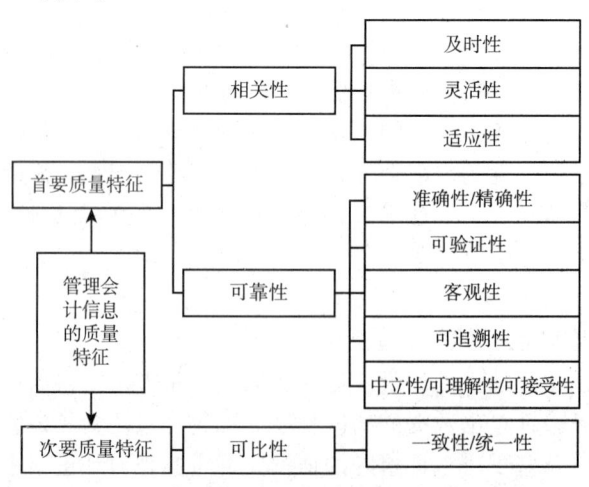

图1-4 管理会计信息质量特征分类与关系

二、管理会计的基本原则

在总结国内外学者和职业机构研究的基础上，为有效开展管理会计实务，管理会计在实现其功能过程中必须接受和遵守以下基本原则[①]：

（一）战略导向原则

管理会计的应用应以战略规划为导向，以持续创造价值为核心，促进单位可持续发展。

（二）融合性原则

管理会计应嵌入单位相关领域、层次、环节，以业务流程为基础，利用管理会计工具方法，将财务和业务等有机融合。

（三）适应性原则

管理会计的应用应与单位应用环境和自身特征相适应。单位自身特征包括单位性质、规模、发展阶段、管理模式、治理水平等。

（四）成本效益原则

管理会计的应用应权衡实施成本和预期效益，合理、有效地推进管理会计应用。

（五）目标一致性原则

该原则是指在执行决策过程中，各个行为主体的管理活动要保持与企业战略或总体目标方向的一致性，当产生偏差的时候就需要采取措施进行矫正。

（六）因果关系原则

因果关系是指企业为实现管理目标而度量的定量产出与为得到这些产出所消耗的投入数量之间的关系。因果关系是企业进行决策与控制的基本逻辑前提。

（七）类比推测原则

类比推测是指利用因果关系来推断过去或将来的动因或结果。类比推测关系是企业管理过程的内生性要求，遵循类比推测原则，可以更好决定使用成本信息的方式，提高企业资源优化的决策水平。

（八）价值导向原则

管理会计应用要以持续价值创造为导向，落实到战略、运营、作业各层级，促进单位可持续发展。这里的价值，包括经济性、效率性和效果性三个基本方面。

---

① 前四项基本原则是财政部（2016年）《管理会计基本指引》中规定的。

三、管理会计的职能

如果说管理会计的基本功能——"提供信息和利用信息开展管理活动"——是与生俱来的,那么,管理会计的职能则是管理会计在具体应用场景中的"工作使命和责任"。根据财政部的定义,管理会计主要服务于企业单位内部管理需要,是利用相关信息,有机融合财务和业务活动,为企业单位的规划、决策、控制和评价等管理活动服务。因此,管理会计的基本职能就是为企业单位的有效管理实务发挥自己的功能,按照管理意图和要求"解析过去,控制现在,筹划未来"[①]。这一职能定位既体现了管理会计活动在时间上的连续性和空间上的继起性,又是对管理会计职能的高度概括。

(一)解析过去

管理会计"解析过去"的职能主要体现为对已经生成的财务会计信息(包括报告的和未报告的)和非财务信息,按照管理意图进行再分类、计量等处理,并对信息的含量/含义进行分析、解释和评价,以管理会计报告或其他载体形式传递给相关管理者,目的是为改进当前的管理控制工作(即控制现在)和未来预测、规划、决策等工作(即筹划未来)服务。因此,管理会计的"解析过去"是企业单位整个管理系统中重要的反馈职能之一,强调管理会计并非意味着削弱甚至否定财务会计的存在及其重要性,相反,财务会计是管理会计信息的重要来源之一。

(二)控制现在

管理会计"控制现在"的职能主要体现在运用"解析过去"得到信息改进当前管理工作,具体是按照企业单位计划或标准确定的一系列的指标(值),对比设计执行结果,分析当前执行过程产生差异的原因并及时修正或矫正当前的执行行为过程,并不断优化"筹划未来"所需要的信息,为企业单位实现其管理目标服务。

(三)筹划未来

管理会计"筹划未来"的职能,主要体现为运用"解析过去"和"控制现在"得到相关信息,为企业单位开展战略和经营预测、规划、计划、决策等管理工作服务。"筹划未来"是企业单位实现可持续发展和可持续价值创造的重要工作,而面向未来,提高企业单位管理(者)的前瞻性管理能力,为企业单位"筹划未来"服务,是管理会计区别于财务会计的重要特征。管理会计的这一职能,是通过具体的管理会计信息和管理会计的知识体系、分析方法与工具的应用过程,降低企业管理的不确定性,提高管理预见性,从而提高预测、规划、计划和决策的可靠性。

总之,"解析过去,控制现在和筹划未来"是管理会计的基本职能,三者在时间上的连

[①] 这一职能定位最早由余绪缨先生提出,详见:余绪缨编著,《管理会计》,中国财政经济出版社,1983年版,财政部在发布的《指导意见》相关解释中也采用了这一定位之说,参见财政部《规划宏伟蓝图 开创历史先河——〈财政部关于全面推进管理会计体系建设的指导意见〉系列解读之一》。

续性和空间上的继起性，决定了三者共同构成一个完整的管理闭环，而这种管理闭环是一个管理行为过程。在持续经营的假设下，这一过程循环往复以至无穷，推进企业单位管理过程和价值创造过程的持续改进。需要指出的是，这三大职能的具体展开体现为企业单位的战略管理、成本管理、预算管理、营运管理、投融资管理、绩效管理、风险管理和信息系统等具体管理职能，这一关系后文再述。

第三节 管理会计的应用领域

管理会计的应用领域，通俗理解就是管理会计的工作领域。下面我们首先对国际职业组织和研究者提供的一些经验证据进行描述，然后，根据《财政部关于全面推进管理会计体系建设的指导意见》（财政部，2014）、《管理会计基本指引》（财政部，2016）、《管理会计应用指引》（财政部，2016—2018）及其示范案例（财政部，2016—2018）确定我国（也是本教材）管理会计的应用领域。

一、经验证据

国际具有代表性的管理会计职业组织 IMA 和 CIMA 等都对管理会计的应用领域做过指引性规定。

IMA 将管理会计应用领域分为七大管理职能领域，即治理系统（Governance Systems）、管理控制系统（Management Control Systems）、发展组织领导力（Developing Organizational Leadership）、内部计量系统（Internal Measurement Systems）、对外报告系统（External Reporting Systems）、全球商务环境（Global Business Environment）、财务职能转变（Transforming the Finance Function）。为了使管理会计能在这些领域充分发挥作用，IMA 通过管理会计公告的形式，不断推出管理会计的具体技术、工具与方法。截至目前，IMA 共颁布了四大类（战略成本管理类、绩效管理类、企业风险与控制及管理会计实务类）合计 34 个管理会计具体公告，具体说明管理会计开展职能活动的工具与方法。

CIMA 和美国注册会计师协会（AICPA）2014 年联合发布的《全球管理会计原则》，围绕"制定战略（Strategy）、计划（Plan）、执行（Execute）和评估（Review）"管理活动，提出了 14 个管理会计的具体应用领域，即成本改造与管理、对外报告、财务战略、内部控制、投资评价、管理与预算管理、定价、折扣和产品决策、项目管理、守法与合规、资源管理、风险管理、战略税收管理、司库与现金管理、内部审计。

从国内调查研究的结果看[①]，企业实务人员认为管理会计的应用涉及 15 个管理职能领域，即成本费用管理，预算管理，财务预测，财务数据分析，盈利性（产品盈利性、渠道盈利性、客户盈利性）分析管理，营运管理（流程再造等），风险管理，资金管理，融资决策，纳税筹划，为董事会选择、聘用、激励、考核经理人提供依据和方法，部门绩效考核与评价，投资项目绩效考核与评价，参与战略制定，参与公司财务规划。

---

① 详见北京国家会计学院和英国 ACCA 联合研究报告：《中国企业管理会计实践状况调查》，2016 年。

以上这些管理会计所涉及的应用领域,也恰恰说明了管理会计的广泛性、复杂性、包容性和伴生性的特征。

二、我国管理会计应用领域的确定

我国财政部《指导意见》明确了我国管理会计体系建设的基本目标和具体任务,而管理会计指引体系建设,作为落实《指导意见》具体任务的直接抓手,规定了管理会计具体应用领域及其工具方法。

管理会计基本指引是指导企业单位应用管理会计的共同基础,明确了管理会计具体应用的七大领域,即战略管理、预算管理、成本管理、营运管理、投融资管理、绩效管理和风险管理;每个领域都列举了具有代表性的、相对成熟的管理会计具体工具方法,为管理会计应用指引的建设提供了基础。具体详见表1-1。

表1-1　　　　　　　　　管理会计应用领域与代表性工具

领域　　　　工具	管理会计工具方法
战略管理	战略地图、价值链管理等
预算管理	全面预算管理、滚动预算管理、作业预算管理、零基预算管理、弹性预算管理等
成本管理	目标成本管理、标准成本管理、变动成本管理、作业成本管理、生命周期成本管理等
营运管理	本量利分析、敏感性分析、边际分析、标杆管理等
投融资管理	贴现现金流法、项目管理、资本成本分析等
绩效管理	关键指标法、经济增加值、平衡计分卡等
风险管理	单位风险管理框架、风险矩阵模型等

在基本指引指导下,财政部于2017年9月起着手进行《管理会计应用指引》的建设工作,陆续颁布了一系列管理会计应用指引,截至2018年12月,已经颁布应用指引共计34项,详见表1-2。该应用指引对管理会计各项工具方法进行了系统梳理,清晰明确地告诉单位这些工具方法是什么、怎么用、有哪些优缺点、运用环境、如何选择、预计效果等内容,以便于单位结合自身情况选择运用适合的管理会计工具方法。

表1-2　　　　　　　　　管理会计应用指引索引表

领域　　　　指引	应用指引
战略管理	管理会计应用指引第100号——战略管理 管理会计应用指引第101号——战略地图
预算管理	管理会计应用指引第200号——预算管理 管理会计应用指引第201号——滚动预算 管理会计应用指引第202号——零基预算 管理会计应用指引第203号——弹性预算 管理会计应用指引第204号——作业预算

续表

领域	应用指引
成本管理	管理会计应用指引第 300 号——成本管理 管理会计应用指引第 301 号——目标成本法 管理会计应用指引第 302 号——标准成本法 管理会计应用指引第 303 号——变动成本法 管理会计应用指引第 304 号——作业成本法
营运管理	管理会计应用指引第 400 号——营运管理 管理会计应用指引第 401 号——本量利分析 管理会计应用指引第 402 号——敏感性分析 管理会计应用指引第 403 号——边际分析 管理会计应用指引第 404 号——内部转移定价 管理会计应用指引第 405 号——多维度盈利能力分析
投融资管理	管理会计应用指引第 500 号——投融资管理 管理会计应用指引第 501 号——贴现金流法 管理会计应用指引第 502 号——项目管理 管理会计应用指引第 503 号——情景分析 管理会计应用指引第 504 号——约束资源优化
绩效管理	管理会计应用指引第 600 号——绩效管理 管理会计应用指引第 601 号——关键业绩指标法 管理会计应用指引第 602 号——经济增加值法 管理会计应用指引第 603 号——平衡计分卡 管理会计应用指引第 604 号——绩效棱柱模型
风险管理	管理会计应用指引第 700 号——风险管理 管理会计应用指引第 701 号——风险矩阵 管理会计应用指引第 702 号——风险清单
报告与信息	管理会计应用指引第 801 号——企业管理会计报告 管理会计应用指引第 802 号——管理会计信息模块 管理会计应用指引第 803 号——行政事业单位

总之,管理会计基本指引规定了管理会计的应用领域,而应用指引则为企业单位在这些领域开展管理会计活动(工作)提供了具体工具和方法,两者相辅相成。

三、管理会计与财务会计的区别

现代会计通常被分为财务会计和管理会计两个基本分支,其关系可以概括地理解为"同源分流"。因此,财务会计和管理会计既相互联系,又相互区别,各有其自身的特点。在此,我们主要介绍两者之间的区别,借以说明管理会计自身的特点。与财务会计相比,管理会计有以下几方面的特点[①]:

---

① 前三个区别参见财政部《规划宏伟蓝图 开创历史先河——〈财政部关于全面推进管理会计体系建设的指导意见〉系列解读之一》(2014 年)。

(一) 服务对象不同

在服务对象方面,管理会计主要是为强化单位内部经营管理、提高经济效益服务,属于"对内报告会计";而财务会计主要侧重于对外部相关单位和人员提供财务信息,属于"对外报告会计"。

(二) 职能定位不同

在职能定位方面,管理会计侧重在"创造价值",其职能是解析过去、控制现在与筹划未来的有机结合;而财务会计侧重在"记录价值",通过确认、计量、记录和报告等程序提供并解释历史信息。

(三) 程序与方法不同

在程序与方法方面,管理会计采用的程序与方法灵活多样,具有较大的可选择性;而财务会计有填制凭证、登记账簿、编制报表等较固定的程序与方法。

(四) 遵循的会计原则不同

在会计原则方面,财务会计的处理与报告必须遵循公认会计原则,如历史成本原则、配比原则、稳健性原则以及一致性原则等,必须接受企业会计准则、证券监管条例和税务法规等的强制规制。因此,财务会计的处理与报告具有强制性。而管理会计则不必受公认会计原则、会计准则以及对外公开报告制度的限制。

(五) 提供的信息类型不同

财务会计以财务报表体系为载体,向信息使用者提供货币性信息;而管理会计除提供货币性信息外,还以管理过程为载体,向信息使用者提供非货币性信息,诸如人工小时、机器小时、材料数量、库存水平、生产与销售量、客户的满意程度、交货期等[①]。

第四节 管理会计在企业单位组织中的地位

在以上管理会计目标、功能、职能和应用领域讨论的基础上,我们进一步讨论管理会计在企业组织中的地位。这个问题是理解管理活动和管理职能与管理会计活动和职能作用相互关系的关键。

一、管理过程、管理职能与管理会计的关系

根据管理会计定义,管理会计所服务的规划、决策、控制和评价这四类管理活动,实际

---

① 除本书讨论的主要区别外,其他方面的区别,不再赘述。有兴趣的读者可以参阅其他教材。

上是一个完整的管理闭环系统，其各项活动的开展即是管理过程，而战略管理、预算管理、成本管理、营运管理、绩效管理、投融资管理、风险管理以及信息系统等都是按照这一过程开展的具体管理职能活动。这意味着企业单位每项管理职能活动都遵循规划、决策、控制、评价这一闭环系统循环往复地进行。

管理会计服务于规划、决策、控制和评价等管理活动，就是具体服务于上述企业单位的各项管理职能活动。管理会计的这一服务过程是以管理职能活动为载体，以具体工具方法为技术手段，为这些职能活动提供相关信息并利用相关信息不断改进各项管理职能活动，与管理职能过程形成伴生的、互动的关系。如果将各种管理职能实施规划、决策、控制和评价的过程视为"皮"的话，那么管理会计就是附着在这张"皮"上的"毛"，而"皮之不存，毛将焉附"就是其相互关系形象、生动的写照。其逻辑关系如图 1-5 所示。

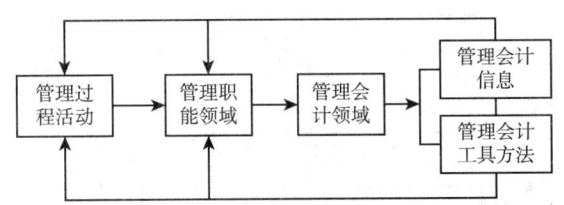

图 1-5　管理活动驱动管理会计的逻辑关系

图 1-5 表明，在把握管理过程、管理职能活动与管理会计的基本关系时，关键在于抓住基本逻辑，即管理过程活动驱动管理职能领域，管理职能活动驱动管理会计的应用领域，进而决定管理会计信息需求和信息的取得与利用需要选择适用的管理会计工具方法。以上管理过程、管理职能与管理会计的关系具体开展如图 1-6 所示。

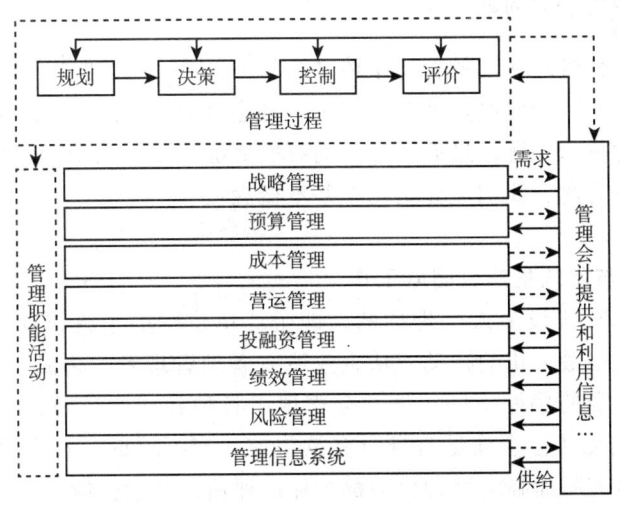

图 1-6　管理过程、管理职能与管理会计的关系

二、管理会计与企业单位经营管理系统的关系

如上所述，管理会计作为管理过程的伴生和互动系统，是企业单位整个经营管理系统的

子系统，通过战略规划、经营决策、管理控制和绩效评价等管理活动共同为企业单位创造价值。管理会计可以根据不同的管理需要，对应不同的管理过程活动，构成不同的管理会计活动。因此，从管理会计系统的基本职能来讲，管理会计系统与企业单位的整个经营管理体系是紧密联系在一起的，不能人为地将其割裂开来，图1-7构建了在静态（单期）下，管理会计与企业单位整个经营管理体系关系的基本框架。

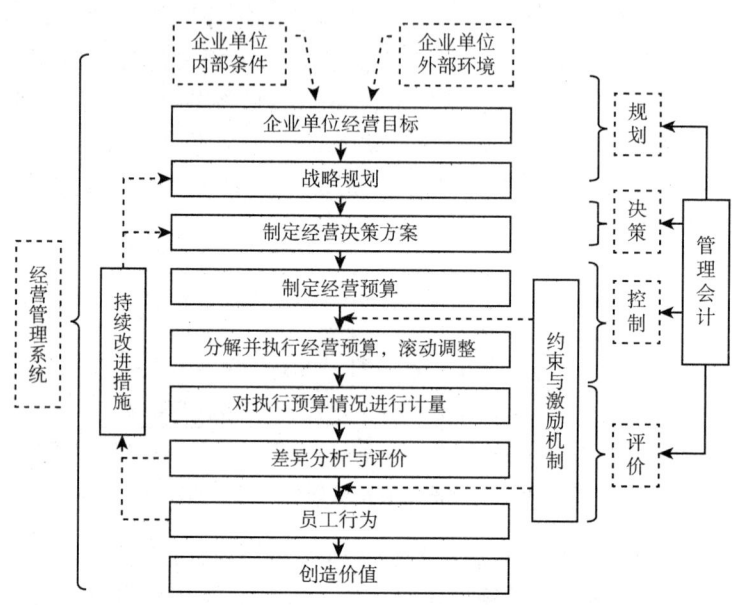

图1-7 管理会计与经营管理

三、企业单位中的行为问题

一旦我们考虑各种管理活动的行为主体"人"的时候，管理"科学"和"艺术"的平衡或权衡就成为必须面对的问题。因此，无论管理会计研究①还是管理会计实务活动，都必须要关注和处理人的行为问题，进而可以帮助我们更加深刻地认识企业单位的管理过程和管理会计活动的特性。为此，我们先介绍两个基本概念：

（一）理性行为与团队生产或团队工作

经济学的一个基本假设为人是理性的，即企业单位中的个人（个体）为了自身利益，都会采取使其自身效用最大化的行动。从企业所有者到管理者，再到一般员工都是理性人。这些个人，由于其自身的偏好不同，通常会表现出各种各样的欲望；但由于资源的有限性（稀缺性），使得他们无法任意满足自身所有欲望或偏好。因此，每个理性人在追求自身效用最大化过程中，对其所面临的种种机会都会加以评估，并选择能使其物质和精神生活变得更好的机会。应该指出，强调"理性人"，并非意味着人具有完全理性（即指全智全能，不仅能完全预见，而且能完全计算）。实际上，由于人的认识能力、计算能力、知识与经验等

---

① 管理会计研究中有一个非常重要的分支即行为管理会计，限于本书目的，在此不做更多讨论。

通常是有限的,故人的理性是"有限理性"①而非完全理性。在有限理性下,"理性人"所选择的"理性"结果,并不是无条件"最优化"或"最大化"的,而是有条件"最优",即为"满意"结果。

当企业单位中的各个理性人联合起来,共同完成某项生产任务或提供劳务或从事某种工作时,这个联合集体就称为生产(或工作)团队。团队生产或工作是现代企业单位的重要特征之一。之所以采用团队生产方式是因为:(1)团队生产较之个人单独生产能提供更多的产品和劳务;(2)团队生产往往能创造出更多的机会。在团队生产的前提下,企业单位被理解为"一组资源所有者自愿与团队中的个体签订一系列契约的集合"②。在这种资源基础契约结构中,人们通过缔约,可以获得更大的利益。

团队生产的观点意味着产出(某种产品或劳务)是团队所有投入综合作用的结果,每一个个体的能力都将受到团队中其他成员的影响。团队生产虽然有其优势,但也存在着许多组织性的问题,特别是"搭便车"问题。这是因为,在绝大多数情况下,第一,我们无法对每个人的投入状况(或绩效)进行直接(或直观)的计量;第二,团队成员在其理性驱使下,总想"少干多占",逃避责任,存在所谓"偷懒""机会主义"(败德)行为动机。

(二)代理关系与决策权分配

当理性的个体组成一个企业单位时,企业组织管理结构通常会表现为层级机构,其上下级关系之间形成委托代理关系,上一级是委托人,下一级是代理人。例如,董事会和经理人之间、经理人和主管人之间、主管人和基本员工之间等都是委托代理关系。这一关系体系是按照一定的责任权限的分配形成企业单位的受托责任体系,具体分为财务受托责任和管理受托责任。委托人(上级人员)除了按照受托责任要求对代理人(下级人员)行使组织、指挥、协调与监督等职权外,还有对代理人履行受托责任情况进行鉴证的职能,具体是对代理人履约过程进行控制,对其绩效予以考核、评价和激励。在这种以企业单位内部层级制度为基础的管理过程中,核心问题有两个:一是"目标一致"问题;二是"决策权力分配"③问题。

由于各级代理人都是"理性人",他们在追求自身效用相对最大化的过程中,其目标并非与委托人的目标相一致,甚至代理人会以牺牲委托人的利益为代价来换取个人目标的实现。这种目标不一致问题,通常我们简单地称之为"代理问题"。④ 代理问题的存在会使委托人的利益受到损害,从而使企业价值下降,这就是所谓代理成本。要解决代理问题或降低代理成本,委托人必须用足够的激励来诱使代理人"就范",以防止委托人自身或企业价值下降。代理成本的高低取决于代理人风险承担能力、工作水平与职业行为补偿的要求与预期。由于代理人在拥有信息方面较之委托人更具优势,所以他们通常更

---

① 关于有限理性的详细讨论可参见 H. 西蒙著,《管理决策新科学》(中译本),中国社会科学出版社,1985年版;《管理行为》(中译本),中国社会科学出版社,1985年版。
② 参见 L. 齐默尔曼著,《决策与控制会计》(中译本),东北财经大学出版社,2000年4月第1版,第170页。
③ 此处的决策概念依然是赫伯特·西蒙的决策观。
④ 代理问题产生的客观基础是委托人与代理人之间的信息分布不对称和不完全。据此,可以把代理问题分为两类:一是由于隐藏信息所造成的逆向选择问题,二是由于隐藏行为所造成的道德风险问题。

加厌恶风险，行为短期化倾向更明显，偷懒的动机更强。因此，如想降低和消除代理成本，委托人必须要支付一定的监督和约束成本。但是，只要监督和约束代理人的行为需要花费成本，则在代理人和委托人之间就将存在差异。要完全消除这种差异，并不符合成本—效益原则。

在遵循成本—效益原则下，完全消除目标不一致问题是不可能的。实际上，通过一定的激励机制解决代理问题的过程是一个成本与效益相权衡的过程。具体的解决途径有两个：一是通过市场激励，即通过劳动市场、经理人市场所形成的替代压力，来实现对代理人的监督与约束；二是通过企业内部的管理激励，即通过与企业单位内部层级制度相对应的、决策权力的分配系统来规定和约束代理人的行为。

企业单位的管理活动，即规划、决策、控制和评价都是通过一定的决策权的安排与行使来实现经济资源合理配置的，每种资源又都需要有与其自身资源特性相关的一系列决策权。这种决策权分为两大类，即决策管理权和决策控制权。决策管理是指管理者在决策过程中选定或执行一次决策所涉及的方面；而决策控制则是指管理者在决策过程中批准或监督一项决策所涉及的方面[①]。在一个企业单位中，很少有人能够掌握某一特定决策的所有权力，对某一特定的决策制定权而言，企业单位都会安排一套缜密的审批与监督系统，实现决策管理权与决策控制权的分离。因此，企业组织实施管理的过程，就是把企业单位的资产（资源）的决策权分配给代理人个体，从而由代理人个体承担责任的行为过程。一旦由决策权力分配系统限定了代理人的责、权、利之后，代理成本问题也就被限定在一定的范围之内。

决策权力分配的原则是：特定决策权力的安排与代理人拥有和处理信息的能力相对应；特定的决策必须和特定知识信息以及掌握这一特定知识信息的代理人相联系。现代企业组织研究与设计的基本理念是，所有的企业单位都必须建立三个基本系统：[②] 决策权力分配体系、经营业绩计量体系和以经营业绩为基础的奖惩体系。这种企业组织结构与企业经营战略或方针和企业价值目标要保持目标一致性。因此，管理会计必须为企业单位解决好是否以及如何将知识信息与决策权匹配的问题提供信息和辅助服务。这也是为什么管理会计要渗透或嵌入企业单位管理过程及其具体职能管理活动的理论基础之一。

第五节　环境、管理思想与管理会计的发展

管理实践活动改造着人们的思想，人们的思想经过系统化之后，又反过来推动人们的管理实践活动。纵观管理和管理会计的发展历程，作为一种思想、理念和工具与方法，管理会计一直受到实践活动的驱动和牵引。就此而言，管理会计是社会经济环境变迁的函数。下面我们从历史发展的角度，概略地介绍一下现代管理会计的发展以及有关管理思想、经营环境变化对管理会计的影响[③]。

[①②] 参见 L. 齐默尔曼著，《决策与控制会计》（中译本），东北财经大学出版社，2000年第1版，第185页。

[③] 下文的相关讨论主要参考 R.S. 卡普兰等著，《高级管理会计》（中译本），东北财经大学出版社，1999年版，第2－10页。

一、19 世纪至 20 世纪 80 年代前

现代管理会计的起源可以追溯到 19 世纪出现的多层级企业管理，但其发展的最大动力来自 19 世纪中叶铁路业的迅速发展。当时的管理者创立的、新的管理会计方法，被迅速发展起来的钢铁公司的管理者所应用。例如，安德鲁·卡内基就是一个以重视成本而闻名的钢铁企业家，他特别重视掌握成本信息及其对企业管理控制的作用；相对于同业竞争者而言，他更加重视如何不断地改进产品的成本结构。到 19 世纪末，大的商业企业纷纷利用规模经济优势发展起来。这些企业迫切需要利用计量指标评价企业内部经营管理的效率。

为了对企业的生产效率进行计量和分析，制造业的工程师们首先倡导了科学管理运动。当时最著名的科学管理制度就是由工程师弗雷德里克·泰罗与其同事共同建立的成本计量体系，后来被人们称为"泰罗制"。

"泰罗制"的核心是关注工作效率。它是通过动作研究和时间研究，定出在理想状态下原材料消耗定额和劳动定额，从而把原材料成本和劳动力成本标准化。到 20 世纪初，这种制度已经能够记录并分析实际成本和标准成本的差异。

然而，对于制造业来说，产品种类多、间接费用很高的现实，迫使工程师和管理者们必须找出分配这些间接费用的具体方法。但是，由于当时信息处理成本高昂，而且与原材料和直接人工相比，间接费用也并非重要项目，导致管理者没有必要投入巨额财力来计量并分配这些间接费用。因此，许多简单的间接费用分配方法，如直接人工小时分配率、直接人工工次分配率等便应运而生。这些分配思想与方法，是和当时产品市场供求状况——卖方市场的客观环境相适应的。

20 世纪初，从事多元经营的综合性（联合性）企业迅速发展起来，这为管理会计系统的进一步创新提供了良机。杜邦公司就是这一时期新型企业组织机构的典范。杜邦公司的管理者面对如何协调综合性企业生产经营、市场组织以及如何将资本投向利润最大的经济领域等重大问题，设计出多个重要的经营和效率指标，将资源有效地在各部门之间进行分配。这其中最重要、持续影响至今的管理会计创新成果是投资报酬率（Return on Investment，ROI）指标。这一指标为企业整体及部门经营业绩评价提供了依据。20 世纪 20 年代后，随着杜邦公司、通用汽车公司等这类多部门的综合性企业组织的形成和发展，投资报酬率指标的应用范围得到进一步扩大。

然而，这些大公司为市场提供多样化产品的同时，需要新的组织管理系统和采用新的计量指标来协调公司内部分散的经济活动。如何有效地进行分散经营，是当时公司管理者最为关心的问题。为了适应分散经营的需要，企业管理者的职能发生了重大改变，即由过去的参与所有经营活动的职能转变为在企业内部建立一个有效的资本和劳动力市场，以协调、激励和评估各分部管理者的业绩。随之而来的是预算和预测方法成为规划和协调各分部经济活动的重要工具。

从上述成功的工业企业和管理会计实践的产生和发展来说，企业管理实践的发展驱动着管理会计的发展，两者在实践中伴生互动，相得益彰。

二、20 世纪 80 年代以后

从 1925 年至 1985 年这 60 年间,管理会计系统没有得到明显的发展[①],但到了 20 世纪 80 年代后半期,制造业的创新又为管理会计系统的发展提出了新的挑战。这一时期,就全球经济的发展而言,买方市场已充分形成,顾客为满足其多样化、多层次的要求,变的越来越挑剔;而在生产技术方面,以计算机辅助设计、辅助制造和数控技术为基础,为满足顾客的挑剔需求提供了生产技术支持;企业的生产组织方式由此就从大规模大批量生产,转向适时制(Just in Time,JIT)和大规模定制生产与分配。在管理控制思想和实践中,企业开始重视产品质量、产品设计、降低存货水平、优化供应链等,强调持续改善企业经营活动。在新的市场与制造环境下,许多企业发现原有的管理会计方法无法很好地适应新的制造技术的应用。例如,计量每个工人工作效率和机器利用效率的方法,与企业改善产品质量、增加定制生产能力和降低存货水平等目标相冲突。因此,管理会计系统必须经过重新设计,以支持和促进新的制造技术在企业中的应用。业绩计量系统和决策权的分配系统都必须考虑改善产品质量、提高生产能力、适应适时制生产系统和计算机集成生产系统的需要,并能支持管理者在新的技术环境下进行有效投资等。

三、当代管理新思维与管理会计的发展

如上所述,20 年纪 80 年代以来,实务界和学术界一直致力于建立管理会计新方法的研究(学术上也称之为管理会计创新学派),以适应新的技术变革和全球性竞争所带来的挑战。这些管理会计新方法包括全面质量管理,适时供应、生产及分析系统,工程再造与持续改善,组织的学习,团队管理与战略分析等。这些新的方法被用来支持企业适应技术条件的变化和新的管理战略与流程的实施。一些管理思想和理念,深刻地影响着管理会计创新研究与实践[②]。下面我们对此做一简要介绍。

20 世纪 80 年代,在管理理论和实践中,在客户不断要求提高质量的压力下,最引人注目的是日本企业的管理模式。这种关注导致人们在世界范围内开始研究日本式的管理思想与技术,如全面质量管理、适时制生产和看板管理等,持续改进质量成为许多公司的目标。全面质量管理的理念——"制造质量"和"零缺陷"取代了过时的质量观念——"检验质量"和"可接受的质量缺陷率"。

在这个时期,管理理论与实践关注的另一个焦点是:在职能部门内部和跨部门之间建立起有效的工作团队,管理中人的行为方面又重新得到重视。员工参与决策、培育企业文化以及组织对员工利益的关心等管理观念被概括为一种新的管理理论——Z 理论。与此同时,公司为寻求可持续发展的战略竞争优势,开始用心研究日本成功企业的经验,并用由此发展起来的"战略意图"(Strategic intent)的理念——为组织设定一个宽泛的发展方向和使命,来改善战略计划模式(由中央集权部门为组织设定一个非常细致的战略计划);强调战略柔性,避免战略刚性。

---

① 参见 R. S. 卡普兰等著,《高级管理会计》(中译本),东北财经大学出版社,1999 年版。
② 参见 N. M. 格拉斯著,《卓越管理的新思维:理念、工具和人》(中译本),中国标准出版社,科文(香港)出版有限公司,2000 年版。

从管理思维的角度看，西方的企业管理更倾向于从狭隘的职能角度看问题，并且应用过于简单化的管理解决方案来迎合短期的预算和盈利目标。与之相反，日本企业管理则以更加全面和综合的角度来看待企业组织和员工，具有循环性和长期性的时间观念，更加强调追求市场份额而不是对股东和利益相关者的短期回报，营造一种基于市场优势的长期盈利性。

近期以来，经济管理理论的发展还有一个明显的特征，即受到了自然科学发展的极大影响。一些新的概念，如非线性、不确定性、复杂性和混沌等，已经开始替代我们所熟悉的机械、数学和几何模型。这些不确定性和复杂性等，既能给那些有准备的组织带来巨大机会，同时又能给那些反应迟缓的企业造成严重威胁。

随着顾客挑剔性市场的形成以及全球化竞争环境的加剧与多变，组织变革的节奏也必须加快。如何保持对当地或某国市场的反应力，同时又能获得全球化的好处，这是每个企业单位所面临的新挑战。为此，许多组织已经开始对组织结构进行调整与变革，纠正现代组织在结构与决策权分配上存在的问题。为了适应环境的不确定性，树立和接受"战略柔性"的思想是必要的，而"战略柔性"的思想要求企业组织必须能够随着顾客需要的变化、新的竞争威胁与机会的出现而不断地适应和学习，即组织必须是一个"学习型组织"。这样的组织中，员工被视作是知识生产者，而非可以被轻易替换的支薪阶层；被视为关键性资产，而非不断被削减的成本。授权、网络和培养学习的能力成为企业单位实现"柔性"的主要途径。许多企业单位已经开始以一种更加全面和综合的视角来对待自身，不再把自身视作一系列被清晰界定的职能集合，而是视作基于资源、面向顾客的流程集合。管理的重点也由职能转向流程。众所周知的企业流程再造（Business Process Re-engineering，BPR）的管理思想，实际上要求人们应当把管理注意力集中于各部门如何协调与顾客传递价值，即关注信息和产品是如何流经整个组织，资源是如何在流程中进行配置的，而非关注各部门如何工作。在这种观念的影响下，一些组织正在努力把自身当作一个突破企业边界的、更广泛范围内的供应链的一部分来加以管理。

组织和环境之间的界限更加富有弹性。随着企业同外部专家和其他组织所建立的网络关系的日益发展，组织开始向"关系型"和"虚拟型"的方向发展，不再强调正式的组织结构。在这一发展方向上，企业的价值链被相互联结起来，发展为价值链网，许多企业成为某个战略联盟的成员，通过伙伴关系，而非竞争利益的思维来推动组织、竞争者、经营环境、公众和员工之间的关系平衡。

进入 21 世纪以来，对管理实践影响最大的莫过于信息技术的发展与应用，特别是以信息技术为基础的大数据、云计算、互联网、物联网、商业智能乃至人工智能的发展与应用，整个世界由此变化更加迅速并成为常态，商业模式、管理方式、组织模式、价值创造路径等也由此变得"难以捕捉"，环境的不确定性大为增强；但同时也为非线性、不确定性、复杂性和混沌性的管理提供了更加可行的解决方案，推动人类对复杂的管理技术应用[①]。

上述管理思想及其相应的技术方法的形成与发展，为管理会计的发展和创新提供了营养

---

① 互联网改变了管理会计工作的方式和技术手段，但没有改变管理会计的本质。有关进一步的讨论请参见：胡玉明，《中国管理会计理论研究：回归本质与常识》，《财务研究》，2017 年第 3 期。

之源。以上所讨论的顾客导向、企业管理职能的转变、全球化竞争、全面质量管理、价值链、信息技术进步、制造环境的变化以及战略意图与战略柔性、学习型组织与流程再造等内容，需要管理会计创新成果，即管理会计的新思想、新工具和新方法的产生和应用来反映。只有这样，管理会计提供的信息才能更好地体现管理会计信息决策有用性所要求的一系列信息质量标准，管理会计信息的使用才能更好地满足管理意图和管理实践需要，管理会计活动才能更好地服务于企业单位规划、决策、控制和评价这一管理过程及其具体管理职能活动，实现管理会计的直接目标和终极目标。

本章小结

本章是学习管理会计的基础，主要讨论了管理会计的基本概念、本质属性、基本目标、基本原则、基本职能、应用领域、管理会计与财务会计的区别，以及环境、管理思想、理念、方法等的发展对管理会计发展的影响等基础性问题。

管理会计是企业管理系统的一个子系统，主要服务于内部管理需求，通过利用相关信息，有机融合财务和业务活动，为企业单位有效开展规划、决策、控制和评价等管理活动提供服务。管理会计的本质是信息系统，基本功能是为企业单位管理活动提供有用信息并利用信息开展管理活动。这是管理会计"与生俱来"的功能。

企业单位的目标可以分为终极目标和代理目标，终级目标是为企业单位创造价值或使企业单位价值最大化。管理会计的目标并不是直接创造价值，而是直接为企业单位有效开展规划、决策、控制和评价这一管理过程服务。而实现这一直接目标的过程，是通过管理会计的附属目标达成体现的，即为企业治理、战略管理、营运管理、成本管理、预算管理、投融资管理、绩效管理、风险管理以及管理信息系统等管理职能活动的有效开展服务来具体体现的。

管理会计的基本职能是解析过去、控制现在和筹划未来的有机结合，是管理会计工作的"使命和责任"。管理会计的应用领域随着管理实践的需要变化而发展和不断扩大，如今，管理会计的应用领域已经反映在企业单位战略管理、成本管理、预算管理、营运管理、投融资管理、绩效管理、风险管理以及面向管理会计的信息系统等各个领域，充分反映了管理会计的广泛性和包容性。尽管如此，这并不意味着管理会计要替代这些具体的管理职能活动，管理会计与管理过程伴生和互动，在服务于管理过程中发挥支持、参谋和辅助性作用。

企业单位中的行为问题，是管理会计必须面对的问题。企业单位的理性代理人在以团队方式从事经济管理活动时，不可避免地存在"搭便车"等道德风险问题。因此，在企业单位管理过程中，普遍存在的基本问题，就是"目标一致"问题。为解决代理问题，任何企业单位都需建立三个基本系统，即决策权分配体系、经营业绩计量体系和以经营业绩为基础的奖惩体系。

管理会计与企业单位的经营过程和管理机制设计机制是紧密结合在一起的。它与财务会计相比，在服务对象、职能、工作方法与程序、原则、信息特征等方面有很多特点。

管理实践与管理思想的发展，一直驱动和影响着管理会计的发展与创新，20世纪80年代中期以后，以计算机集成系统为基础的新制造环境，引起了管理思想与管理理论的一场变革。适时制生产（JIT）、全面质量管理、降低存货水平等一系列持续改善的管理方式，为管理会计方法的创新提供了契机。一些新的管理思想如工作团队、战略意图、不确定性与战略柔性、学习型组织等为管理会计的进一步拓展提供了营养之源；大数据、云计算、互联网、物联网、商业智能、人工智能等信息技术的发展与应用，改变了管理会计工作方式和手段，也为管理会计工具方法的创新提供了基础设施，但这并不会改变管理会计的本质。

本章习题

一、判断题

1. 管理会计的本质是根据企业单位的内部管理需求为管理者提供相关信息。（　　）
2. 管理会计师利用相关信息，有机融合财务和业务活动，为企业单位的规划、决策、控制和评价等管理活动服务。（　　）
3. 管理会计的功能和职能表明：管理会计是企业单位战略管理、营运管理、绩效管理等管理职能活动的替代机制。（　　）
4. 管理会计为了保证自身为管理者所提供的信息的有用性，其信息质量首先要具有相关性特征。（　　）
5. 管理会计的直接目标是为企业单位创造价值。（　　）
6. 管理会计的直接目标是为企业单位有效开展规划、决策、控制和评价提供服务，这种服务包括提供相关信息并利用信息开展管理活动。（　　）
7. 管理会计的附属目标是为企业单位有效开展战略管理、预算管理、成本管理、营运管理、投融资管理、绩效管理、风险管理等管理职能活动服务。（　　）
8. 企业终极目标是实现价值最大化，但其代理目标是经济性、效率性和效果性。（　　）
9. 管理会计的应用领域是规划、决策、控制和评价。（　　）
10. 在价值链构成中，核心价值链（主价值链）具有客观性，是任何企业单位价值链不可或缺的部分。（　　）
11. 在有限理性假设下，理性人可以实现自身效用最大化。（　　）
12. 企业单位的管理者之所以采用团队生产或工作方式，主要是因为团队生产或工作方式可以有效地解决"免费搭车"问题。（　　）
13. 所有企业单位的管理工作都必须面对和设法解决"目标一致性"问题。（　　）
14. 管理会计是企业单位管理中一项独立的管理职能，它可以要求其他管理职能活动按照它所提供的标准开展管理活动。（　　）
15. 管理会计和管理过程是伴生的、互动的关系，管理过程是管理会计提供服务的载体。（　　）

二、单项选择题

1. 管理会计的本质是（　　）。
A. 信息系统　　　　B. 管理职能　　　　C. 管理信息　　　　D. 信息管理

2. 管理会计的基本功能是（　　）。
   A. 提供相关信息　　　　　　　　　　B. 利用信息开展管理活动
   C. A + B　　　　　　　　　　　　　D. 实现企业管理目标
3. 管理会计的信息质量要求首先是保证信息的（　　）。
   A. 客观性　　　　B. 相关性　　　　C. 及时性　　　　D. 可比性
4. 管理会计之所以必要，是由（　　）。
   A. 管理会计自身的功能决定的　　　　B. 管理会计的基本职能决定的
   C. 企业单位的内部管理需求决定的　　D. 企业单位价值最大化的要求决定的
5. 在做经济决策时，假设人是完全理性的，这意味着（　　）。
   A. 人的能力是有限的，只能预见有限未来
   B. 人的能力是无限的，既可以充分计算，又可以充分预测全部可能
   C. 人的效用最大化的需求是无限的
   D. 人的效用最大化的需求是有限的
6. 在做经济决策时，人的有限理性假设意味着（　　）。
   A. 人们可以获得效用最大化的结果　　B. 人们可以实现无条件最优化决策结果
   C. 人们可以获得最多的稀缺资源　　　D. 人们可以获得效用或决策的满意结果
7. 管理会计的职能是（　　）。
   A. 取代管理决策　　　　　　　　　　B. 辅助管理决策
   C. 是独立于管理决策的管理过程　　　D. 是取代管理者的信息化工具
8. 云计算、大数据、互联网、物联网等信息技术的发展，导致管理会计（　　）。
   A. 本质发生变化　　　　　　　　　　B. 职能发生变化
   C. 工作方式与技术手段发生变化　　　D. 原则发生变化
9. 管理会计工作解决的是（　　）。
   A. 理论问题　　　B. 会计问题　　　C. 方法问题　　　D. 管理问题
10. 企业单位的规划、决策、控制、评价过程是（　　）。
    A. 各自独立的四种管理活动　　　　　B. 各自独立的四种管理过程
    C. 相互联系的管理会计过程　　　　　D. 四种管理活动过程的闭环管理过程

三、多项选择题

1. 管理会计是（　　）。
   A. 会计的重要分支　　　　　　　　　B. 主要服务内部管理需要
   C. 利用相关信息　　　　　　　　　　D. 有机融合财务和业务活动
   E. 为单位规划、决策、控制和评价管理活动服务
2. 管理会计的基本功能包括（　　）。
   A. 为企业单位内部管理者提供管理所需要的相关信息
   B. 为解决企业单位管理问题提供相关信息
   C. 利用相关信息参与管理活动
   D. 为会计信息的外部使用者提供报告
   E. 为内部管理者提供财务分析报告

3. 管理会计与管理活动过程的关系是（　　）。
A. 相互独立的关系　　　　　　　　B. 伴生性关系
C. 控制与被控制的关系　　　　　　D. 相互促动的关系
E. 指导与被指导的关系
4. 根据企业单位是资源的集合这一概念，资源流包括但不限于（　　）。
A. 数据流　　　B. 客户流　　　C. 广义物流　　　D. 资金流
E. 信息流
5. 企业单位的目标体系包括（　　）。
A. 终极目标　　　B. 代理目标　　　C. 代理目标的要素　　　D. 直接目标
E. 附属目标
6. 管理会计目标可以分为（　　）。
A. 价值目标　　　B. 业务目标　　　C. 直接目标　　　D. 管理目标
E. 附属目标
7. 保证管理会计信息有用性的信息质量特征包括（　　）。
A. 相关性　　　B. 可靠性　　　C. 可比性　　　D. 客观性
E. 及时性
8. 管理会计信息相关性的质量特征包括（　　）。
A. 及时性　　　B. 灵活性　　　C. 适应性　　　D. 可溯性
E. 一致性
9. 管理会计的基本原则包括但不限于（　　）。
A. 战略导向　　　B. 融合性　　　C. 适应性　　　D. 成本效益
E. 目标一致性
10. 管理会计的基本职能是（　　）。
A. 战略导向　　　B. 解析过去　　　C. 控制现在　　　D. 筹划未来
E. 提高效率
11. 管理会计的应用领域包括但不限于（　　）。
A. 战略管理　　　B. 预算管理　　　C. 成本管理　　　D. 营运管理
E. 绩效管理
12. 管理会计与财务会计的区别主要包括但不限于（　　）。
A. 服务对象不同　　　　　　　　B. 基本职能不同
C. 遵循的会计原则不同　　　　　D. 工作程序方法不同
E. 信息特性不同
13. 在企业单位的组织管理机制设计中，通常要包括（　　）。
A. 决策权力分配体系　　　　　　B. 经营业绩计量体系
C. 以经营业绩为基础的奖惩体系　D. 资源配置体系
E. 决策控制体系
14. 企业单位的决策权分配原则有（　　）。
A. 特定决策权分配必须按照企业单位股东或投资人的意愿为标准
B. 特定决策权分配必须以企业单位董事长的要求为依据

C. 特定决策权的安排与代理人拥有和处理信息的能力相对应
D. 特定决策必须和特定知识信息相联系
E. 特定决策必须和掌握特定知识信息的代理人相联系

15. 驱动管理会计发展的重要管理思想、理念或经济技术因素包括但不限于（   ）。
A. 经济全球化、价值链、以客户为核心
B. 全面质量管理、流程再造、持续改进
C. 战略意图、战略柔性、学习型组织
D. 战略联盟、竞合关系、社会责任
E. 云计算、大数据、互联网、物联网等信息技术的应用

四、问答题

1. 如何理解中国财政部在《指导意见》中对管理会计的定义？
2. 如何理解管理会计目标体系？
3. 如何理解管理会计的信息质量特征？
4. 当代影响管理会计发展的管理思想、理念、方法以及信息技术应用等有哪些表现？管理会计应该作何反应？

参考文献

［1］财政部，《关于全面推进管理会计体系建设的指导意见》，2014。
［2］财政部，《管理会计基本指引》，2016。
［3］财政部，《管理会计应用指引》，2016，2017，2018。
［4］财政部，《规划宏伟蓝图　开创历史先河——〈财政部关于全面推进管理会计体系建设的指导意见〉系列解读之一》，2014。
［5］贺颖奇、陈佳俊，《管理会计》，上海财经大学出版社，2003年版。
［6］赫伯特·西蒙，《管理行为》（中译本），中国社会科学出版社，1985年版。
［7］赫伯特·西蒙，《管理决策新科学》（中译本），中国社会科学出版社，1985年版。
［8］胡玉明，《21世纪管理会计主题的转变——从企业价值增值到企业核心能力培植》，《外国经济与管理》，2001年第1期。
［9］胡玉明，《中国管理会计理论研究：回归本质与常识》，《财务研究》，2017年第3期。
［10］罗伯特·卡普兰等，《高级管理会计》（中译本），东北财经大学出版社，1999年版。
［11］迈克尔·波特，《竞争优势》，陈小悦译，华夏出版社，2005年版。
［12］美国管理会计师协会，《管理会计公告》第1－4辑，刘霄仑等译，人民邮电出版社，2013年版。
［13］孟焰，《西方现代管理会计的发展及对我国的启示》，经济科学出版社，1997年版。

［14］潘飞、陈世敏、文东华、王悦,《中国企业管理会计研究框架》,《会计研究》,2010年第10期。

［15］齐默尔曼等,《决策与控制会计》(中译本),东北财经大学出版社,2000年第1版。

［16］余绪缨,《管理会计》,中国财政经济出版社,1983年版。

［17］余绪缨,《现代管理会计研究的新思维》,《会计研究》,2003年第6期。

［18］AAA Committee. Report of the Committee on Concepts and Standards—Internal Planning and Control. The Accounting Review,1974.

［19］Abdel–Kader, M. and Luther, R. 2006. IFAC's Conception of the Evolution of Management Accounting. Advances in Management Accounting,15:229—247.

［20］AMAC. 1988. Management Accounting Guidelines. Canada.

［21］Bromwich, M. and Sea Pens, R. Management Accounting Research: The first Decade. Management Accounting Research,2001,2:254.

［22］CGMA. The Global Management Accounting Principles–Effective management accounting: Improving decisions and building successful organisations,2014.

［23］http://www.cgma.org CGMA官方网站(英文)。

［24］http://www.cimaglobal.com CIMA官方网站(英文)。

［25］http://www.cncima.com CIMA中国官方网站。

［26］https://cpacanada.ca/en/ CPA Canada官方网站(英文)。

［27］http://www.ifac.org IFAC官方网站(英文)。

［28］http://www.imanet.org IMA官方网站(英文)。

［29］http://www.imanet.org.cn IMA中国官方网站。

第二章 预算管理

【学习目标】

● 理解企业预算管理框架的主要内容,掌握预算管理的内容、预算管理的程序、预算管理的组织和制度

● 理解企业预算方案的质量特征以及预算编制的程序、预算目标的确定

● 理解预算执行过程中预算指标的分解、预算执行过程中的审批、预算分析和反馈以及根据反馈进行预算调整

● 理解预算考核对企业激励机制的影响、平衡计分卡对企业财务方面和非财务方面的影响以及基于平衡计分卡对预算考核框架的构建与实施

第一节 企业预算管理框架

预算管理的框架主要包括预算管理的地位、预算管理的内容、预算管理的程序、预算管理的组织和预算管理的制度五个方面。

一、预算管理的地位

预算管理是企业实现战略目标的工具,是联系企业战略和执行的纽带,这一点决定了预算管理在企业管理中的重要地位,参见图 2-1。

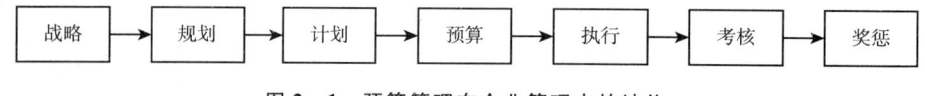

图 2-1 预算管理在企业管理中的地位

(一) 战略

战略是一个企业基本的长期目标,以及为实现此目标所必须采取的行动和对资源的分配。是为企业的长期生存与发展所作出的未来一定时期内的方向性、整体性、全局性的定位、发展目标和相应的实施方案。战略本身是长期的目标和策略,规划是战略在短周期内的分解,以短周期的实施确保长周期的实现。规划的时间跨度较短,以 3-5 年为主,并且,规划一般会根据企业的外部环境和内部情况,在战略目标的框架内做滚动的调整。

企业战略和企业规划经常是作为同一个管理手段出现的,这就是一般所说的战略规划。一般来说,战略规划包括以下内容:

1. 现状与发展环境分析。该部分包括企业基本情况，优势和劣势分析，环境的基本情况，机会和威胁分析等，是企业战略规划组成部分的基础。

2. 发展战略与指导思想。该部分包括企业的经营范围，产业链条的长短、产品族的多寡、是否多元化经营、以产品经营为主还是资本经营为主，对待风险的态度等等。

3. 发展目标。企业战略中的发展目标一般是指长期目标，包含市场目标，如市场占有率；产品目标，如新产品的数量和质量；客户目标，如关键客户的数量、单客户收入；内部组织目标，如结构调整的结果；组织规模目标，如人员数、分支机构的个数、职能部门的设置。而这些目标的综合表现是财务目标，主要包括资产规模目标、收入目标、利润目标、资产回报率目标等。

4. 战略实现方法和实现战略的保障措施，如人力资源政策、市场发展政策、财务管理政策等。将战略实现的方法和措施具体到年度内，就是年度预算管理。

5. 企业 3-5 年的发展重点、短周期目标等，主要是将企业的长周期的市场、产品、客户、组织、规模、财务等目标，分解落实到可实施、可控制的短周期之内。

现代企业理论认为，企业是一系列契约的组合。这其中，企业的股东和经营者之间的契约是最为重要的契约关系。而在这一系列契约中，企业战略是经营者对股东的承诺，以减少股东对企业未来的不确定性预期，从而保持股东对企业的支持。所以，实现战略规划，是企业经营者对股东所负的义务，正是在这个意义上，在严肃的战略管理理念下，企业的经营层需要一个管理工具，将战略目标细化到每一个责任中心，并通过考核，确保各责任中心的分解目标能够实现，只有责任中心分解目标的实现，才会保证企业战略的实现。这一工具就是预算管理。

（二）计划

企业的基本管理周期，事实上是以年为单位展开的，这和宏观经济的财政管理、微观经济的财务报告等是一脉相承的。所以，将企业的战略目标和措施，仅仅分解到 3-5 年的短周期，还无法满足企业管理的需要。在企业的日常管理中，还需要将 3-5 年的规划具体到每年度，这就是年度生产经营计划。

企业年度生产经营计划可以在很多纬度进行分类，基本的分类方法是和企业的管理模式相联系的。在职能管理模式下，年度生产经营计划的基本单元是业务单位和职能部门的年度工作计划；在流程管理模式下，年度生产经营计划的基本单元是企业内部主要流程的年度工作计划。目前，流程管理的观念只是在企业管理的个别领域应用，并且是依靠部门去实现的，所以，本章考察作为预算管理前提的企业年度生产经营计划，仍然以职能管理的企业为对象。一般来讲，在职能管理的企业中，年度生产经营计划主要包括以下几类：

1. 销售部门的销售工作计划。这类计划是由企业的销售部门编制，综合反映年度内企业的产品或劳务销售计划。根据企业市场、组织结构等的不同，销售计划的编制方法可能存在一定差异。一般来说，销售计划可以按照产品及型号编制、按照地区编制、按照客户编制、按照目标市场编制、按照企业销售业务单元编制等等，编制完成的销售计划，主要是销售量和销售实现时间的预先安排。

2. 生产部门的生产计划。这类生产计划是以销售计划为起点，考虑期初、期末的产品库存，确定分产品及型号的生产量计划及生产时间的计划类型。

3. 资产管理部门的资本性投资计划。资产管理部门的资本性投资计划以生产计划及企业的发展规划为起点，分析企业生产能力的缺口，拟定新增生产能力的实现方式，主要是对新增固定资产的规模、型号、技术标准、供应厂商等因素的综合计划。

4. 采购计划。采购计划以生产计划为起点，考虑期初、期末的材料库存，确定分品种、型号的材料、燃料等采购计划，主要是采购量和采购时间。根据企业内部组织机构设置的具体情况，有时候，资本性投资计划可以作为采购计划的一部分。

5. 职能部门的管理工作计划。按照不同的职能部门，分别计划本部门的年度工作，一般来说，管理工作计划按部门编制，综合反映企业的管理部门为销售、生产、采购、资本性支出等提供管理支持的情况。

上述单位、部门的年度工作计划汇总，就是企业的年度工作计划。企业的这一年度工作计划，上接企业规划，体现战略意图，下连企业预算，寻求实现方法。正因为此，在预算管理的情况下，将预算管理和计划管理相对立的做法，在理论上是一种误解，在实践中会造成误导。

（三）预算

预算是计划的数量化和货币化反映。预算管理的具体内容将在下文中进行详细的讨论。在此需要明确预算管理的内涵。关于预算管理的内涵，常见的有以下两种不同的观点：

1. 全面预算的观点

全面预算的观点强调"横管到边、纵管到底"，将预算管理的全员、全流程管理过分夸大，强调企业的一切事项均应纳入预算管理。在这种观点的指导下，将安全生产、媒体曝光等指标纳入预算考核，由预算管理部门管理。

理论研究中对预算管理功能的夸大所导致的预算管理实践中对预算的过高期望，及由此所导致的预算实践效果不对称感，使得预算管理在企业中有被边缘化的危险。并且，将预算管理作为无所不包的管理平台的思维，很自然地遭到企业中相关部门的反对。

2. 财务预算的观点

这种观点将预算管理视作财务部门对企业的财务计划。由于是财务部门内部的事，所以，与前述销售计划、生产计划、资本性支出计划和管理工作计划没有建立对接关系，使得预算的实现没有工作基础。这种预算管理观点，比较容易实施但预算的实现没有保障，预算编制的低参与性使得预算指标的合理性受到责任中心的质疑，所以不能成为业绩考核的依据，也就不能成为企业实现战略目标的手段。

预算管理的过程是企业中各管理部门之间、管理部门与业务单位之间博弈的过程。对预算管理的功能必须进行理性的定位。预算既不是前述的全面预算管理，也不是财务预算管理。预算能够进行有效管理的范围，仅限于能够产生直接财务后果的事项，如施工企业的合同额要纳入预算管理，但工程质量、安全生产则不能纳入预算管理。相应地，预算考核的范围也必须进行明确的界定，在目前企业的实际中，非财务事项不宜纳入预算考核的范畴。预算能够进行有效管理的级次仅限于责任中心，而对于责任中心内部员工的管理和考核，则要依靠其他管理工具。否则，不但会显著增加预算管理的工作量，降低工作效率，而且更重要的是，企业的预算管理会遭到来自企业各管理部门的质疑、甚至抵制。

此处所讲的预算管理的范围，和前述企业生产经营计划的范围并不是一致的。生产经营计划包括企业全部的年度工作计划,但是,预算管理所对应的并不是全部的生产经营计划,而是能够产生直接财务后果的计划事项。如在人力资源部门的年度工作计划中,应该包括年度职工培训计划,如果职工的培训需要租赁专门的场地、聘请专门的教师,则在预算管理中,要为该职工培训事项计列培训费用预算;但是,如果该培训事项是利用企业自身的办公条件,由企业自身的人员授课,不会单独发生费用,这时,这项培训计划就不会有对应的预算。

(四) 执行

将企业的战略、规划经过细化,成为年度计划和年度预算之后,如何在年度内确保计划和预算的有效执行,是企业的年度目标进而战略目标能否实现的关键。

执行不仅仅是根据计划和预算执行生产经营行为本身,还包括对行为的记录、反馈、分析及对计划和预算的必要调整。如企业销售部门执行销售计划、完成销售预算,其工作并不仅仅限于寻找客户、签订销售合同,而且包括对已经签订的合同信息的记录、统计,与计划和预算进行对比,报告给有关管理部门;如果出现非预期差异,还需要分析非预期差异产生的原因;如果差异产生的原因来源于计划编制基础和预算编制基础的根本性变化,还需要根据这些变化作出适当的调整等。

由于年度生产经营计划的范围和预算的范围不一致,预算只对部分生产经营工作计划作出反映,所以,计划执行的范围和预算执行的范围也是有差异的。本书主要关注预算的执行。预算的执行,是从预算的下达开始到预算考核为止的预算管理流程。具体来说,包括预算分解、预算执行中的审批、预算分析和预算调整等内容。

(五) 考核和奖惩

业绩考核是确定责任中心的行为是否符合企业管理要求、满足企业利益的重要手段。对行为的结果进行考核,是激励的内在要求。考核是确定一种标尺,以衡量被考核者的业绩表现。而奖惩是设定一个标准,以确定什么样的表现应该奖励、什么样的表现应该惩罚以及奖励和惩罚的力度。对于企业来说,正是通过奖励员工正确的行为而处罚错误的行为,来保证员工的行为符合企业的战略规划要求,从而最终确保战略目标的实现。

从以上流程来看,战略的制定、规划的分解、计划的拟订、预算的编制、计划与预算的执行、业绩的考核、奖惩的兑现,进而根据考核与执行的结果对战略和规划进行必要的修订,体现了企业管理的闭环,而预算管理是这一闭环中关键的一段流程。

二、预算管理的内容

预算管理是对企业中能够产生直接财务后果的事项的全过程管理。预算管理的内容,根据不同的行业,其组成会略有差别,但一般应包括如下内容(见图2-2)。

(一) 销售预算

销售预算,又称营业预算,是预算期内预算执行单位新签订销售合同、销售各种产品或者提供各种劳务可能实现的销售量或者业务量及其收入的预算。

销售预算应该包括两个层面:第一,新签订合同额预算是指预算责任中心在预算期内新签订的合同额。在大部分行业,新签订合同额并不能全部在当期形成收入,所以,企业生产

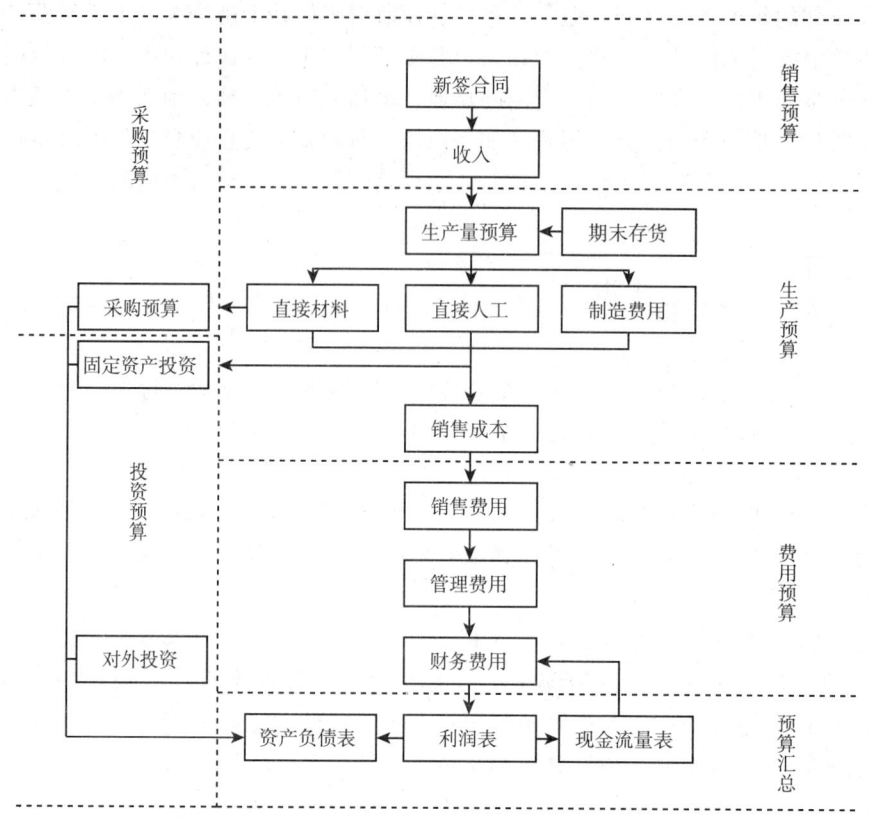

图 2-2 预算管理内容

经营的起点是新签订合同额,而不是销售收入。这一特点,在合同履行周期较长的设计、施工企业表现尤为突出。在这类单位中,新签订合同额是预算管理的重要内容,但目前的预算管理理论研究大都忽略了这一点。新签订合同额包括两个方面:一是预计销售量,二是预计销售价格。第二,在新签订合同额预算的基础上,再考虑销售收入的预算,逻辑是非常清晰的。销售收入的实现,依赖于以前年度和本年度签订的合同。

(二) 生产预算

生产预算是从事工业生产的预算执行单位在预算期内所要达到的生产规模及其产品结构的预算,主要是在销售预算的基础上,依据各种产品的生产能力、各项材料及人工的消耗定额及其物价水平和期末存货状况编制。为了实现有效管理,还应当进一步编制直接人工预算和直接材料预算。生产预算编制的结果是产量预算和单位生产成本预算。

对于劳务企业和建造合同企业,由于收入的确认是采用完工百分比法,所以,收入预算和生产预算是统一的,不存在单独的生产预算。还有部分企业,生产过程和销售过程是同时完成的,不存在单独的生产环节,也就没有单独的生产预算,如电信企业。

(三) 资本性支出预算

对于一般企业来说,资本性支出预算只包括固定资产和无形资产等对内投资预算,不包括股权和债权等对外投资预算。对外投资预算是财务预算的组成部分。但是，对于一些控股公司的集团本部来说，主要的预算项目是对外投资预算。对外投资预算在中国企业预算管理中并不是常见组成项目，因此本书不再赘述。

固定资产投资和无形资产投资等对内投资预算是企业在预算期内购建、改建、扩建、更新资产进行资本投资的预算，一般根据本单位有关投资决策资料和年度固定资产投资计划编制。企业在年度内如有固定资产报废的计划，也应该纳入预算管理之中。对内投资预算对企业的生产预算、折旧费预算、现金流预算等，存在直接的重要影响。

（四）采购预算

采购预算是预算执行单位在预算期内为保证生产或者经营的需要而从外部购买各类商品、各项材料、低值易耗品等存货的预算，主要根据销售或营业预算、生产预算、期初存货情况和期末存货经济存量编制。

需要注意的是，在采购预算编制中，从整个企业或单一预算主体的角度来看，采购预算是企业对外采购的预算，但是，从企业内部不同预算责任中心的角度来看，采购预算包括向其他责任中心的采购预算，这就涉及责任中心的定位和内部转移价格的制定问题。

（五）费用预算

费用预算是预算期内预算执行单位组织经营活动必要的管理费用、财务费用、销售（营业）费用等预算。在企业的预算管理实践中，作为日常费用性质的支出，不管是计入产品成本还是计入期间费用，其预算编制的方法基本是一致的。如车间差旅费在成本核算中要计入制造费用，从而分摊计入产品成本，采购部门的部分支出要计入存货成本，但是，在编制这些费用预算时，仍然比照日常费用预算进行编制，只是在进行预算汇总时，分摊计入相关责任中心的成本。

费用预算应当区分变动费用与固定费用、可控费用与不可控费用的性质，根据实际的费用项目来进行编制。

（六）预算汇总及表现形式

将销售预算、生产预算、资本性支出预算、费用预算进行汇总，并根据资金平衡情况编制筹资预算，就能够形成企业的年度预算草案。值得注意的是，年度预算草案一般有两种表现形式，一是预计资产负债表、预计利润表和预计现金流量表的综合，这种预算表现形式的优点是全面、勾稽关系清晰，但缺点是在没有完善的预算管理软件的情况下，预算汇总的工作量非常大，很容易出错，且资产负债表预算和现金流量表预算，实际意义并不大。二是预计利润表，这种预算表现形式的优点是编制容易、重点突出、易于执行，但缺点是各预算子项之间的勾稽关系不够清晰，预算反映不够全面。在企业的实际预算管理中，应该根据企业的实际情况，确定预算的表现形式。

值得指出的是，一般企业预算管理的不同模块由企业内部的不同部门负责，如市场部门负责业务预算、计划部门负责投资预算、财务部门负责筹资预算和财务预算。但是，由于部门之间的协作配合不足，往往造成各部门预算之间缺乏有机的联系，预算编制不科学，预算难以实施。所以，在编制预算中，如何协调部门之间的关系及预算编制的共同基础，是预算编制中所要解决的核心问题。

三、预算管理的程序

预算管理程序是从预算的编制开始到执行结果考核结束的一个管理循环。总的来说,预算管理的程序包括预算的编制、预算的执行和预算的考核三个主要阶段,每个阶段又分为不同的环节,预算管理的程序,我们将在后面章节中逐次展开,在这里不再赘述。

四、预算管理的组织

预算管理组织包括两个层面:一是预算管理的执行机构,即预算管理机构,一般包括预算管理委员会、预算管理工作组、预算管理办公室和预算管理员,解决"谁管理预算"的问题;二是预算管理的被管理机构,即责任中心,根据所负责任的不同,可以将企业内部的责任中心划分为收入中心、成本中心、利润中心和投资中心四种类型,解决"预算管理谁"的问题。

(一)预算管理委员会

预算管理委员会是企业预算管理的决策机构,其组成情况依不同的企业组织形式而不同。在公司制企业,由于《公司法》规定批准公司的年度预算属于企业董事会的权力,所以,预算管理委员会应该由公司全部董事参与,为了便于预算在董事会和经营层之间的协调,还应该有企业高层经营人员参与。在非公司制企业,企业的预算应该由厂长(经理)办公会批准,所以,预算管理委员会应该包括厂长(经理)办公会成员。

预算管理委员会的职责,一般来说,包括以下内容:

1. 审议通过有关预算管理制度及预算管理实施细则,包括与预算管理有关的考核办法;
2. 组织有关部门或聘请有关专家进行财务预测;
3. 审议通过预算目标、预算编制方法和程序;
4. 审查整体预算方案及各部门编制的预算草案;
5. 协调和解决预算编制过程中的矛盾;
6. 将经过审查的预算提交董事会审批,董事会通过后下达正式预算;
7. 检查、监督和分析预算执行情况,提出改善措施;
8. 提出修订和调整预算的建议,对于预算执行中出现的矛盾进行调解和仲裁;
9. 审定公司年度预算,并提出考核奖惩意见。

(二)预算管理工作组

预算管理工作组是企业预算管理的执行机构。一般来说,预算管理工作组由企业的总经理、财务总监和主要职能部门经理等组成。主要职能部门包括市场、生产计划、财务、投资、人力资源等部门。一般来说,预算管理工作组履行以下职责:

1. 传达预算的编制方针、程序、具体指导分厂、部门预算草案的编制;
2. 根据预算编制方针,对分厂、部门编制的预算草案进行初步审查、协调和平衡,汇总后编制集团公司的预算草案,一并报预算管理委员会审查;
3. 在预算执行过程中,监督、控制分厂、部门的预算执行情况;

4. 每期预算执行完毕，及时形成预算执行报告和预算差异分析报告，交预算管理委员会审议；

5. 遇有特殊情况时，向预算管理委员会提出预算修正建议；

6. 协助预算管理委员会协调、处理预算执行过程中出现的一些问题。

（三）预算管理办公室

预算管理办公室是企业预算管理的操作机构。在不同的企业，预算管理办公室的设置有所不同，有的企业是在财务部门，有的企业是在计划部门，还有部分企业有单独的预算管理部门。不管企业是否单独设立预算管理办公室，企业预算管理的日常工作应该由财务部门完成，主要是因为：

1. 预算管理是对企业有直接财务后果的事项的管理，所以，将预算管理办公室设在财务部门，更加有利于预算管理和企业日常资金管理、财务管理的对接。

2. 预算管理办公室设在财务部门，有利于保证预算口径、核算口径和决算口径的一致，为企业的预算编制、预算执行、预算考核等提供便利。

作为企业预算管理的日常工作机构，预算管理办公室应该完成以下工作：

1. 拟定企业预算管理的制度、方法和年度预算管理的重点，提交预算管理工作组讨论；

2. 根据历史数据和企业的战略规划数据、奖惩原则，进行预算目标确定、预算编制和预算考核的数据测算，为预算管理工作组提供预算管理相关信息；

3. 在预算的编制、执行、考核中，做好基础数据工作，包括预算的汇总、预算执行结果的统计、预算分析的汇总、预算考核数据的计算等。

值得指出的是，预算管理办公室作为预算管理工作组的操作机构，其所完成的工作，都是拟定、汇总等初步结果，需要经过预算管理工作组讨论之后，才能够成为正式的预算管理文件。必要时，还需要提交预算管理委员会讨论批准。

在企业的预算管理中，预算管理委员会、预算管理工作组、预算管理办公室共同组成了企业的预算管理机构。其中，预算管理委员会是预算管理的决策机构，负责确定预算管理的原则、目标；预算管理工作组是预算管理的执行机构，负责贯彻执行预算管理的原则，分解预算目标并监督实施，与各责任中心讨论并为责任中心的预算执行提供指导；预算管理办公室是预算管理的操作机构，负责预算管理的日常工作。

（四）责任中心

责任中心是企业内部收入、成本、利润、投资的发生单位，这些内部单位被要求完成特定的职责，其责任人被赋予一定的权力，以便对该责任范围进行有效的控制。责任中心的界定是企业预算管理的基础工作：

1. 责任中心的界定为企业预算目标的分解确定组织依据。企业在预算编制过程中，必须对预算目标进行多层次的分解，将全企业的目标分解为不同的子目标，并将子目标进一步进行分解，形成企业预算编制的目标体系。而这一目标分解的过程，是以责任中心的界定为前提的，也就是说，只有在企业内部有了明确的责任中心定义，才能够将企业的预算目标沿着责任中心的分解路径，进行分解。

2. 责任中心的界定为企业预算的执行确定组织单位。企业预算在执行过程中，以责任中心为单位,进行预算的执行、分析、考核、预算执行差异的控制等。

3. 责任中心的界定为企业预算考核确定组织对象。预算考核是预算管理真正发挥作用的最终保障,而预算的考核是以责任中心为对象进行的,所以,合理确定责任中心,对于预算管理至关重要。

责任中心可以根据其主要责任进行分类。作为企业内部不同的组织级别,一般来说,责任中心并不仅仅完成单一目标,如市场部门,需要在完成签订合同目标的同时,完成客户服务、价格控制等目标;生产车间,需要在控制成本的同时,确保产品质量、供货时间等事项;职能管理部门,需要在完成相应管理职责的同时,负责控制本部门的费用。从理论上讲,企业需要完成的目标,总体可以分为两类,一类是能够直接转化为财务事项的目标,如市场部门新签订合同的总额、本期完成的向客户发货金额,生产部门的单位生产成本、总固定成本发生数,职能部门本期发生的管理费用等。另一类是不能够直接转化为财务事项的目标,如市场部门的客户服务水平,职能部门的管理水平等。

在预算管理中,由于预算管理的事项是能够产生直接财务后果的事项,所以,责任中心的分类是以责任中心完成的能够转化为财务事项的目标为依据的。按此依据,责任中心可以分为以下几种:

1. 成本中心是指管理者只对其责任范围内发生的成本负责的一种责任中心。成本中心是成本发生单位,一般没有收入,或仅有无规律的少量收入,其责任人可以对成本的发生进行控制,但不能控制收入与投资,因此成本中心只需对成本负责,无须对利润情况和投资效果承担责任。成本中心又可以分成两种:标准成本中心和费用中心。标准成本中心必须是产品稳定而明确,并且熟悉单位产品所需投入的责任中心。通常,标准成本中心的典型代表是制造业工厂、车间、工段、班组等。费用中心适用于那些产出物不能用财务指标来衡量或者投入和产出之间没有密切关系的单位。这些单位包括一般行政管理部门,如会计、人事、劳资、计划等;研究开发部门,如设备改造、新产品研制等;以及某些销售部门,如广告、宣传、仓储等。

2. 收入中心是指管理者只对责任范围内取得的收入负责的一种责任中心。一般来说,收入中心既会取得收入,也会发生一定的成本费用,但是,其收入与成本之间没有配比性,所以,不能将其作为利润中心,用其收入减去成本后的差额作为责任中心的考核指标。典型的收入中心是某些企业的销售部门,这些部门对外销售产品取得收入,在销售过程中,会发生签订合同、客户服务、产品装卸与运输等费用。这类责任中心,如果作为利润中心考核,会导致部门费用失控,只能作为收入中心。

3. 利润中心是既能控制成本,又能控制收入的责任单位。因此它不但要对成本和收入负责,也要对收入与成本的差额即利润负责。利润中心属于企业中的较高层次,同时具有生产和销售的职能,有独立的、经常性的收入来源,可以决定生产什么产品、生产多少、生产资源在不同产品之间如何分配,也可以决定产品销售价格、制定销售政策,它与成本中心相比具有更大的自主经营权。

利润中心有两种类型:一种是自然的利润中心,它直接向企业外部出售产品,在市场上进行购销业务。例如,某些公司采用事业部制,每个事业部均有销售、生产、采购的职能,有很大的独立性,这些事业部就是自然的利润中心。另一种是人为的利润中心,它主要在企业内部按照内部转移价格出售产品。例如,纺织厂的纺纱车间将纺出的纱以内部转移价格出售给织布车间,纺纱车间就可以被视为利润中心并称为人为的利润中心。再如,企业内部的辅助部门,包括修理、供电、供水、供气等单位,可以按固定价格向生产部门收费,它们也可以被确定为人为的利润中心。

4. 投资中心是指不仅能控制成本和收入,而且能控制占用资产的单位或部门。也就是说,在预算管理中,该责任中心不仅要对成本、收入预算负责,而且还必须对其与目标投资利润率或资产利润率相关的资本预算负责。所以,典型的投资中心是具备经营决策权和投资决策权的独立经营单位。常将一个独立经营的常规企业视为一个投资中心。

责任中心的分类,是以其负责的责任范围为依据的,根据"谁负责、考核谁"原则,责任中心的种类界定,也就意味着责任中心考核指标的确定。成本中心的主要考核指标是责任成本,收入中心的主要考核指标是收入,利润中心的主要考核指标是可控利润,投资中心的主要考核指标是投资回报率。

在预算管理中,关于责任中心的管理,事实上是两个层面的问题:一是责任中心的划分,即确定企业内部的哪些职能、人员等被归入一个责任中心,这是个组织结构设计问题;二是责任中心的界定,即责任中心应该对什么负责,这是个组织结构定位问题。

所谓组织结构,是指企业中正式确定的使工作任务得以分解、组合和协调的框架体系。根据工作专门化、部门化、指挥链、管理跨度、集权和分权、正规化等六个因素,组织结构可以划分为机械式组织结构和有机式组织结构两种类型,参见表2-1。

表2-1　　　　　　　　　　　组织结构类型

组织结构类型	机械式组织结构	有机式组织结构
工作专门化	高度专门化	跨职能团队
部门化	僵化的部门划分	跨层级团队
指挥链	指挥链明确	信息自由流动
管理跨度	窄管理跨度	宽管理跨度
集权和分权	集权化	分权化
正规化	高度正规化	低正规化

常见的机械式组织结构是传统的直线职能制和事业部制企业组织形式,常见的有机式组织结构是矩阵式和项目型企业组织形式。组织结构的设计和变革,不属于本章的研究内容。在本书中,笔者是将企业组织形式作为预算管理的外生变量来讨论责任中心界定的原则。

预算管理责任网络是以企业的组织结构为基础,本着高效、经济、权责分明的原则来建立的。预算管理责任网络的建立应遵循以下原则:

1. 以正式的组织结构为基础。一般来说,企业组织结构的设计本身就是考虑责任和权力划分的结果,所以,在预算管理过程中,责任中心的建立必须以正式的组织结构为基础。

以正式的组织结构为基础构建责任网络,则企业的每一个责任中心都是企业组织结构中的一个正式组织。企业内部的一些非正式组织、临时组织、跨部门小组、跨部门委员会,不是独立的责任中心,其预算责任是分解到这些组织的成员所在部门的。如企业内部按照生产流程,成立的跨部门、全流程的质量控制小组,这些质量控制小组并不作为独立的责任中心承担预算目标,只是相互协调,控制产品质量,质量和费用的考核责任目标仍然在各参与部门。

2. 要坚持成本效益原则。企业的每一个预算责任中心都是一个正式组织，但并不是每一个正式组织都是一个预算责任中心。是否将一个组织机构作为一个预算管理的责任中心，还必须考虑成本效益原则。定义一个责任中心所能够取得的收益，是责任的明确和考核的细化所带来的激励强化，随着预算责任中心的界定逐渐细化，这一收益会逐渐变小。但是，随着企业责任中心的划分逐渐细化，对责任中心进行预算编制、控制、分析、考核所需要的数据、部门之间协调的工作量会呈几何级数增长，所以，预算管理的成本也会显著增长。

3. 责任中心要拥有与企业管理整体目标相协调并与其职能责任相适应的经营决策权，这是对责任中心进行预算考核的前提。

4. 责任中心要承担与其经营决策权相适应的经营责任。在管理理论中，责任与权力可以说是一对孪生兄弟，有什么样的决策权力，就有什么样的经济责任。所以，当一个管理部门被授予经营决策权时，就必须对其决策承担相应的经济责任，这也是对其有效使用权力的一种制约。企业设置每一责任中心，都必须根据授予的经营决策权的范围确定其应承担的经济责任。

5. 责任中心要具有明显的层次划分。企业为了有效地规划和控制自身业务活动，应当将整个企业逐级划分为多级责任中心，体现责任中心的层次性。每个责任中心能规划和控制一部分业务活动，并对它的工作业绩负责。特别需要强调的是，对于多级责任中心的企业来说，预算管理是需要分级的，每一级只管理其直接下级责任中心，这也就是统一领导、分级管理的管理原则。

预算管理员是各责任中心负责本单位预算管理工作的具体实施人员。一般来说，经营部门和生产部门都需要预算管理员。在职能部门，则根据部门规模的大小设置岗位。一般来说，预算管理员要完成以下工作：

1. 收集、统计本单位历史数据和相关行业数据，为本单位的预算编制提供数据支持；

2. 根据预算管理工作组的要求和预算管理办公室下发的有关预算管理表格，提供有关数据、填写有关表格，完成本单位预算草案的编制；

3. 根据需要，参与本单位预算指标和目标的讨论，就本单位的预算修改发表意见；

4. 在预算执行过程中，跟踪、统计、分析本单位的预算执行情况，当预算执行出现非预期差异时，及时向本单位预算管理责任人报告并提出控制建议；

5. 根据需要，提出本单位的预算调整申请，并参与本单位预算调整的讨论；

6. 在预算考核中，核对预算管理办公室和预算管理工作组考核本单位所使用的数据，当出现数据差异时，分析原因并提出修改建议。

内部转移价格又称内部结算价格，是指在责任中心之间相互提供中间产品和劳务所采用的一种结算价格。合理的内部转移价格有助于确定各责任中心的经济责任，客观、公正地评价和考核各责任中心的经营业绩，调动企业各责任中心工作的积极性，从而发挥预算考核的激励作用。因此，如何制定出合理的内部转移价格是发挥预算考核激励作用的关键。企业内部转移价格分为以下四种情况：

1. 市场价格。在中间产品存在完全竞争市场的情况下，市场价格减去对外销售费用，就是理想的转移价格。由于企业为把中间产品销售出去，还需追加各种销售费用，如包装、发运、广告、结算等，因此，市场价格减去某些调整项目才是目前未销售的中间产品的价格。从机会成本的观点来看，中间产品用于内部而失去的外销收益，是它们被内部购买使用的应计成本。这里外销收益并不是市场价格，而需要扣除必要的销售费用，才是失去的净收益。

2. 以市场为基础的协商价格。如果中间产品存在非完全竞争的外部市场，可以采用协商的办法确定转移价格，即双方部门经理就转移中间产品的数量、质量、时间和价格进行协商并设法取得一致意见。

3. 变动成本加固定费转移价格。这种方法要求中间产品的转移用单位变动成本来定价，与此同时，还应向购买部门收取固定费用，作为长期以低价获得中间产品的一种补偿。这样做，生产部门有机会通过每期收取固定费来补偿其固定成本并获得利润；购买部门每期支付特定数额的固定费之后，对于购入的产品只需支付变动成本，通过边际成本等于边际收入的原则来选择产量水平，可以使其利润达到最优水平。

4. 全部成本转移价格。这种方法以全部成本或者以全部成本加上一定的利润作为内部转移价格，可能是最差的选择。因为它会鼓励供应部门通过提高成本而提高利润水平。

对上述四种内部转移价格进行分析，可以看出，强调企业制定的内部转移价格应该尽可能接近市场价格。这种看似合理的观点，在理论上忽略了企业作为市场替代的本质属性，在实践中难以操作。

内部转移价格的制定不应该以市场为导向，而应该以企业内部的标准成本为导向。具体来说，内部转移价格由两部分组成，一是标准变动成本，二是标准固定成本。标准变动成本根据有关的原材料、辅助材料的消耗定额和标准单价制定，标准固定成本根据总固定成本及产能计划的完成情况制定。

$$内部转移价格 = 原辅材料消耗定额 \times 标准采购价格 + 单位产品其他变动成本标准值 + (生产线固定成本总额 \div 计划产能) \times 实际产量$$

五、预算管理的制度

将预算管理的地位、内容、程序、组织等预算管理的理论框架运用于企业的预算管理实践，转化为企业预算管理的制度和方法，即企业预算管理的制度。需要指出的是，在许多企业的预算管理中，将预算管理制度简单地理解为单一的管理办法，这不符合企业完善预算管理的需要。预算管理是需要条件的，预算管理本身是一个管理框架而不是一个简单的管理办法，必须将预算管理制度视为一个制度体系。这一制度体系包括预算管理制度、预算执行办法、预算操作手册、预算支撑制度等内容。

（一）预算管理办法

预算管理办法是企业进行预算管理的纲领性文件，应该结合企业实际情况，对预算管理在企业管理中的地位、预算管理的内容、预算管理组织和预算管理的程序等作出详细的规定。制定预算管理办法，在企业的预算管理工作中具有两个方面的作用：

其一是为企业的预算管理工作奠定制度基础。明确预算管理在企业管理中的地位；具体规定企业预算管理的内容，区分哪些事项纳入预算管理，哪些事项不纳入预算管理；明确预算管理的决策机构、执行机构、操作机构，各职能部门和业务单位在企业预算管理中的地位，各责任中心之间转移产品和劳务的内部价格的制定原则等；规范企业预算管理的流程，建立预算编制、执行、分析、考核的预算管理循环。

其二是表明企业决策层重视预算管理的态度，为企业的执行层传递清晰的管理信息，建立明确的预期，即预算管理是企业管理的重要手段，年度预算必须得到认真的执行，预算目标必须实现，预算目标的实现情况将纳入企业的考核之中，从而真正使预算管理为提高企业的工作计划性、强化激励发挥作用。

(二) 年度预算管理实施细则

在制定预算管理办法之后，企业还必须在每年根据预算管理的实际情况和年度预算管理重点，制定年度预算管理实施细则，具体指导和管理年度预算管理工作。年度预算管理实施细则的制定，是年度预算管理工作开始的标志。一般来说，年度预算管理实施细则包括以下内容：

1. 年度预算管理的原则。企业年度预算管理的原则，包括确定预算目标的指导原则、年度预算管理的重点等内容。一般来说，企业的年度预算管理原则来源于企业的年度管理重点和发展方向。

确定预算目标的指导原则，即需要明确在预算年度内，企业通过什么方式确定预算目标值及在各单位之间的分解方式，如企业有时按照比上年增长一定百分比的方式确定预算目标，有时按照零基预算的方式确定预算目标，有时按照人均相等的原则在各责任中心之间分解预算目标，有时按照单位工资目标值相等来分解预算目标。如中国的设计企业，在确定各业务单位的年度收入指标时，常用每个设计人员年设计收入指标相等的原则，分解各基层设计单位的收入指标；再如通信企业，在确定工资预算时，常用百元收入工资含量相等的原则，确定各基层单位的工资预算。

关于年度管理重点的问题。一般来说，企业在刚成立时，在管理上更加注重生产能力的形成，所以，资本性支出预算是预算管理的重点；在成长期，市场发展是企业管理的重点，所以，在预算管理中，会比较重视市场占有率、收入等指标，而对利润的关注会比较小；在企业的成熟期，对利润的追求是企业管理的重点内容，预算的管理也会倾向于利润指标；在衰退期，基于清算的现金流盈余是企业追求的目标，预算管理也会注重现金流量指标。

2. 年度预算努力目标及编制要求。年度预算努力的目标需要明确在预算年度全企业主要预算指标所要达到的要求，如收入、利润、现金流、投资回报率等。一般来说，在制定年度预算管理实施细则时，不会将全企业的预算指标分解到各责任中心，但是为了争取使各责任中心的预算目标汇总数能够达到全企业的预算目标值，在正式开始编制年度预算之前，需要在年度预算管理实施细则中明确预算编制的要求。这些要求在不同的企业可能有不同的表现，但一般来说，需要针对预算管理的不同内容和不同责任中心提出原则性的要求。

如对于收入预算，需要明确是否增长及总体增长的幅度、不同产品或服务收入在总收入中所占比例、来源于不同目标市场的收入在总收入中所占比例等；对于利润指标，需要明确责任利润的计算方法，哪些成本作为责任成本而哪些成本不作为责任成本，收入的利润率水平及其对比变化情况等等；对于现金流量指标，需要明确企业自有现金流量对经营活动和投资活动的保障程度、在预算现金流量时所作的信用政策假定等。

3. 年度预算管理的范围。年度预算管理的范围需要明确在预算年度内，企业的哪些次级单位和哪些事项将被纳入预算管理。如在预算年度内，预计将出售、清算或重组的子公司，可能不再纳入企业的预算管理范围，一些预计将被合并的职能部门的预算，将会合并编制。在企业刚开始推行预算管理时，预算管理的事项可能相对较少，随着预算管理的逐渐细化，将会有更多的事项被纳入预算管理。

年度预算管理的执行与控制需要明确在预算年度内，预算的执行是否按照时间分解以及分解的周期、预算分解的原则、预算执行进度的统计方法、预算分析的周期、预算分析结果的反馈、预算执行差异的控制措施等。如企业在刚开始推行预算时，由于预算的编制可能不够合理，当费用执行超过费用预算时，可能只是进行警告，而预算管理比较成熟的企业，常见的预算控制方法是，在费用中心的费用预算超支时，先是进行警告，但当超支超过20%时，会停止费用的支付。这类事项，都需要在企业年度预算管理实施细则中予以明确。

年度预算考核指标及其计算方法，需要根据企业年度预算管理工作的重点，确定年度预算考核指标体系。预算考核指标体系包括指标项目和指标权重，这是与企业的预算管理重点密切相关的。如企业成长期以市场占有率为重点的预算管理，考核指标中会重点突出收入指标，而对于盈利水平，则一般要求不亏损或盈利不下降即可。预算考核指标的另一个重要问题是指标的计算方法。

年度预算管理的时间安排，需要明确预算编制的起止日期，各责任中心上报预算草案的日期，召开预算质询会的日期、年度预算最终定稿下达的日期、预算分析报告的日期、预算调整申请的提出日期以及预算考核的日期等。

（三）预算操作手册

预算操作手册是给予企业基层预算管理与操作人员的预算操作工具，是企业的预算管理最终得以实施的保障。企业高层的任何先进管理理念，必须在企业的执行层形成管理方法，而在企业的基层，则必须有相应的管理工具。预算管理的管理工具就是预算管理手册。在软件管理环境和表格管理环境下，预算管理的操作手册会有所不同。

在表格管理环境下，预算管理操作手册主要包括预算表格和填表说明两部分内容。预算表格包括预算编制表格、预算调整表格和预算考核表格三种。一般来说，预算编制表格和预算调整表格的格式是一致的，而预算考核表格是预算编制表格的一部分，一般是预算编制的汇总表格，同时，需要在编制预算时预留有关的考核内容。预算表格的填表说明是预算管理手册的重要内容，必须对所有的预算表格逐格进行详细的填表说明，明确填表的数据来源、数据提供责任单位或责任部门、数据之间的勾稽关系等内容。

在软件管理环境下，没有预算管理表格，而预算表格的填表说明也会相应转化为软件的使用手册，需要根据不同的软件用户，提供软件的使用说明。当然，这些使用说明同时也构成软件的使用帮助。

第二节　预算的编制

从流程来说，预算管理是一个从编制到考核的闭环，可以划分为预算编制、预算执行、预算考核三个阶段，每一个阶段又可以细分为不同的步骤。其中，预算的编制是从年度工作计划的拟订开始，到年度预算指标下达、签订目标责任合同为止的工作周期。

一、预算方案的质量特征

预算方案的质量特征，就是如何衡量一个编制完成的预算方案是好的预算还是不好的预算。在预算管理的理论研究和实践工作过程中，常常用编制的准确性来衡量预算的好坏，这种强调准确性的观念，常常成为降低预算目标的借口，导致预算宽松。一个好的预算是企业战略在企业实际中的体现，要符合企业的战略要求和实际情况，并且，各预算模块之间必须相互协调，为预算的执行明确方向或任务。

预算是实现企业战略目标的工具，所以，企业预算的编制，必须符合企业的战略要求。这包括两方面的内容，第一，企业编制完成的预算目标，必须满足企业实现战略规划的要求，任何对战略规划的调整，都必须通过企业的战略管理程序，而不是预算管理程序。当然，一方面，由于战略规划一般针对的是企业较长的生产经营周期，而预算管理针对的是预算年度；另一方面，战略规划的指标一般比较注重企业的宏观发展指标，而预算编制则着眼于通过对小指标的预算，实现大指标的目标，所以，在战略规划和企业的预算目标之间并不是一一对应的关系，也就是说，企业的战略规划并不能直接给定企业的预算目标。第二，在编制预算时所坚持的原则，符合企业战略方法的要求。如某企业的战略是"通过高质量服务高端客户，成为行业利润率最高的优质企业"，那么，在编制收入和成本预算时，就应该假设企业的产品是高价格的，而企业采购原材料也是以高端客户为供应商。

符合企业的实际情况是指所编制的预算符合企业的资源条件，是通过努力能够完成的预算。如前所述，由于企业预算能否实现取决于最紧的预算约束条件，所以，符合企业的实际情况，就是要保证所确定的预算目标与企业的最紧预算约束条件之间没有不可解决的矛盾。如果企业的最紧预算约束条件是市场，那么，所编制的预算应该在市场销售增加时，考虑广告费的相应增加、产品价格的下降或对竞争对手的收购等，为市场开拓提供相关的资源支持。

但是，预算不是预测。在绝大部分情况下，真正准确的预算是不存在的，这是因为预算目标的实现程度不仅是环境变量的因变量，也是企业自身努力的因变量。编制预算时，企业自身的努力水平不是一个客观的参数，所以，预算目标值也不会是一个客观的结果。一个极端的例子是，假设企业在某封闭市场垄断地提供专门用于食用的盐，则其销售量是一个可以准确预算的指标，但是，市场的开放、竞争对手的出现、产品用途的改变，都会使这一指标成为一个主观努力的函数。再如，某城市肯德基销售量的预算，在很大程度上取决于肯德基自身的努力。准确的预算是不存在的。

一份可执行的预算，不光总体预算目标要符合企业的实际情况，而且预算的各模块之间还必须是相互协调的。这种预算各个模块之间的相互协调，是一个分层网状结构，首先是市场销售量、产品产能、原材料采购、资本性支出之间的模块协调，其次是各预算模块内部的预算指标与指标动因之间的相互协调。特别是，当不同的预算项目由企业内部的不同部门编制时，这一问题尤其突出。如折旧费是由财务部门编制的，资本性支出预算是由投资部门编制的，固定资产报废预算是由设备管理部门编制的。折旧费的费用动因是固定资产，所以，在编制折旧费预算时，必须分别考虑现有的固定资产状况、固定资产的增加状况、固定资产的预计减少情况、折旧政策的可能变化等。

一份编制得"好"的预算，不仅仅是为年度工作确定努力的目标，还要尽可能确定努力的方向或需要完成的任务。如企业在编制收入预算时，企业战略规划所确定的预算目标和企业各责任中心上报的预算指标之间存在差距，一份好的预算，不是倒挤差异，直接列入预算，而是要明确获取此收入的努力方向或需要完成的工作任务，如开发新的市场领域、在原有的细分市场提高市场占有率、针对关键客户提高营销力度等，并按照所确定的努力方向，分配相应的资源。这样，一方面，通过预算的编制促使预算的完成；另一方面，保证预算的各个模块之间是相互协调的。

二、预算编制的程序

企业预算编制的程序有三种类型，一是自上而下的集权式预算编制模式，二是自下而上的参与式预算编制模式，三是上下结合的互动式预算编制模式。

（一）自上而下的集权式预算编制模式

集权式预算编制模式是由责任中心的上级组织为责任中心编制预算的一种方式。在这种预算编制模式下，企业的最高管理当局，如股东会、董事会，确定企业的一级预算目标，一级预算责任中心确定二级预算责任中心的预算目标，依此类推，而确定次级责任中心预算目标的过程，本身就是编制本级预算的过程。如企业的销售部设三个产品销售部门，每个产品销售部门下设三个地区业务处，每个地区业务处有若干客户组。那么，销售部将销售预算目标分解到产品销售部门的过程，也就是按产品编制销售预算的过程，而产品销售部门将销售预算目标分解到地区业务处的过程，就是按照地区编制预算的过程，地区业务处将销售预算目标分解到客户组的过程，就是按照客户编制销售预算的过程。

1. 集权式预算编制模式的优点：

①由于预算目标来源于企业的最高管理当局，和公司战略同出一源，保证了预算目标对企业战略的支持。

②级别越高的责任中心，相互之间的沟通更加频繁和直接，所以，这种高层导向的预算编制方法，有利于预算各模块之间的相互协调。比如，由子公司的的职能部门分别编制资本性支出预算、固定资产报废预算和折旧费用预算时，由于基层部门工作的职能划分不同，特别是在大企业，就很难使其成为相互协调的整体。但是，如果由母公司直接编制子公司预算，这种协调就会容易很多。

2. 集权式预算编制模式的缺点。集权式预算编制模式的缺点主要包括两个方面：第一，由于企业高层对下级企业经营的内外环境信息的限制，预算符合企业实际情况的特征值就会较差，特别是国有大型集团公司，这一问题表现比较突出。第二，由于是由上级责任中心分解指标，所以，预算编制过程往往难以指明努力的方向，对于完成预算缺乏指导。

（二）自下而上的参与式预算编制模式

参与式预算编制模式是由企业的预算管理制度明确预算编制指标，由各责任中心按照自下而上的程序，依次编报本责任中心的预算，最后由上级责任中心将下级责任中心的预算指标汇总得出本级预算。仍然以上述销售部门的预算为例，参与式预算是先有客户服务组，然后根据客户的情况向地区业务处上报本单位的销售预算，地区业务处汇总得出本单位预算后上报产品销售部门，产品销售部门汇总之后，上报企业销售部经汇总形成企业销售预算。

1. 参与式预算编制模式的优点。在参与式预算编制模式下，预算指标的确定和预算事项的拟定，源于企业基层的生产经营单位，所以编制的预算比较符合企业的实际情况，预算的实现有所保障。同时，预算是由责任中心自行上报的，所以容易得到基层单位的认可，能够减少在预算执行中的矛盾。

2. 参与式预算编制模式的缺点。在参与式预算编制模式下，各责任中心在编报本部门预算时，往往容易从本部门利益出发，低报指标，造成预算宽松，各责任中心预算指标的汇总，无法达到企业战略的要求，所以这种预算编制方法往往不被企业的高层所认可。至于理论界所说的各级参与所带来的激励作用，由于预算指标本身不具有挑战性，完成指标所需要的努力程度要求并不高，所以，这种预算编制方法也很难带来很强的激励作用。

（三）自上而下、自下而上、自上而下的互动式预算编制模式

在企业预算编制的讨价还价过程中，最为突出的问题是企业的管理者与责任中心的信息不对称问题。由于信息不对称，自上而下的集权式预算编制模式所确定的预算目标缺乏合理性基础，往往难以作为考核的依据，使预算难以实现激励的作用。自下而上的参与式预算编制模式，又会导致严重的预算宽松问题，低目标所导致的激励弱化也比较明显。互动式预算编制模式试图解决这一问题。

互动式预算编制模式是先由企业的最高管理当局拟定年度预算管理的指导目标和指导原则，再由各责任中心在此指导下编报本单位预算，经汇总平衡和必要的预算质询之后，形成企业年度预算的预算编制模式。具体来说，包括以下步骤：

1. 拟定年度预算管理实施细则。采用上下互动的方式编制年度预算，企业的管理高层需要确定年度预算编制的原则、年度预算的初步目标、年度预算管理的重点、年度预算的执行以及考核等年度预算管理的重要内容，自上而下下达，作为各级责任中心编报本中心预算的指导。这些内容体现在年度预算管理实施细则之中。

2. 年度工作计划的拟订。预算的编制是以工作计划为基础的。所以，在编制年度预算时，企业的管理高层下达年度预算管理实施细则之后，各预算责任中心首先需要在年度预算管理实施细则的原则之下，制定本责任中心的年度工作计划。然后，再根据年度工作计划，编制预算。根据工作计划编制预算，需要强调：第一，计划具有先导性，也就是说，计划是预算编制的基础。有的企业在开始编制下年度的经营费用预算之前，并没有确定市场工作计划，市场推广的重点产品、重点客户、重点地区等没有正式的计划，预算的编制缺乏基础，不断修改但原则不清晰。在编制下一年度的资本性支出预算之前，没有制订投资计划，难以明确下一年度的投资重点领域、投资方案等资本性支出预算的编制基础。第二，年度预算管理实施细则是战略规划在年度内的体现，而年度工作计划是责任中心对年度预算管理实施细则的响应。

当然，在实际操作中，工作计划的拟订和预算的编制，有时候并不是截然分开的，但是计划的先导作用和计划对高层预算管理实施细则的响应，是必须坚持的原则。

3. 责任中心的预算编制。在拟订年度工作计划之后，预测工作计划的财务后果并为其分配财务资源的过程，就是责任中心编制预算的过程。

（1）预算的汇总平衡及预算质询会。各责任中心编制完成的预算管理草案，经预算管

理办公室初步审核后进行汇总，汇总后的预算如果能够实现企业年度预算管理实施细则所确定的预算目标，则在提交预算管理委员会或企业管理高层审核后，形成正式的年度预算。否则，需要召开预算质询会，讨论预算缺口的弥补方法及相应的管理措施。

预算质询会是由企业的预算管理委员会召开的，对预算责任中心的质询会，重点解决编报的预算没有达到预算管理实施细则所确定的预算目标的原因。预算质询会事实上是预算目标确定和分解的一种补充形式。

（2）预算下达。年度预算编制完成之后，需要下达各级责任中心执行。下达预算的方式有两种，一是年度预算指标汇总表，二是由企业与各责任中心签订绩效合同。

预算指标汇总表是在预算编制完成之后，由企业向责任中心下达年度预算，而不需要由责任中心确认的预算下达方式。企业下达的预算指标汇总表中，包含指标最少的只有收入、利润两个指标，包含指标最多的预算指标汇总表表现为全套的资产负债表、利润表、现金流量表及部分附表。

一般来说，决定预算指标汇总表指标多少的权变因素包括：

①企业管理的集权化程度。管理的集权化程度越高，企业对下属责任中心的管理细度也就越高，从而下达的年度预算所包括的指标也就越多。

②企业下属各责任中心业务的一致性。各责任中心的业务一致性越高，就越可能按照统一的口径向各预算责任中心下达年度预算，年度预算包含的指标也就越多。

绩效合同是在预算编制完成之后，由企业和责任中心负责人根据编制完成的预算，签订年度绩效合同的预算编制方式。年度绩效合同所包括的预算指标较少，主要包括规模、效益和效率指标，规模指标如新签订的合同额、收入、产量等，效益指标如利润，效率指标如资产收益率、人均利润等。

与下达预算指标的方式相比，签订绩效合同一般需要更长的时间。因为需要责任中心的认可，所以预算指标的确定也更加困难。但是，预算指标是各责任中心确认的，所以就预算指标作为考核指标的合理性和预算指标值作为考核指标基准值的合理性来说，都明显优于下达预算指标的方式。因而，良好的、可执行的预算下达，应该采取签订绩效合同的方式。

三、预算目标的确定

预算目标是企业战略目标在年度内的体现，是预算考核的依据，预算目标的确定是预算编制乃至预算管理的核心问题。

（一）一个典型的预算目标确定的博弈模型

1. 假设：

①管理者和责任中心能够提出的预算目标有两种，一是高目标，二是低目标；

②预算目标对责任中心的努力程度是有影响的，当预算目标分别为高、中、低时，责任中心的经营业绩将分别是 10、8、6；

③奖励只和预算目标是否完成有关，当超额完成预算目标时，责任中心所得奖励为 2，当正好完成预算目标时，责任中心所得奖励为 1，当没有完成预算目标时，责任中心所得奖励为 0；

④管理者，即企业的收益是业绩与奖励的差，责任中心的收益是奖励；

⑤当管理者和责任中心的预算目标一致时,就以该指标作为预算目标,当管理者确定的预算目标为高而责任中心确定的预算目标为低时,以二者的平均数作为目标进行考核,当管理者确定的预算目标为低而责任中心确定的预算目标为高时,按高指标进行考核;

⑥完成高指标、中指标和低指标,责任中心自身需要付出的成本分别是 2、1、0。

2. 收益矩阵,参见表 2-2。

表 2-2　　　　　　　　　　　收益矩阵

		管理者	
		高目标	低目标
责任中心	高目标	−1 ／ 9	−1 ／ 9
	低目标	0 ／ 7	1 ／ 5

3. 结论。很显然,这个博弈的均衡解是(高目标、低目标),即管理者设定高目标而责任中心设定低目标。这也恰好解释了企业预算目标确定的现状。

如果将这一模型扩展到重复博弈,可以预见,双方的预算目标差异会越来越大,导致预算的编制过程变成毫无意义的讨价还价。造成这种问题的原因有两个方面,一是管理者与责任中心的信息不对称使得管理者难以对责任中心的预算目标进行必要的审核,二是以预算目标作为考核指标,导致责任中心产生隐瞒的动机。所以,解决预算目标确定中的博弈难题,主要的思路可以沿着两个方向发展,一是解决管理者与责任中心的信息不对称问题,二是提高责任中心上报预算目标的积极性。

(二) 解决管理者与责任中心的信息不对称问题

在中国企业,由于户籍制度等因素的限制,许多集团型企业的总部管理人员没有在下属业务单位的工作经验。在预算目标确定的过程中,信息不对称的问题非常突出。为了解决这一问题,作为企业总部的预算管理人员,必须注意收集与预算管理有关的数据,主要是企业的历史数据和行业数据。特别是,在中国企业,由于受以下因素的影响,历史数据和行业数据匮乏的问题比较突出,收集有关的信息显得尤为重要。

1. 企业管理信息化水平发展滞后,没有形成收集、分析、积累历史数据和行业数据的工具和习惯;信息的收集,往往是个别人员的个人行为,而不是企业行为;人员的流动性使得信息的积累缺乏连续性。

2. 转轨时期,企业不断处于改革和机构调整过程中,使得信息的收集,缺乏稳定的基础,许多企业的组织机构一年一小动,三年一大动,难以持续、稳定地收集和积累信息。

3. 中国的行业协会发展很不成熟,一些行业数据的收集和汇总很不到位,行业市场容量、发展速度等行业发展的关键指标,对很多企业来说并不透明。

4. 中国不断进行会计制度改革,使得财务数据科目不连续、口径不统一、政策不一致,难以进行历史分析。

在缺乏必要的行业数据和历史数据的情况下,在预算目标制定的博弈中,各利益主体有意无意地对自己掌握的信息进行过滤,以对自己有利的数据参与博弈,这进一步加剧了信息不对称,使预算目标的制定,变成了杰克·韦尔奇所说的"人们追求效益最小化的游戏。企业想方设法从员工身上得到最少的东西,因为人人都在为自己争取更低的指标而讨价还价"。

(三) 事实导向的报酬计划

在预算目标的确定过程中,解决预算宽松问题,另一个途径就是提高责任中心上报预算目标的积极性。对此有人提出了事实导向的报酬计划。

Chow 和 Waller 等人的研究发现,在参与式预算编制模式中,存在信息不对称和报酬计划的类型共同影响着预算宽余和业绩的问题。根据报酬与预算业绩的关系,人们将报酬计划分为两种类型,一是宽余导向的报酬计划,其特点是下级的收入与超额完成预算的业绩成正比,用公式表示应该是:

$$B = B' + a(Y - Y'')$$

其中,B 是下级的奖金收入,B'是完成预算的基本收入,Y 是其实际业绩,Y''是预算目标,a 大于 0。之所以将这种报酬计划称为宽余导向,是因为实际业绩超出预算越多,员工得到的报酬就越多,这在一定程度上会诱导他们在参与预算编制时设置更为容易或更低的目标,从而产生预算宽余。另一种类型是事实导向的报酬计划,其特点是将下级的收入与预算的完成情况及下级所确定的预算目标与上级确定的预算目标之间的偏移程度同时正相关,从而抑止下级虚报预算的行为,用公式表示如下:

$$B = B' + b(Y'' - Y') + a(Y - Y'') \qquad Y > Y''$$
$$B = B' + b(Y'' - Y') + c(Y - Y'') \qquad Y < Y''$$

其中,B 是下级的奖金收入,Y 是其实际业绩,B'和 Y'分别是由上级最初决定的预算和相应的奖金,Y''是经下级参与后调整的预算目标,a、b、c 都是奖惩系数,$0 < a < b < c$。由于 $a < b$,下级的奖金不会因降低预算目标使实际业绩超出预算而增加,同时由于 $b < c$,奖金也不会因夸大资源预算而使实际有所节俭而增加。而且由于 $0 < a$,当预算客观准确时,实际业绩超出预算会得到奖励。人们认为这种报酬计划模式可以诱导下级在参与预算时提供真实信息,减少预算宽余的动机。Chow 和 Waller 的研究结论是:当组织中上级与下级之间存在关于业绩信息的不对称现象时,事实导向的报酬计划可以明显地减少预算宽余的发生。但是当信息不对称的条件不存在时,两种报酬计划下的预算宽余现象没有差别。

模型的提出者通过实证研究发现,上述模型在信息不对称时,能够较好地解决预算宽余的问题,而在信息不对称的条件不存在时,与宽余导向的预算模型没有显著的差异。

可以看出,这种事实导向的报酬计划,确定责任中心奖励的因素包括两个方面:一是责任中心在参与预算编制过程中所确定的预算目标与管理者为责任中心所确定预算目标之间的差异程度。根据上述计算模型,只要责任中心所确定的预算目标小于管理者为责任中心设定的预算目标,责任中心就会承担奖励损失。二是责任中心的预算完成情况。根据上述计算模型,责任中心所获得的奖励与其预算的完成情况呈正相关关系。

责任中心所确定的预算目标与管理者所确定的预算目标之间的偏移对责任中心奖励的影

响,要大于责任中心超额完成预算对奖励的影响。也就是说,对责任中心的奖励影响最大的因素,依然是管理者所设定的预算目标,从这个意义上来讲,这种预算编制模型是一种参与式预算编制和集权式预算编制的过渡形态。在信息不对称的情况下,仍然无法解决管理者为责任中心设定预算目标的逻辑合理性问题。

(四) 主动管理模型

由上文可以看出,事实导向的报酬计划在理论上难以解决由于信息不对称所导致的管理者为责任中心设定预算目标的逻辑合理性问题。在中国企业实践中,它还不符合中国企业的工资管理体制,在中国,国有及国有控股企业都受工资总额管理,企业的工资总额受母公司或国资委的控制,而事实导向的报酬计划有可能出现企业工资总额突破总额控制的问题。适合中国企业,特别是国有及国有控股企业预算目标设定的主动管理模型显得很有意义。

主动管理模型的预算管理将预算的编制和预算考核作为同一问题的两个方面来考虑,在编制预算的过程中,通过将对责任中心有利的指标和不利的指标挂钩的做法,鼓励责任中心按照其所拥有的全部信息,客观填报预算。一个典型的主动管理模型中,管理者不事先设定责任中心的收入、利润等业绩指标和工资总额指标,但明确工资总额是按照收入、利润等指标的预算值计算的结果,用公式表示如下:

$$B = B' + Y / \sum Y_i \times B_0$$

其中,B 是责任中心的全部工资总额;B′是与预算目标没有直接关系的基本工资;Y 是责任中心的预算目标;$\sum Y_i$ 是企业的预算目标;B_0 是管理者准备作为与预算目标挂钩的工资总额。

这一模型的设计逻辑是责任中心的工资总额由两部分组成:一部分是与预算目标没有关系的基本工资,即模型中的 B′,另一部分是根据责任中心的预算目标对企业预算目标的贡献计算确定的预算工资,即模型中的 $Y / \sum Y_i \times B_0$。

按照这一模型编制预算,在考核时,就可以按照完成预算的情况进行考核。这一预算编制模型,通过将业绩指标与奖励指标在预算编制阶段,而不是预算考核阶段的函数化处理,促使责任中心主动上报预算目标,实现主动管理,从而避免预算编制过程中,过度的讨价还价所导致的目标次优化。

四、预算编制——以项目型企业为例

在确定了年度预算目标之后,预算管理的下一步主要工作就是编制年度预算,即通过预算的编制,规划实现预算目标的方法。

部分提供劳务服务的企业其所提供的劳务服务,具有明显的项目特点。企业业务的承接、管理、核算等都是以项目为单位,企业的业务由很多个项目组成,项目管理是企业业务管理的核心,在本章中,称这类企业为项目型企业。如房地产开发公司、施工企业、系统集成企业、设计院、研究院、监理公司、定制型软件公司、会计师事务所、咨询公司、律师事务所等。本部分将以项目型企业为例,研究预算的编制。

(一) 项目型企业预算编制的特点和难点

1. 管理者与业务层的信息不对称。由于项目的管理重心在项目组或基层业务单位，容易造成企业的管理部门，特别是财务部门对企业的业务很不了解，处于信息劣势，在预算编制中处于被动地位。这种信息劣势主要体现在以下几个方面：

①市场容量的信息不对称。项目型企业的市场经营职能部分或全部在基层业务单位，企业的职能管理部门很难取得充分的市场信息，在编制和复核经营预算时处于劣势。

②项目成本率的信息不对称。项目成本率是决定基层业务单位盈利能力的重要指标，是预算编制的主要参数，但是，销售合同签订和采购合同签订的前期工作，都是由业务单位负责，所以，在预算编制阶段，企业预算管理部门很难掌握充分的项目成本率信息，在预算谈判中处于劣势。

③项目进度的信息不对称。项目进度是确认项目收入的决定因素，在编制预算时，合理确定项目的预计进度，是这类企业预算编制的重要内容之一。但是，由于项目的复杂性和技术性，企业的预算管理部门很难掌握项目进度的充分信息，特别是对于施工企业、系统集成企业和大型咨询企业，由于生产的执行，一般是在客户的工作场地，企业的预算管理部门甚至连项目的开工日期、竣工日期等基本信息都不掌握。

④项目现金流的信息不对称。项目现金流预算是企业现金流预算的基础，是项目型企业预算考核的重要内容。但是，由于这类企业的供应商和客户都直接与基层业务单位发生业务关系，而不像工业企业一样，有独立的采购和销售部门，所以，企业预算管理部门没有关于现金流的充分信息，造成现金流量预算的编制困难。

2. 客户的不稳定性导致预测的困难。项目型企业的客户所对应的项目采购，对于客户来说，往往具有一次性的特点，这种特点使得企业的客户具有一定的不稳定性，这种客户的不稳定性导致了预测的困难。有的企业甚至在年初编制预算时，还没有特定的客户基础，更谈不上项目，导致预算的编制比较困难。

3. 会计核算不规范，历史数据难以作为预算编制的依据和参考。根据《企业会计准则——收入》规定，项目型企业要按照完工百分比法确认收入，但是，在这类企业的实际操作中，一方面是受原有行业会计制度的影响；另一方面是受会计人员业务水平的限制，真正能够按照准则要求进行核算的企业很少，大部分企业的会计核算很不规范，既不能满足对外披露会计信息的要求，也不能满足企业预算管理的需要，具体来说，表现在以下几个方面：

①成本没有按照成本核算对象进行归集，缺乏同类项目的历史成本数据。在项目型企业，成本主要是设备和材料采购成本、人工成本、外协成本、项目差旅费等。按照成本核算的一般原则和要求，企业在生产经营过程中所发生的成本，应该按照成本核算对象进行归集。但是，在大部分项目型企业，由于管理基础工作薄弱，没有项目的工时记录、没有项目管理制度，所发生的项目成本，如人工成本、差旅费等，往往是在支付时，直接计入主营业务成本，而没有按照成本核算对象归集。虽然在企业层面有成本核算，但是，在项目层面没有成本核算，也就没有项目的成本信息，在编制预算时，没有历史数据可以参考。

②收入的确认没有坚持权责发生制原则，收入跨期严重，预算的编制基础不规范。目前国内的项目型企业，收入核算采用收付实现制非常普遍，实际中体现为在收到客户的款项

时，才确认收入。而对于劳务合同的签订过程和劳务服务的提供过程，企业的财务部门并不熟悉。由于收入的确认采取收付实现制，且财务部门没有参与企业劳务合同的会签过程，没有合同台账，一个普遍的问题是，大量劳务服务已经提供但还没有收款的项目，置于企业的会计核算和财务控制之外，收入确认很不完整。

如某劳务企业，从业务部门了解到的情况是，从项目成果提交到收款，平均要 6 个月左右，但该企业的资产负债表和利润表部分项目如下，见表 2-3。

表 2-3　　　　　　　　　　　某企业报表主要项目表　　　　　　　　　　　单位：元

项目	年初数/本年数	年末数/上年数
应收账款	2130064.35	4887503.39
预收账款	303424057.57	366069640.00
主营业务收入	344395998.94	413226854.25
主营业务成本	269317671.17	327688895.42
净利润	7964588.23	2290506.61

经过了解，项目结转成本，财务部门所依据的是业务部门的通知。根据企业的业务模式，该企业基本不应该有预收账款，而应收账款应该是收入的一半左右，但是，报表显示，企业的预收账款几乎等于收入，而应收账款很少。可以推断，企业有至少 1.5 亿元的应收账款没有体现在报表中，财务会计信息严重失实。如果用这样的数据进行业绩考核，会对企业的生产经营产生严重的误导。

造成这种问题的原因，一是业务部门出于考核的需要，人为调节收入确认的时间；二是企业为了晚交或少交增值税和所得税，人为调节利润；三是财务部门对于规范确认收入对企业管理的重要性认识不足。

③收入和成本不配比，难以进行项目盈利能力分析。在项目型企业中，一般不设成本核算对象，成本是在支付时确认为当期成本，而收入是在收到时确认为当期收入。因为一个项目的收款平均有半年到一年的收现期，所以，成本的发生和收入的取得，一般并不在同一个会计年度，这样，必然造成收入、成本在时间和产品上不配比，难以进行项目和年度盈利能力分析，也使得企业的预算管理和业绩考核难以依据财务数据来进行。

（二）项目型企业预算编制的程序

在确定年度预算目标值之后，项目型企业的预算编制要以项目为基础，按照市场销售预算、项目预算、人工成本预算、资本性支出预算、费用预算、现金流量预算的流程，编制企业的年度预算。

1. 市场销售预算。一般来说，销售预算包括销售量预算、销售价格预算和销售费用预算三个方面，其中，销售量预算和销售价格预算是企业销售行为为企业带来资源的预算，而销售费用预算是企业销售行为耗费资源的预算。对于一般工业企业来说，销售量预算和销售价格预算一般是根据产品、目标市场、客户等因素编制的，而销售费用则是按照不同的费用项目编制的。但是，对于以项目为单位的企业来说，销售预算的编制方法和内容有较大的不同。项目型企业的销售量预算和销售价格预算合并为企业的项目合同额预算。

项目型企业编制销售预算，一般应该经过如下步骤：

首先，要对目标市场进行预测，这种预测主要包括项目的多少、项目的总体金额等。值得指出的是，如果目标市场容量相对于企业的产能来说规模巨大，而企业所占市场份额较小，则对项目的预测主要是对项目整体金额的预测或企业目标市场的预测，如土建施工行业、律师行业、会计师行业等；如果企业在目标市场中竞争对手较少，企业占市场份额较大而项目主要以重大项目为主，则对项目的预测，要具体为个别项目的预测，包括项目是否能够立项、立项金额的大小、项目立项金额的组成等，这种项目如专业施工、专业设计等。

其次，要设定企业的投标成功概率或市场占有率。对于上述第一种情况，是设定市场占有率，而对上述第二种情况，是设定投标成功概率。设定投标成功概率或市场占有率，需要综合考虑以下因素：①企业的年度预算目标值，也就是说，编制预算首先是通过预算的编制过程明确预算的实现途径，而不是确定预算目标，预算目标的确定是管理部门和责任中心博弈的结果，而不是预算编制行为的结果。②市场情况，包括客户基本情况、新技术情况及本企业的适应情况、竞争对手的技术情况及营销手段等。③企业内部资源情况，一般包括企业的产能、技术水平、人员状况等因素。需要指出的是，在这些因素中，主要的是企业的年度预算目标值。当市场情况和企业的内部资源情况不支持企业预算目标值所需要的预算需求时，应该考虑通过更加合理的内部资源配置和相关的激励手段，适应市场需要从而实现企业的目标，而不是调整目标。

最后，要根据前两步骤对市场和企业内部资源的预测和设定，编制企业的年度销售费用预算。编制销售费用预算的方法有两种：①按照费用项目编制，即根据不同的费用支出项目，每个项目按照不同的费用驱动因素编制费用预算。如人工成本预算，按照人员情况、工资情况、三项经费的计提比例、职工保险费的交费比例等因素编制，办公费按照人员情况和人均办公费情况编制，广告费按照计划的广告项目编制等。②按照销售费用和合同额之间的综合比例编制，按照这种方法编制销售费用预算，需要依据历史数据，将销售费用分解为固定销售费用和变动销售费用两部分，在此基础上，根据不同的合同额预算，给定销售费用预算。这两种编制预算的方法各有优劣，第一种方法按照不同的费用项目，考虑成本驱动因素，使每项成本都有合理的经济基础；而第二种方法更强调针对责任中心，核定销售费用预算总额，便于成本的控制和考核。

编制完成的销售预算，体现为合同额预算和销售费用预算两部分，如果按照第二种方法编制预算并采取弹性预算方法，则销售费用预算还会体现为销售费用函数，用公式表示如下：

$$C = A + B \times Q$$

其中，C 表示销售费用；A 表示基础销售费用或固定销售费用；B 表示销售费用系数或单位合同额的销售费用；Q 表示合同额预算。

2. 项目预算。项目预算是以责任中心为对象，以项目为基本单位，编制的项目收入、成本、现金流预算，项目预算是项目型企业预算的基础。

为了编制项目预算，可以把项目分为以下几种情况，分别考虑实际情况，编制项目预算：

①上一年度已经开始但没有完工的项目。这类项目的合同金额、预计成本总额、已经完

工百分比等参数是已知的，编制收入、成本预算时，只需要确定在预算年度项目的累计完工进度，并按照完工百分比法，用预计完工进度所对应的应确认收入减去已经确认的收入，就是预算年度的收入预算；用预计完工进度所对应的预计成本减去已经发生的成本，就是预算年度的成本预算。关于项目现金流入预算，应该根据项目的具体情况、相关的合同条款和项目的预计进度等因素，逐笔预计能够收回的现金流。关于项目的现金支出预算，则要根据项目成本预算和综合付现率等因素来编制。

②编制预算时，已经中标、签订合同或在预算年度肯定能够取得的项目。这类项目由于还没有开始，项目的累计完工进度是零。项目预算编制的重点是确定项目的预计总成本、预计总收入和预算年度预计完工百分比。在确定这些预算参数的基础上，根据预计总收入和预计完工进度，计算确定收入预算；根据预计总成本和预计完工进度，计算确定成本预算。

值得指出的是，项目型企业的预算管理应该以完善的项目管理为基础。所以，在取得每一个项目合同时，应该编制项目总收入预算和项目总成本预算，并以此作为年度预算管理的基础。对于已经签订合同的项目，在编制年度预算时，应该已经具备项目总收入和总成本预算资料；而对于没有签订合同的项目，则要根据情况进行预计，在预算执行中，如果预计情况有差异的，应该作为预算调整因素加以处理。

③在编制预算时，还不能具体到项目，但根据企业的年度预算目标值、市场情况和企业内部资源情况，企业应该取得和能够取得的项目。对于这类项目，应该在测算的基础上，核定项目的利润率并根据企业的预算目标值等因素编制预算。

3. 人工成本预算。在项目型企业中，人工成本预算是成本预算的主要组成部分。按照前文所提出的主动式预算管理模型，人工成本应该分为基本人工成本预算和挂钩人工成本预算两部分。其中，基本人工成本预算是指和责任中心的预算业绩表现没有关系的人工成本预算，按照责任中心的人数、基本工资等因素核定；挂钩人工成本是按照公式核定的 $Y / \sum Y_i \times B_0$ 部分的人工成本，其大小是责任中心预算指标表现的函数。

4. 资本性支出预算。资本性支出预算是指企业在计划年度内长期资产的购置及处置预算。在编制项目预算时，会有相应的资源需求预算，一般来说，资源需求包括人力资源、设备和软件资源、现金流资源三个方面，其中，对人力资源的需求，通过人工成本预算满足；现金流资源的需求，通过项目现金流预算和财务预算满足。而设备和软件资源的需求，则需要通过资本性支出预算加以满足。

所以，编制资本性支出预算，就是从企业的业务预算需求出发，考虑企业的长远发展目标，确定相应的资本采购项目并编制相应的预算。需要指出的是，许多企业在编制固定资产投资预算时，仅考虑当年产能需要的做法，是一种短期化的行为，可能给企业的发展带来不利影响。具体来说，资本预算包括三个方面的主要内容：一是以前年度已经开始建设但还没有完工项目的资本支出预算，类似于项目预算，编制本年度的资本支出预算；二是本年度新增资本支出项目的预算，在项目预算的基础上，编制年度资本支出预算；三是年度资产处置预算，一般来说，资产处置预算的编制比较困难，要依据有关的设备管理的技术规定编制，最好能够在年初制定设备的报废处置计划，再根据此计划编制相应的预算。

5. 管理费用预算。管理费用预算是对企业管理部门耗用管理资源的预算。一般来说，在编制管理费用预算时，可以将管理费用划分为以下几种类型：

（1）折旧及摊销费用。编制预算时，考虑现有资产、资产增减、折旧政策等因素，重点需要考虑的是预算年度新增资产、减少资产和可能的折旧政策的变化。在费用定义上，折旧和摊销费用一般应该作为非责任费用。在有的企业，如果产生折旧和摊销的资产（如办公室等）是约束性预算资源，在各责任中心之间的分配存在冲突，那么，把折旧和摊销费用作为责任费用进行考核，能够有效缓解资源紧张的问题。

（2）工资及工资性费用。编制预算时，应该根据部门人员基本情况、工资水平、各种附加费的计提比例和基数等因素考虑编制预算。值得指出的是，职能部门的预算考核一般不应该和工资直接挂钩，所以，管理费用中人工成本预算的编制就相对简单，人工成本预算属于非责任费用。

（3）房租、物业等合同费用。编制预算时，应该根据已经签订的合同、已经制定的年度工作计划或房屋面积等驱动因素确定。关于费用的定义，应该坚持和折旧、摊销费用相同的处理原则。

（4）审计、咨询、律师、宣传等劳务费用。对于这类费用，在编制预算时，应该严格贯彻如下原则：①已经有合同的，按照合同编制预算，但对于费用的较大变化，应该说明原因；②没有合同的，预算的编制应该严格坚持业务导向和成本驱动的原则，即先确定工作计划，后编制费用预算，而不是相反。在费用的定义中，这类费用不能作为简单的责任费用进行考核，而应该和费用支出所取得的效果进行统一评价与考核。特别是对于成本支出金额较大的，要做成本支出结果的效益评价。

（5）业务招待、会议、差旅、电话、办公、水电、车辆等费用。此类费用是管理费用中控制弹性最大的费用。在编制预算时，应该坚持先确定费用总额，再明确费用分配原则，最后确定部门费用预算的原则。所谓确定费用总额是指由于此类费用属于酌量性费用，所以首先要根据企业的效益状况、管理理念和经营环境等因素，确定年费用预算总额。再明确费用分配原则，是指明确既定的费用在各个部门之间如何进行分配，如差旅费，一般按照人数并适当考虑部门费用性质进行分配。最后确定部门费用预算，是指在既定费用总额和分配原则下，通过计算确定部门费用预算。在费用定义上，此类费用要作为责任费用进行考核。

需要指出的是，管理费用预算应该按照费用项目和费用所属部门编制。在一般的预算管理理论中，常常强调费用预算编制的重要性和控制费用预算的重要性。但是，根据笔者长期从事预算管理咨询所作的统计显示，在中国企业的管理费用中，真正的部门可控费用介于10%~20%之间，80%以上的管理费用属于约束性固定成本，预算的编制只需要根据有关的成本动因和计算参数计算确定费用预算即可。

6. 财务预算。财务预算就是在汇总项目预算的基础上，编制收入预算、成本预算、费用预算、相关的资产负债预算并最终完成企业的预算报表。财务预算的编制过程，主要是预算汇总的过程。在编制财务预算时，有以下几个方面值得注意：

（1）预计利润表。预计利润表是按照利润表的格式汇总企业预算的结果。在上述业务预算和费用预算的基础上，预计利润表的编制非常简单，仅仅是一个汇总的过程。需要强调的是，预计利润表本身只汇总数据，不产生数据，所有数据的数据源是各种明细预算。

（2）现金流量预算和筹资预算。现金流量预算是在项目预算和费用预算的基础上编制的。现金流量预算包括现金流入预算、现金流出预算、现金盈余的处理和现金缺口的弥补三个方面的内容。

一般来说，项目型企业现金流入预算和流出预算的编制方法有两种：一是根据每个项目的现金收入汇总编制企业的现金流入预算，根据每个项目的现金支出和企业的管理费用、销售费用预算，调整编制现金流出预算。二是根据所有项目的综合收现率和和期初应收账款回收率计算编制现金流入预算，根据所有项目成本的综合付现率和期初应付账款的支付率，考虑管理费用和销售费用的现金流预算，编制现金流出预算。第一种情况要求预算管理部门熟悉企业的项目具体情况，能够根据各个项目核定现金流量预算。但就中国目前的项目型企业来说，很难具备这样的条件。第二种情况能够弥补第一种情况的不足，适合于预算管理部门不了解项目现金流量具体情况的条件下，按照收入、成本总额来核定预算。

现金盈余的处理，一般是投资于证券市场；而现金缺口的弥补，则形成企业的筹资预算。在编制企业的筹资预算时，必须坚持三个方面的原则：第一，现金流量预算必须按月编制，按年编制的现金流量预算是没有意义的，这是因为现金流量预算的目的是现金流的动态平衡，而企业年度现金流的平衡，并不能保证年度内任何时点的现金流量平衡。第二，现金流量预算必须和业务预算密切接口，主要是收入预算、成本预算、费用预算和资本性支出预算。第三，现金流量预算与财务费用预算之间必须建立有机的联系，如果在筹资过程中有长期专门性借款，还必须考虑到借款费用资本化的问题。

现金流量预算的结果是预计现金流量表。

（3）预计资产负债表。预计资产负债表是按照资产负债表的格式，汇总企业的资产负债预算的结果。关于企业的资产负债表预算，笔者认为，有以下两点值得关注：第一，预计资产负债表要比财务决算的资产负债表简单。现行《企业会计准则》规定的资产负债表格式比较复杂，有的企业在实施预算管理时，为了追求形式上的统一，要求预计资产负债表完全按照决算资产负债表的格式编制，不但导致预算的编制异常复杂，而且往往使预算的执行结果和预算之间差异巨大，不利于保证预算的刚性。第二，预计资产负债表的主要项目，应该关注与业务预算之间的协调管理，如收入综合收现率就应该和预计资产负债表中的应收账款预算进行综合协调。

第三节 预算的执行

预算编制完成之后，就要下达各预算执行单位执行。在预算执行中，预算指标的分解、预算执行中的审批、预算分析和预算调整是主要的管理环节。

一、预算分解

责任中心在接到年度预算目标时，为了将年度预算目标具体化为能够实施和控制的具体目标，必须对预算目标进行适当的分解。预算分解的原因如下：

1. 预算分解是预算执行的依据。在企业执行预算时，全年只有一个预算目标的预算方案，事实上是难以执行的。为了将责任中心的预算目标具体化为可以执行的预算行为，必须将预算目标分解到责任中心内部的次级责任中心和不同的预算执行期。如企业的销售部门预算中，有全年的销售收入目标和销售费用控制目标，但在销售部门执行预算时，必须将收入目标按照内部的次级责任中心划分，分解为不同的产品、地区、客户、销售组或销售员，同时，将销售费用按照一定的原则，分解到对应的责任中心。

2. 预算分解是预算考核的基础。为了确保预算目标的实现，企业在预算执行过程中，应该进行定期考核而不是全年一次的预算考核。为此，企业的全年预算目标就必须按期进行分解为每一个预算考核期的预算目标，并以此作为预算考核的基础。如对于利润中心的利润指标，为了保证全年指标的完成，需要按季度或按月份进行考核，而每季度或每月份的预算分解指标，就是季度或月度考核的基准值，是判断责任中心预算执行好坏的基础。

3. 预算分解是预算控制的标准。预算目标下达责任中心后，企业的预算管理部门还必须对预算的执行情况进行跟踪分析和控制。而预算的控制离不开控制的标准，按期分解预算就是要为预算的控制设定标准。如某费用中心全年费用预算为 C，每月费用分解预算为 c，那么，在预算的控制中，就可以设定预算执行的 $\pm 10\%$ 为控制标准。当月度费用预算执行超过上限时，分析原因并提出警告，特殊情况下可能停止费用支付；当月度费用预算执行低于下限时，深入分析原因并进行必要的调整或正强化。

一般来说，预算的分解包括按时间分解和按责任中心分解两个方面。

(1) 按时间分解预算。按时间分解预算，就是要求责任中心将全年的预算目标，分解到不同的预算执行期。在按照时间分解预算时，需要重点关注分解周期长短和分解依据这两个方面的问题。

关于分解周期的长短，预算可以按照季度和月度两种周期进行分解。分解的周期越短，对于预算的执行、考核与控制越有效，但预算分解工作的工作量也越大，难度也越大；分解周期越长，则分解工作相对容易但能够起到的作用较小。所以，决定预算分解周期的长短，就是要在预算分解所能够发挥的作用和相应的工作量与工作难度之间进行权衡，周期的长短没有固定的标准。但一般来说应该考虑如下事项：①企业生产经营的内外环境的稳定性，环境越稳定，预算分解的难度越小，从而预算的分解周期可以越短；②企业生产经营的季节性特点，生产经营的季节性特点越明显，按期进行预算的执行、控制、考核的必要性越强，预算的分解周期就越短；③企业管理的信息化水平，企业管理的信息化水平越高，预算的分解与控制就越方便，预算分解的周期也可以相应较短；④企业历史数据的多少及可参考程度，企业的历史数据越丰富、历史与现状的差异越小，预算的分解就越简单，分解的周期也相应较短。

关于预算的分解依据，一般来说，包括以下几个方面：①企业的有关历史数据，如在分解某责任中心的预算目标时，可以将责任中心过去五年的历史数据，在剔除个别特殊事项之后，计算平均历史趋势并按照这种历史趋势分解未来预算目标；②预算目标值中所包含的重大事项的预计情况，如当预算目标值的 20% 甚至更高比例的实现依赖于某一重大预算事项时，预算的分解必须考虑该重大事项的预计实现情况；③企业整体资金平衡状况，在预算执行过程中，保证现金流量的平衡有序是企业预算管理的主要内容，所以，在进行预算分解时，必须考虑企业现金流平衡的需要，如项目型企业的预算管理，各责任中心贡献的现金流在每个预算执行期内，要保证企业总部的资金需求从而确保资金平衡。

值得指出的是，在分解预算时，将全年的预算指标除以 12 作为月度预算指标的预算分解方法，在中国企业中是一种通行的做法，但在企业生产经营具有季节性的情况下，这种预算分解的方法是难以满足预算管理要求的。

(2) 按责任中心分解预算。按责任中心分解预算，就是企业的各责任中心在接到年度预算指标以后，要将本责任中心的总目标，分解为次级各责任中心的分目标，真正做到通过预算理顺责任、明确目标。一般来说，在按照责任中心分解预算时，应该坚持两个原则：一是按照责任分解预算，即按照责任中心内部不同责任中心的责任划分，将相应的责任分解到相应的责任中心，而预算责任和预算目标值是相统一的，责任的分解，也就意味着目标的分解。需要指出的是，责任的分解并不表示责任的下放，而是责任的授予，责任的授予表示授责方要对最终的结果承担责任。二是按照事项分解预算，即在编制预算时，预算目标是由相应的事项组成的，不同的事项归属不同的预算责任中心。相应地，预算目标也就归属于对应的责任中心。

二、预算执行审批

在预算执行中，预算内事项和预算外事项及超预算事项的审批流程，是预算管理的重要内容。许多实施预算管理的企业，将预算管理理解为预算编制，在日常管理和预算执行中，没有体现预算管理的功能；公司的内部控制制度要求预算内事项和预算外事项执行相同的审批流程，在执行日常业务事项时，执行部门和相关人员首先想到的是能否得到审批，而非是否符合预算的要求，致使公司的中基层对预算管理的认知下降，预算刚性降低。

预算管理需要理顺常规事项和例外事项的关系。在预算管理框架下的公司财务管理，和传统的财务管理不同，总体上来说，是一种集权基础上的分权，强调例外事项，必须贯彻例外管理的原则。如费用报销、款项支付，对于预算内的正常开支，由业务部门经理和财务部门经理签字审批；但是，对于预算外的项目和非正常的项目，必须提高授权审批的层次，加强控制。这样，既能够控制风险，保证公司预算的完成，又不至于使公司的高层领导过于忙于杂务，能够大大提高公司的办事效率和中层领导的积极性。

三、预算分析与反馈

为了确保预算目标的实现，企业的预算管理机构必须对预算执行情况进行定期的分析，并实施相应的监控。一般来说，进行预算的分析与监控所需要的信息属于管理会计信息，不同于财务会计信息。截至目前，中国企业中很少建立管理会计报告体系，一般还是将管理会计信息等同于财务会计信息，或者只是进行少量的调整。比如，在企业中，根据合同执行情况确认的收入是企业的财务会计信息，会在财务会计系统中有所体现；而对于已经签订但尚未执行的销售合同信息，并不在财务会计中核算。实际上，在企业的预算管理与预算分析中，这是非常重要的管理会计信息。

所以，企业在进行预算分析时，必须以预算的编制为起点，以预算的监控和考核为目的，加强管理会计信息的分析。在强化以管理会计信息为对象的预算分析中，应该注意以下几个方面的问题：

1. 管理会计信息不一定有固定格式。财务会计信息是格式信息，其编报内容、编报方法、编报格式、编报周期等都是由国家会计规范体系所决定的。但是，管理会计信息是由企业内部的管理需要所派生出来的，其编报内容、编报方法、编报格式、编报周期等由企业根据需要确定，没有固定的格式。

2. 注意使用专门的管理会计信息。一般来说，财务会计信息本身是企业管理所需要的，也是企业的管理会计信息，但是，为了满足企业内部管理的需要，财务会计信息本身是远远不够的，企业还必须收集、加工、使用专门的管理会计信息。如在工业制造企业，按照一般的财务会计核算方法,在销售淡季,由于产量较小,导致单位产品成本较高,相反,在销售旺季,由于产量较大,导致单位成本较低,这种扭曲的成本会计信息既不能满足产品价格决策的需要,也无法开展真正的预算管理。企业必须根据管理的需要实施变动成本法甚至作业成本法核算,根据相关性原则,核算产品的管理会计信息并以此作为预算管理的信息基础。

3. 管理会计信息要具有相关性。一项会计信息是否属于管理会计信息,完全是由企业的管理需要所决定的。比如说,在一般的成本中心,已有固定资产的折旧是成本中心的不可控成本,不是管理会计信息,但是,投资中心的折旧就是重要的管理会计信息,是衡量投资中心业绩的重要依据。

四、预算调整

预算执行中的一个重要问题是预算调整中弹性与刚性的关系问题。许多企业形成了惯例性的预算调整制度,导致企业内各级预算责任中心在执行预算过程中,并不考虑预算的刚性约束,而是过多地依赖公司的预算调整,不是通过努力完成预算,而是通过努力调整预算,导致公司预算刚性不足。

中国企业的预算管理大都处于起步阶段,必须慎重处理预算管理的弹性与刚性的关系。

1. 关于预算调整制度。在预算管理制度中,不设定预算调整制度,会使公司预算在内外环境发生根本变化时,缺乏适应性,导致公司预算目标失去意义;如果设定条件宽松的预算调整制度,会使各预算责任中心降低对预算严肃性的认知,难以实现公司的既定预算目标,最终导致公司战略和公司规划难以实现。所以,在公司的预算管理中,必须设定条件严格的预算调整制度,对能够调整公司预算的情况,实行有限列举法,明确规定能够调整预算的具体情况,并将预算调整的最终决定权赋予公司的最高预算管理当局。一般来说,能够调整预算的情况,主要是预算编制基础的变化,而关于什么是预算的编制基础,应该在企业的年度预算管理实施细则中予以明确。

2. 关于预算调整弹性。为了适当提高公司预算的弹性,在编制公司预算时,应该对部分预算指标做适当预留,主要是费用指标,保证公司最高管理当局有一定的灵活性。但是,此预留比例不应该过高,否则,会使各预算责任中心形成免费预算幻觉,主要努力的方向不再是通过努力实现预算目标,而是通过努力争取预留费用。

3. 通过调整预算事项调整预算指标,而不是为了调整预算指标而调整预算事项。也就是说,之所以调整预算,是因为编制预算时,所设定的原则发生了变化,有关的重大预算事项不再适用,所以需要对重大事项进行调整,而对重大事项调整的结果,则会体现为预算指标的变化,而不是因为预算指标难以完成,人为调整预算。

第四节 预算的考核

一、预算考核与企业激励机制

(一)预算管理的功能与企业激励机制

关于预算管理的功能,有很多不同的观点。基于预算管理是实现企业战略目标的工具,预算管理的功能可以从三个方面加以解析。

1. 提高工作的计划性。通过预算的编制过程,将企业的长期战略和规划具体化为能够执行的年度计划和预算,使得企业的年度工作具有明确的计划依据。并且,为了编制预算和分解预算,需要在具体化企业战略规划的基础上,为每一项年度工作设定执行的时间甚至执行的方式,如通过预算的编制,明确企业现有产能难以满足业务量预算增长的需要,需要进行固定资产投资,而在编制固定资产投资预算时,就需要明确投资的时间、设备的选型、当年需要为投资支付的现金等预算因素,这样,就能够使企业年度内的工作具有明确的计划依据。

2. 促进部门协调。对于预算促进部门协调的功能有不同的观点,但一般来说,规范的预算管理,需要各部门在预算管理中相互协调,特别是预算的编制过程,必须要预算责任中心和预算管理部门相互合作才能够完成,而在这种编制预算的合作中,能够发现部门协调中存在的问题,在管理中,发现问题是解决问题的前提。正是在这个意义上,预算管理具有促进部门协调的功能。

3. 激励内部组织和员工。激励内部组织和员工是预算管理最重要的功能。预算管理通过设定目标、对目标的实现情况进行考核,并将考核的结果与对责任中心和对员工的奖惩挂钩,激励每个责任中心和员工开拓市场、控制成本、节约费用,从而为企业目标的实现努力。

需要指出的是,提高工作的计划性和促进部门的协调,更多地是通过预算的编制和执行来实现的,而激励内部组织和员工,则需要预算的编制、预算的执行和预算考核的完整流程来实现。

如何激励责任中心和员工,是管理学的主要内容之一,现有的研究成果和研究角度比较丰富。如关于员工激励的需求层次理论(美国心理学家 A. H. Maslow, 1943)、激励—保健双因素理论(美国心理学家 F. Herzberg, 1959)、公平理论(美国 J. S. Adams, 1963)等,关于管理者激励的股票期权理论及中国在经营者激励中的承包制等。

预算管理确实是企业建立有效激励机制的重要途径,特别是对于大型企业集团公司的总部对所属子公司、分公司经营者的激励中,预算管理能够发挥不可替代的作用。通过预算管理构建企业的激励机制,主要是通过设定预算目标并考核其实现情况来完成的。企业的考核,包括责任中心层次的考核和员工层次的考核两个层面,这两个层面的考核紧密联系又截然不同。在研究预算考核的激励作用时,首先必须明确企业的考核体系及其预算考核在其中的地位。

(二) 企业考核的责任中心层次

企业考核的责任中心层次就是组织绩效考核,是企业内部不同级别的管理者和管理部门对所属责任中心绩效表现的考核。对组织绩效的考核是激励组织的主要手段,对企业内部组织的激励是促使其更好地管理和经营资产、不断提高为顾客创造价值的能力和改进组织学习,从而使各级组织的行为满足企业战略需要的主要方法。为了对组织的绩效进行考核,就必须明确组织绩效的衡量标准并有具体的衡量工具。

斯蒂芬·罗宾斯认为,组织绩效衡量的标准包括组织生产率、组织有效性和产业中排名三个方面。其中,组织生产率是指商品和服务的总产出除以产生那些产出的总投入,衡量的是一个组织的效率问题,一般来说,组织生产率可以用一些财务指标具体测量;组织有效性是指组织目标的合适程度以及组织实现这些目标的好坏程度,衡量的是一个组织的效果问题;产业中排名,指组织在同类组织和所有企业范围内的排名,在测量手段上,经常体现为标杆管理。

(三) 企业考核的员工层次

通过对组织的考核,将企业的奖惩政策具体化为对责任中心的奖惩。但是,在企业管理中,如何将对责任中心的奖惩进一步细化到对员工的奖惩,是绩效考核的又一个重要层面。就目前的管理会计核算情况、预算管理的信息化水平来讲,预算管理还只能到达责任中心的层次,而无法实现对员工个人的预算管理与考核。所以,针对责任中心内部员工个人的考核手段,并不属于预算管理的内在组成部分。但是,需要强调的是,为了确保预算目标的实现,预算考核是必要的手段,并且应该通过考核将考核结果兑现为对责任中心所有员工的奖惩,而这种奖惩的兑现,必须有相应的配套措施予以支持;否则,如果责任中心的负责人难以将奖惩具体化到每个员工,则预算的考核就难以落实。

作为预算管理,本部分只关注对责任中心的考核。由责任中心到员工个人的考核,属于人力资源管理的范畴,在目前企业普遍实施职能管理的情况下,对员工个人的考核,不宜纳入预算管理范围。除非在个别情况下,员工个人能够独立实现某项责任,如关键销售人员能够独立完成某销售业务,这时,预算考核可能直接针对员工个人。在这种情况下,能够独立完成某项责任的员工个人,事实上就是一个特殊的责任中心。所以,这并不影响预算考核只关注责任中心这一原则。

二、中国企业业绩考核历史

改革开放之后,中国企业绩效评价体系处在不断变化之中。截至目前,主要有三次大的变化:

(一) 1982 年的经济效益指标评价体系

1982 年 4 月,国家经委、国家计委、财政部等部门联合制定了 16 项主要经济效益指标,作为工业企业生产经济效益考核和评价的依据。这可以说是考核工业企业经济效益较早的一套指标体系。指标组成如下:(1) 工业总产值和增长率;(2) 主要工业产品产量完成计划情况;(3) 主要工业产品质量稳定提高率;(4) 主要工业产品原材料、燃料、动力消耗降低率;(5) 工业产品优质品率;(6) 每万元产值消耗的能源和降低率;(7) 工业企业产品销售收入和增长率;(8) 工业企业实现利润和增长率;(9) 上交利润和增长率;(10) 产值利税率和增长率;(11) 销售收入利润率和增长率;(12) 定额流动资金周转天数和加速率;(13) 产成品资金占用额和降低率;(14) 可比产品成本降低额和降低率;(15) 全员劳动生产率和增长率;(16) 职工重伤、死亡人数和降低率。

以上 16 项工业企业主要经济效益指标,在执行中经过不断总结检验,于 1992 年作了全面修改,提出了 6 项经济效益指标(工业产品销售率、工业资金利税率、工业净产值率、工业成本利润率、工业全员劳动生产率、工业流动资金周转次数)和 1 项综合指标(工业经济效益综合指数)。

(二) 财政部企业经济效益评价指标体系

1995年,财政部制定了企业经济效益评价指标体系,具体包括10项指标:(1)销售利润率;(2)总资产报酬率;(3)资本收益率;(4)资本保值增值率;(5)资产负债率;(6)流动比率;(7)应收账款周转率;(8)存货周转率;(9)社会贡献率;(10)社会积累率。

(三) 2005年3月国资委发布的企业绩效指标评价体系

2005年3月,国资委发布的企业绩效评价体系包括定量评价指标和评议指标两类:

1. 定量评价指标

参见表2-4国有企业考核指标表。

表2-4 国有企业考核指标表

评价内容	权数	基本指标	权数	修正指标	权数
财务效益状况	38	净资产收益率 总资产报酬率	25 13	资本保值增值率 主营业务利润率 盈余现金保障倍数 成本费用利润率	12 8 8 10
资产运营状况	18	总资产周转率 流动资产周转率	9 9	存货周转率 应收账款周转率 不良资产比率	5 5 8
偿债能力状况	20	资产负债率 已获利息倍数	12 8	速动比率 现金流动负债比率	10 10
发展能力状况	24	销售增长率 资本积累率	12 12	三年资本平均增长率 三年销售平均增长率 技术投入比率	9 8 7

2. 评议指标

评议指标是用于评价企业资产经营及管理状况等的多方面非计量因素,是对计量指标的进一步补充。通过对评议指标多项定性因素的分析判断,对计量指标评价结果进行全面的校验、修正和完善,形成企业绩效定量与定性评价相结合的综合评价结论。评议指标由经营者基本素质等7项非计量指标构成。

①经营者基本素质。经营者基本素质是指企业现任领导班子的智力素质、品德素质和能力素质等,具体包括知识结构、道德品质、敬业精神、开拓创新能力、团结协作能力、组织能力和科学决策水平等因素。

②产品市场占有能力(服务满意度)。产品市场占有能力主要是工业企业使用的评价指标,指企业主导产品由于技术含量、功能性质、质量水平、品牌优势、营销策略等因素决定的占有市场的能力。这一指标可以借助企业销售收入净额与行业销售收入净额的比值来加以判断。

服务满意度是商贸、交通等服务行业使用的评价指标,指消费者或顾客对商品或服务的质量、种类、速度、方便程度等的心理满足程度。

③基础管理水平。基础管理水平是指企业按照国际规范做法、国家政策法规规定和本企业实际情况,在生产经营过程中形成和运用的维系企业正常运转及生存与发展的企业组织结构、内部经营管理模式、各项基础管理制度、激励与约束机制、信息支持系统、安全生产管理等的建设及贯彻执行状况。

④发展创新能力。发展创新能力指企业在市场竞争中为保持竞争优势,不断根据外部环境进行的自我调整和革新的能力。包括管理创新、产品创新、技术创新、服务创新、观念创新等方面的意识和能力。

⑤经营发展战略。经营发展战略是指企业所采用的包括科技投入、产品开发、市场营销、更新设备、项目规划、资产重组以及人力资源等各方面的谋划和策略。

⑥在岗员工素质状况。在岗员工素质状况是指企业普通员工的文化水平、道德水准、专业技能、组织纪律性、参与企业管理的积极性及爱岗敬业精神等方面的综合情况。

⑦技术装备更新水平(服务硬环境)。技术装备更新水平是工业企业专用的评价指标,指企业主要生产设备的先进程度和生产适用性、技术水平、开工及闲置状况、更新改造情况、技术投入水平以及采用环保技术措施等情况。

服务硬环境是商贸、交通等服务行业使用的评价指标,指商场、车站、饭店等商贸、服务场所的装饰装潢、环境卫生、设备性能等硬件设施情况。

三、企业考核的财务方面和非财务方面——平衡计分卡

20世纪90年代,西方企业业绩评价理论发生了重大的变化,突破了单纯运用财务指标评价业绩的传统做法,并且将企业业绩评价与公司战略理论结合,形成了平衡计分卡理论。平衡计分卡是由哈佛商学院教授罗伯特·卡普兰(Robert S. Kaplan)和复兴全球战略集团总裁大卫·诺顿(David P. Norton)于1992年提出的。它是一种以信息为基础、系统考虑企业业绩驱动因素、多维度平衡评价的一种业绩评价系统。这一系统从四个方面来考察企业的业绩:财务、客户、内部经营过程以及学习和成长。

(一)财务方面

尽管传统的偏重于财务衡量的业绩评估手段有着种种不足,但并不等于要完全废除传统财务衡量方法。一个全面的衡量和管理系统必须具体规定:经营成果、为客户的服务以及新产品和服务等方面的改善如何同财务绩效的提高相联系。编制平衡计分卡就是要促使各经营单位把自己的财务目标同全公司的战略相联系。财务目标为平衡计分卡的所有其他方面的目标和衡量提供了焦点。所选中的每项衡量方法都应当成为一条纽带的一部分。这条纽带把因果关系联系起来,最终结果是提高财务绩效。平衡计分卡应当反映企业战略的全貌,从长远的财务目标开始,然后将它们同一系列行动相联系。可见,平衡计分卡必须继续注重财务成果,而且所有衡量方法的因果之路都应当通向财务目标。因此,平衡计分卡保留了财务方面的指标,这些财务业绩的指标一般能反映出企业的战略和经营业绩对净利的提高是否有帮助,从而为最终经营结果的改善做出贡献。

（二）客户方面

在市场经济条件下，企业的成果取决于顾客，即由顾客决定企业的努力是转化为成果还是白白地耗费资源。以顾客为核心的思想，就是在考核企业业绩时，充分体现出"顾客造就企业"的思路。因为企业成果的获得不取决于企业内部的任何人，也不取决于企业内部能够控制的任何事情，而是由企业外部条件决定的。可见，顾客因素在平衡计分卡中占有重要地位，因为如果无法满足或达到顾客的需求时，企业的战略远景及目标是很难实现的。在平衡计分卡的客户方面，管理者要确定企业将要面对的竞争性客户和市场份额，并计量企业在这个目标范围内的业绩情况，从而将其使命和战略声明转变为以客户和市场为依据的具体目标。典型的客户方面的指标包括几个被很好地阐述和执行公司战略的核心结果指标，这些指标包括目标范围内的市场份额（反映了业务部门销售市场上的业务比例）、客户获得率（从绝对或相对意义上，评估业务部门吸引或赢得新客户或业务的比例）、客户保持率（从绝对或相对意义上，记录业务部门保留或维持同客户现有关系的比例）、客户满意度（根据价值范围内的具体业绩指标来评价客户的满意程度）、客户获利能力（在扣除支持某一客户所需的独特开支外，评估一个客户或一个部门的净利润）。

（三）内部经营过程方面

为企业内部经营过程制定目标和评估手段是平衡计分卡同传统的业绩评估制度之间最显著的区别之一。传统方法试图监督和改进现有经营过程，这些方法可能包括对质量和时效的计量，从而超出对绩效的财务衡量方法的范围。但是，它们所重视的仍然是改善现有过程。而平衡计分卡通常确认全新的过程。一个组织要想实现其客户和财务目标，就必须善于采用这些过程。在内部经营过程，评价指标着重在那些对客户的满意程度和达到企业的财务目标有最大反应的内部经营过程上。这些关键的内部经营过程可以使经营单位传达在目标市场中吸引和保持客户所需的价值观念和满足股票持有者对更好的财务收益的期望。

每个企业都可根据自己的实际情况确定客户的价值及实现财务业绩的程序。不过，普通的价值链模式通常适用于大多数企业。这一模式包含三个原则性的经营程序：创新过程、经营过程和售后服务过程。在创新过程，要求公司在满足客户现有需要的同时，着手设计和开发新产品和服务，以此满足客户的新需要，核心指标如新产品在销售额中所占的比例和开发新产品的时间等。在经营过程，强调对现有客户及时、有效地提供高质量的产品和服务，核心指标如成品率、返工率、交货时间等。在售后服务过程，应注重售后服务的质量及效率，核心指标如客户满意度和反应周期（从接到客户请求到最终解决问题的时间）等。

（四）学习和成长方面

学习和成长方面确认了企业要想实现长期成长所必须达到的基本条件。客户方面和内部经营过程方面所确认的是对当前和未来的成功十分重要的因素。但是，企业利用今天的技术和能力是不大可能实现其在这两方面的长期目标的。而且，激烈的全球竞争迫使企业必须不断改善其向客户和股东提供价值的能力。可见，平衡计分卡的前三个方面通常显示出在现有的人员、系统和程序的生产能力与实现突破性业绩目标所要求的生产能力之间的巨大差距。为了弥补这些差距，企业必须投资于培训雇员，提高信息技术和信息系统，并理顺企业的程序和日常工作。

企业的学习和成长主要来自三个方面的资源：雇员、信息系统和企业程序。在这三个资源中，雇员方面，核心指标包括雇员满意率、雇员保持率、雇员培训和雇员的劳动生产率等；信息系统方面，应注重处于决策和行动第一线的雇员所获得的有关客户和内部过程的准确和重要信息的适时可获得性，核心指标如信息系统的灵敏度、信息覆盖比率等；在企业程序方面，则应着重检验对雇员的激励措施与企业总的成功要素和重要客户及内部经营过程的改善情况之间的衔接，核心指标主要涉及对雇员积极性的激发、对雇员的授权以及企业内部的组合能力等。

上述四个方面因素之间的关系如图2-3所示。

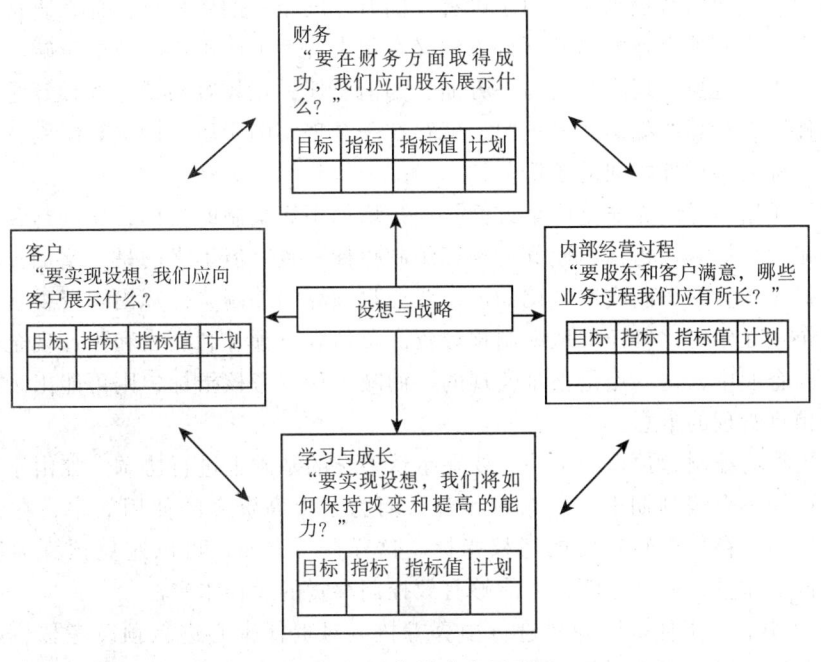

图2-3 平衡计分卡示意图

四、基于平衡计分卡的预算考核框架的构建与实施

从中国企业的绩效评价和预算管理实际出发，构建企业的预算考核体系，主要包括以下两方面的内容：

（一）基于平衡计分卡的预算考核原则

1. 预算考核范围明确。基于平衡计分卡定义企业的预算考核原则，应该将预算考核视作平衡计分卡的一部分。具体来说，预算考核包括平衡计分卡财务方面的全部，客户、内部经营过程以及学习和成长的一部分。

平衡计分卡的财务方面体现为一系列的财务指标，财务指标都可以且应该纳入预算考核范围之内。客户方面，有一部分指标是难以纳入预算考核的，如"客户满意度"，而另外一部分指标是可以纳入预算考核的，如市场占有率。事实上，在很多时候，企业编制销售收入预算，是以各目标市场占有率为假设的，所以，考核责任中心的销售收入，特别是细分市场的销售收入结构，与考核市场占有率是等价的，除非企业在市场上处于垄断地位。内部经营方面，有一部分指标是难以纳入预算考核的，如"内部客户满意度""提供的服务方式"，但有另外一部分指标是可以纳入预算考核的，如"新产品收入""顾客获利能力"等。学习和成长方面，"员工态度""员工创造性"等指标是无法纳入预算考核的，而"新产品收入"等指标则可以纳入预算考核。

2. 编制与考核的目标一致。预算编制和预算考核的目标必须一致，否则，一方面会使得企业的预算管理部门失去方向感，工作被动；另一方面，也会导致企业预算管理的责任中心无所适从。

就目前中国企业的考核来说，由于国有及国有控股企业的考核指标体系直接由国资委规定，弹性不大，而其他企业的绩效评价方法又在很大程度上受国有企业的影响，所以，指标多元化是一个不可避免的现实。而另一方面，如前所述，比较容易操作的预算是基于利润表编制的，这样，在预算的编制和考核中，就存在一个现实的矛盾，即预算编制指标的单一性和预算考核指标的多样性之间的矛盾。

解决这一矛盾，思路无非是两个方面，一是增加预算编制的目标，使其与预算考核指标一致，二是减少预算考核指标，使其与预算编制指标一致。但不幸的是，增加预算的编制目标，会大大提高预算的编制成本，比如说，要通过预算的编制，计算出国资委现有的考核指标，就需要企业在年初比较详细地编制预计资产负债表、预计利润表和预计现金流量表，事实上，在国内企业中，这一点是很难实现的。而减少预算考核指标，则可能出现考核导向的错误，扭曲预算管理的本意。

所以，预算的编制和预算的考核，要在承认差异的基础上进行协调。如由于存货预算编制的困难，可能不会编制期末存货余额预算，而为了提高资金的使用效率，在预算的考核中，完全可以加入存货周转速度的考核指标。这样，一方面，可以避免预算编制的大量工作，适当降低工作量，另一方面，还能够有效控制存货的库存水平。

3. 以责任中心的责任范围为界进行预算考核。对责任中心进行预算考核，必须以责任中心对有关考核指标可控为前提。责任中心的有关经济事项，根据责任中心是否可控，可以分为以下三类：

①完全可控。指责任中心对本单位某事项是否发生、发生时间、发生后所产生的经济后果等具有完全的控制能力。由于责任中心生产经营的内外环境的复杂性，这种完全可控的情况，在责任中心的实际预算执行中并不多见。对于责任中心完全可控的经济事项，在进行预算考核时，应该完全纳入预算考核范围。

②完全不可控。指责任中心对于本单位某事项的是否发生、发生时间、发生后所产生的经济后果等，完全不具有控制能力。完全不可控的情况也并不多见。一个比较典型的例子是责任中心对税收负担的影响，一般是完全不能控制的。在企业的预算管理和考核实际中，对于生产车间一级的成本中心，一般认为其对折旧是完全不能控制的，所以，在考核时，将折旧及相关成本排除在对成本中心的考核范围之外，这事实上是一种误解。之所以这样说，是因为固定资产投资一般是由生产单位提出项目建议书并经过相应的决策程序后实施，由于决策层与基层生产单位之间的信息不对称，使得这种建议在进行固定资产投资决策时，具有较大的影响，在这种情况下，如果将固定资产折旧视作基层完全不可控的因素而排除在考核项目之外，就有可能导致基层单位争取投资的过分热情。

③条件可控。指责任中心对本单位某事项的是否发生、发生的时间、发生后的经济后果等，具有一定的控制能力但并不能完全控制。这种情况是责任中心预算执行中最常见的。根据造成责任中心对事项不能完全控制的不同原因，可以将条件可控事项分为外部环境影响事项、技术影响事项和内部管理影响事项。

外部环境影响事项是指事项的发生及其后果在一定程度上受外部环境的影响，但责任中心通过自身的努力，对于事项是否发生、发生的时间及后果具有一定的控制能力。典型的外部环境影响事项是产品销售量，在竞争性的市场中，销售业务是否发生、发生时间及发生后的影响（如销售价格等），在一定程度上受外部环境的影响，但是，销售部门本身是可以通过努力而控制的，至少是可以影响的。类似的事项还包括采购业务。

技术影响事项是指事项的发生及其后果，在一定程度上受技术条件的限制，但责任中心通过自身的努力，对于事项是否发生、发生的时间及后果具有一定的控制能力。典型的技术影响事项是制造责任中心的成本，这种成本的发生主要受工艺水平、产能利用程度等因素的影响，但是，制造车间是可以通过自身努力，改进工艺流程、提高操作水平、合理安排生产计划等，减少废品率、降低边角余料或提高其利用程度从而降低消耗的。

内部管理影响事项是指事项的发生及其后果，在一定程度上受内部管理制度和方式的限制，但责任中心通过自身的努力，对于事项是否发生、发生的时间及后果具有一定的控制能力。典型的内部管理影响事项是生产车间一级的成本中心对于折旧费用的控制能力，虽然由于内部管理权限的设置和决策流程的限制，责任中心对某项投资是否发生、发生的时间及发生后的后果没有完全的决策能力，但可以通过自身的努力（如反复打报告、游说等），对决策产生影响甚至是重大的影响，从而在一定程度上控制本责任中心的折旧成本。

对责任中心考核来说，完全能够控制的事项和完全不能够控制的事项，都不是常见的模式，在考核的处理中也非常简单，而对于条件可控的事项，如何进行考核，就是预算考核的重大问题。笔者认为，在对条件可控事项进行考核时，要坚持以下两个原则：第一，对于条件可控的事项，必须纳入对责任中心的考核范围，以免出现权责不对等所引起的责任中心行为失控；第二，在预算责任网络和考核网络中，必须在事项能够控制或部分控制的最低级别责任中心进行考核，否则，会出现责任中心与其所属单位之间的考核矛盾，如对于车间生产成本，必须在车间（根据实际情况，废品率等指标可能具体到班组）层面开始进行预算考核，而不是在分厂层面开始预算考核。

4. 考核与薪酬挂钩

为了通过预算考核，真正发挥预算考核的激励作用，预算考核的结果应该和责任中心的薪酬进行挂钩。

（二）预算考核的实施

在明确了预算的考核原则之后，预算考核的实际实施，往往是程序性和技术性的问题，本身并不存在争议。一般来说，预算考核的实施包括三个步骤的内容，一是设计指标，二是计算指标值，三是兑现奖惩。

1. 设计指标。设计指标就是要明确预算考核的指标体系。如前所述，在企业目前实施预算管理时，预算的编制和考核应该坚持相同的导向，但考核指标一般会比编制指标多，所以预算考核指标一般是一个比较复杂的指标体系。在具体设计预算考核指标体系时，包括三个方面的内容：

一是预算考核指标，即哪些指标应该纳入预算考核的范围。一般来说，指标的设计需要考虑责任中心的定位、企业的发展战略、企业的产品寿命周期、企业的年度预算管理重点、股东的要求等内容。如成本中心的考核指标，应该以成本类指标为主，坚持成本领先战略的企业，应该突出成本类考核指标，而坚持差异化战略的企业，更应该强调毛利率等指标。

二是指标解释，即预算考核指标是如何计算的。这是企业在预算考核中，容易忽略的一个问题。企业的预算管理部门和责任中心对预算考核指标的计算，有不同的解释，如在计算分公司的考核利润时，计提的资产减值准备是否在利润之前扣除，在计算销售部门的销售费用时，是否包括折旧等等。所以，在设计预算考核指标阶段，必须对考核指标的计算，作出明确的、没有歧义的解释。

三是给定指标权重，即确定不同的考核指标在预算考核中的地位。一般来说，权重的设定和指标的设计是相互联系的，指标的设计需要照顾全面而给定考核权重则需要在此基础上突出重点，明确企业的预算考核导向。在给定权重过程中，需要考虑的因素与设计预算指标时所考虑的因素基本一致。

2. 计算指标值。设计指标工作完成之后，在实际执行预算考核时，就需要根据各责任中心的预算执行情况，计算指标值，这一工作是完全技术性的工作。

3. 兑现奖惩。在根据预算考核的结果兑现奖惩时，需要解决三个方面的问题：一是薪酬挂钩的范围问题，二是预算考核的周期问题，三是薪酬挂钩的方式问题。

①薪酬挂钩的范围。在预算考核中，薪酬挂钩的范围是指预算考核结果与责任中心谁的薪酬挂钩的问题，一般的处理方法有两种：一是预算考核的结果只与责任中心负责人的薪酬有关；二是预算考核的结果与责任中心所有成员的薪酬相关。一般来说，如果将预算考核的结果只与责任中心负责人的薪酬挂钩，则容易在责任中心内部形成完成预算是负责人的责任的观念，而这种观念对于责任中心的负责人调动所有员工的工作积极性，努力完成预算，发挥预算考核的激励作用，则是极为不利的，甚至会出现责任中心负责人在内部管理中处于被动地位的问题。随着技术水平的不断发展、企业内部生产各部门之间越来越相互依赖、每一个员工个体对责任中心能否完成目标越来越重要的情况下，组织考核的结果，应该尽可能与组织所有成员的奖惩相关。

当然，预算考核的结果与责任中心所有成员的薪酬挂钩，并不等于将预算考核结果所兑现的奖惩平均体现到每个成员，而是应该按照相关的办法进行分配。具体来说，在操作中，企业的人力资源部门应该制定有关的办法和流程，为责任中心对员工的考核提供制度依据和工作流程；而责任中心的负责人应该根据企业人力资源部门所制定的有关制度和流程，对员工进行考核，并根据考核的结果，将计算得出的薪酬结果，具体在员工之间进行分配。正是在这个意义上，预算管理具有激励员工的作用。而这种预算考核和分配体制，是与中国企业中长期坚持的"统一领导、分级管理"的管理理念相互吻合的。

②考核与挂钩周期。薪酬挂钩的周期，也就是在预算的执行过程中，以多长时间为限进行预算的考核和薪酬兑现的问题。企业的一般做法是全年一次考核，即在年度结束之后，根据责任中心在全年预算执行中的表现和指标完成情况，进行预算考核。这种预算考核办法，往往不能根据预算的执行情况，进行及时的预算控制，以确保预算目标的实现，也难以根据

预算的执行进度，进行动态激励。笔者认为，为了确保预算目标的实现并根据预算目标的动态实现情况，给予预算责任中心以动态激励。预算的执行，必须坚持"按期分解、逐期分析、动态考核"的原则。

预算考核中的动态考核制度要求企业对各预算责任中心的预算执行情况进行动态考核，而不是年终一次考核。将各预算责任中心与预算执行情况挂钩的奖励分解为两部分：一部分在预算考核的当期兑现，以确保各预算责任中心完成预算的积极性；一部分进入企业奖金池，在年终考核时根据各预算责任中心奖金池的余额兑现，确保各预算责任中心不会出现短期化的行为。预算考核周期的长短可以分为季度和月度两种，具体周期的确定，应该与预算分解的周期保持一致，因为没有预算目标的分解作为基础，预算的动态考核是难以实施的。

③薪酬挂钩的方式。薪酬挂钩的方式就是要解决预算考核结果的使用方式问题。常见的使用方式有两种：一是预算的考核结果作为企业绩效考核的一部分使用；二是预算考核结果单独使用，与责任中心的薪酬挂钩。在中国企业，预算考核往往是全年只进行一次，是和绩效考核的周期相同的，所以，一般企业是将预算考核结果作为绩效考核的一部分来使用。按照本书的观点，预算考核应该动态执行，企业的其他考核措施一般是全年只进行一次。所以，在期中进行预算考核时，预算考核的结果只能单独使用，而在年末的预算考核中，可以将预算考核与其他考核的结果综合使用。

本章小结

首先，本章基于战略的预算管理框架进行系统研究，从预算管理在企业管理中的地位、预算管理的内容、预算管理的程序、预算管理的组织和预算管理的制度五个方面研究预算管理的框架。意在帮助读者对预算管理有个系统的理解。

其次，本章从战略层面理解预算管理流程，对预算编制、预算执行、预算考核三个阶段进行叙述，并以项目型企业为例对每个阶段细分为不同的步骤进行描述。帮助读者理解预算的编制始于年度工作的拟定，再到年度预算指标下达，终于签订目标责任合同。在此基础上，使读者了解预算执行中，预算指标的分解、预算执行过程中的审批以及预算分析和调整等环节。

最后，针对预算执行的结果进行考核，明确预算考核在企业整体绩效管理中的地位；基于企业绩效考核现状和平衡计分卡理论，构建相关预算考核体系并对其实施方法进行深入论述，详细讨论了指标设计、指标值计算和兑现奖惩等预算考核内容。

本章习题

一、单项选择题

1. 企业预算管理的组织体系不包含（　　）。
A. 预算管理委员会　　B. 预算管理部　　C. 预算中心　　D. 责任中心

2. 某企业甲车间现急需一批本企业乙车间的产品，甲车间经理经调查得知，现无法判断该产品的外部市场环境，通过向乙车间咨询，得知该产品无法准确得出单位变动成本，只能确定该批产品的全部成本，其可以采用的内部转移价格是（　　）。

A. 市场价格　　　　　　　　　　　B. 以市场为基础的协商价格
C. 变动成本加固定费用转移价格　　D. 全部成本转移价格

3. 根据不同层次的人员介入预算目标制定的程度，沟通的方式可以分为：自上而下、自下而上和上下结合三种方法。下列描述中，属于上下结合方法的是（　　）。

A. 企业高层管理人员制定企业的总体目标，然后由下属部门根据自身的实际情况将企业的总体目标具体化

B. 各部门积极提交目标方案，由企业管理层决定最终方案

C. 企业高级管理层和下属部门管理人员共同参与，通过上下级管理人员沟通和磋商，制定出适宜方案

D. 企业高级管理层之间相互沟通和磋商，制定出适宜方案，最终由下属部门将企业的总体目标具体化

4. 下列关于平衡计分卡的说法中，不正确的是（　　）。

A. 平衡计分卡在财务方面包含了股东的价值

B. 平衡计分卡平衡了短期与长期业绩、外部与内部业绩、财务与非财务业绩以及不同利益相关者的角度

C. 企业的平衡计分卡最典型的客户方面通常包括：定义目标市场和扩大关键细分市场的市场份额

D. 平衡计分卡最大的优点是把内部流程列为四个方面中的一个

5. 财务预算编制过程中，不需要考虑的是（　　）。

A. 预计所有者权益变动表　　　　B. 预计利润表
C. 预计资产负债表　　　　　　　D. 预计现金流量表

6. 企业调整预算，应当由预算执行单位逐级向企业的（　　）提出书面报告。

A. 预算委员会　　B. 董事会　　C. 股东会　　D. 监事会

7. 下列关于企业预算执行考核的说法中，不正确的是（　　）。

A. 应当结合年度内部经济责任制进行考核

B. 是企业绩效评价的主要内容

C. 与预算执行单位负责人的奖惩挂钩

D. 不能作为企业内部人力资源管理的参考

8. 下列各项中，综合性较强的预算是（　　）。

A. 销售预算　　B. 直接材料预算　　C. 现金预算　　D. 资本性支出预算

9. 在审查、平衡过程中，应当进行充分协调，对发现的问题提出初步调整意见，并反馈给有关预算执行单位予以修正的是（　　）。

A. 董事会　　B. 财务管理部门　　C. 预算委员会　　D. 经理办公室

10. 下列哪项不是集权式预算编制模式的优点（　　）。

A. 保证预算目标对企业战略的支持

B. 有利于预算各模块之间的相互协调

C. 容易得到管理当局的支持，减少阻碍
D. 编制的预算比较符合企业的实际情况，数据来源于基层

二、多项选择题

1. 预算管理的程序包括（　　）。
   A. 预算的编制　　　B. 预算的执行　　　C. 预算的考核　　　D. 预算的调整
2. 根据所负责任的不同，可以将企业内部的责任中心划分为（　　）。
   A. 收入中心　　　　B. 成本中心　　　　C. 利润中心　　　　D. 投资中心
3. 企业内部转移价格包括的类型有（　　）。
   A. 市场价格　　　　　　　　　　　　　B. 以市场为基础的协商价格
   C. 变动成本加固定费用转移价格　　　　D. 全部成本转移价格
4. 预算编制的程序包括的类型有（　　）。
   A. 自上而下的集权式预算编制模式　　　B. 自下而上的参与式预算编制模式
   C. 上下结合的互动式预算编制模式　　　D. 自上而下的参与式预算编制模式
5. 下面属于预算分解方面的有（　　）。
   A. 按照时间分解　　　　　　　　　　　B. 按照责任中心分解
   C. 按照执行部门分解　　　　　　　　　D. 按照经营周期分解
6. 项目型企业预算编制的特点和难点主要包括（　　）。
   A. 管理者与业务层的信息不对称
   B. 客户的不稳定性导致预测的困难
   C. 会计核算不规范，历史数据难以作为预算编制的依据和参考
   D. 成本没有按照成本对象进行归集，缺乏同类项目的历史数据比较
7. 自下而上的参与式预算编制模式的缺点主要有（　　）。
   A. 各个责任中心往往从自身利益出发，无法达到企业战略要求
   B. 不能对企业激励起到有效的作用
   C. 预算编制过程往往难以指明企业努力的方向
   D. 编制的预算比较符合企业实际情况
8. 组织结构类型可以划分为（　　）。
   A. 机械式组织　　　B. 有机式组织　　　C. 专门化组织　　　D. 职能式组织
9. 预算管理制度体系包括（　　）。
   A. 预算管理制度　　B. 预算执行办法　　C. 预算操作手册　　D. 预算支撑制度
10. 预算管理主要包括（　　）。
    A. 销售预算　　　　B. 生产预算　　　　C. 资本性支出预算　D. 现金预算

三、简答题

1. 预算编制过程中的要求是什么？
2. 阐述平衡计分卡从哪几个方面考察企业的业绩。

参考文献

[1] 孟焰，《目标成本在现代企业制度中的重要作用》，《财会研究》，1996 年第 1 期。

[2] 孟焰，《从建国后我国会计的发展历程看未来的发展方向》，《中央财经大学学报》，1999 年第 10 期。

[3] 孟焰、朱小芳，《"企业内部控制与预算管理"专题研讨会综述》，《会计研究》，2004 年第 8 期。

[4] 王斌，《企业预算管理及其模式》，《会计研究》，1999 年第 11 期。

[5] 南京大学会计学系课题组，《中国企业预算管理现状的判断及其评价》，《会计研究》，2001 年第 4 期。

[6] 王斌、李苹莉，《关于企业预算目标确定及其分解的理论分析》，《会计研究》，2001 年第 8 期。

[7] 《管理会计应用与发展典型案例研究》课题组，《中国集团公司预算管理运行体系的新模式——中原石油勘探局案例研究》，《会计研究》，2001 年第 8 期。

[8] 于增彪、梁文涛，《现代公司预算编制起点问题的探讨——兼论公司财务报告的改进》，《会计研究》，2002 年第 3 期。

[9] 王斌、竺素娥，《论资本预算管理体系的构建》，《会计研究》，2002 年第 5 期。

[10] 于增彪、袁光华、刘桂英、邢如其，《关于集团公司预算管理系统的框架研究》，《会计研究》，2004 年第 8 期。

[11] 潘飞、郭秀娟，《作业预算研究》，《会计研究》，2004 年第 11 期。

[12] 李国忠，《企业集团预算控制模式及其选择》，《会计研究》，2005 年第 4 期。

[13] 冯巧根，《超越预算的实务发展动向与评价》，《会计研究》，2005 年第 12 期。

[14] 袁琳、王斌，《EVA 管理体系：构建与思考》，《经济与管理》，2004 年第 3 期。

[15] 潘双师，《油气生产企业预算管理》，石油工业出版社，2000 年版。

[16] 潘爱香、高晨，《全面预算管理》，浙江人民出版社，2001 年版。

[17] 苏寿堂，《以目标利润为导向的企业预算管理》，经济科学出版社，2001 年版。

[18] 高晨，《企业预算管理——以战略为导向》，中国财政经济出版社，2004 年版。

[19] 中国会计学会，《企业内部控制与预算管理专题》，中国财政经济出版社，2005 年版。

[20] 史习民，《全面预算管理》，立信会计出版社，2003 年版。

[21] 王化成、佟岩、李勇，《全面预算管理》，中国人民大学出版社，2003 年版。

[22] 财政部企业司，《企业全面预算管理的理论与案例》，经济科学出版社，2004 年版。

第三章 成本管理

【学习目标】
- 理解成本管理流程
- 理解变动成本法与完全成本法的区别和联系
- 掌握变动成本法下的产品定价决策和盈利性分析
- 掌握标准成本法的概念和适用前提
- 计算成本差异并掌握标准成本法的差异分析

第一节 成本管理流程

企业的流程管理遵循"计划——决策——执行——评价"的闭环管理原则。成本管理对于一个企业来说是一项既系统又复杂的管理工作，分为成本计划、成本决策、成本核算和成本评价四个管理流程。

一、成本计划

成本管理的第一步是制订成本计划，即在成本预测的基础上，具体规定计划期内企业生产费用数额以及各种产品的成本水平和降低任务。成本预测，是根据成本的有关资料和数据，运用成本特性和定性分析、定量分析的方法，对企业未来成本水平及其变动趋势进行科学的推测，以便为成本计划提供及时有效的信息，提高成本管理的科学性和预见性。企业成本计划一般包括生产费用预算、主要产品单位成本计划、全部商品产品成本计划、可比产品成本降低额和降低率等。成本计划是企业进行成本决策和成本评价的重要依据。

二、成本决策

成本管理的成本决策流程是在成本计划的基础上，按照既定的目标和要求，根据成本的有关资料和企业的具体情况，制订优化成本的各种可行性方案，运用一定的决策理论和方法，对各种备选方案进行分析、比较，从中选择最优的成本方案。企业在生产经营过程中存在许多方面的成本决策。在产品投产前，需要对新产品设计成本、试制成本进行决策，以确定投产后的成本水平。在产品的生产过程中，对于合理生产批量、产品组合、零配件是自制还是外购，是否接受追加订货，亏损产品是否停产，产品是否转产等一系列成本问题进行决策。企业通过成本决策，选择最优方案，确定成本目标。

三、成本核算

成本管理的第三步是成本核算，指对生产经营过程中发生的各种费用，按照一定的成本核算对象和标准进行归集和分配，采用恰当的方法计算出各成本核算对象的总成本和单位成本，也就是对费用的发生和成本形成过程进行核算。它是成本计算与会计相结合的一种处理程序和方法。成本核算是成本信息的生成过程，是成本会计的基础，为成本管理其他流程提供信息支持。成本核算提供的资料可以反映企业成本计划的完成情况，为存货的计价和企业损益的计算提供直接资料，也是制定产品价格的重要依据。

四、成本评价

成本管理的最后一个流程为成本评价。评价是对企业经济活动的方案、行为过程和结果的权衡和鉴定。它包括两个方面：一是对未来经济活动的成本管理行动备选方案进行优化和选择；二是对各责任单位的成本管理责任发生过程和结果进行考核，即根据成本核算资料和成本计划，并结合成本分析及其他有关资料，对企业成本计划指标的完成情况进行定期的考查和考核，以评价企业成本管理工作的绩效。成本考核是以各责任者（单位或个人）为对象，以各责任者的可控成本为界限，并按责任的归属来核算和考核其成本指标的完成情况，评价其工作业绩并决定奖惩。成本评价是对成本实行目标管理的重要手段，其目的在于加强成本管理责任制，提高成本管理水平。成本评价通过深入、细致地了解成本变动的规律，查明影响成本升降的因素，不断地挖掘企业内部降低成本的潜力，为下一会计期间成本计划、决策提供必需的资料。

上述四个方面相互联系、相互依存，构成了一个完整的成本管理流程。成本管理流程是一个闭环管理的循环过程，根据预先制定的成本标准和目标，对成本形成过程及影响成本的各种因素进行计算、约束、调节、监督，将其严格地限制在规定的范围和标准之内，并随时揭示和反馈实际与标准之间的差异，分析差异产生的原因，采取措施纠正偏差，保证成本目标的实现。成本管理活动为企业提供大量的信息，帮助企业在实施计划方面具有可行性。在实施了新的活动后，管理人员回到计划步骤来评估之前的计划是否有效，是否值得继续进行或者进一步修正。由此，企业将开始新一轮的成本管理流程。

第二节　变动成本与管理控制

各种类型的企业都需要建立一套成本会计系统，以便为各个方面的信息使用者提供成本信息从而使其做出正确的企业决策。在会计实务中，成本计算主要有两方面的目的：一是为编制财务报表而计量成本；二是为管理决策提供成本信息。由此产生了两种不同类型的成本计算方法：完全成本法和变动成本法。变动成本法是适应企业面向未来、加强企业内部经营管理而产生的成本核算方法。

本节主要介绍了变动成本法与变动成本法下的管理控制。首先，明确变动成本法与完全成本法的四大区别，体现在概念特征、产品成本构成、存货成本构成以及利润表上；其次，介绍变动成本法的控制特征，即通过对变动成本进行分析实施管理控制；再次，变动成本法涉及的产品定价策略同样属于成本管理控制的范畴,需要理解变动成本是如何影响定价策略的;最后,介绍了在变动成本法下如何进行盈利性分析,主要包括变动成本对营业利润计算、利润表列示的影响以及如何在变动成本法基础上进行本、量、利分析。

一、变动成本法与完全成本法的比较

完全成本法先于变动成本法产生,是指在计算产品成本和存货成本时,把一定期间内在生产过程中所消耗的直接材料、直接人工、变动制造费用和固定制造费用的全部成本都包括在内的方法。由于它将所有变动成本和固定成本都归纳到产品成本和存货成本中,因此也被称为"吸收成本法"。变动成本法是指产品成本中只包括生产过程中所消耗的直接材料、直接人工以及制造费用中变动性的部分,不包括制造费用中固定性的部分。变动成本法作为一种非传统的计算方法,能够为预测、决策、控制提供更为有效的信息,因此被西方企业广泛应用在内部管理上。

(一) 概念特征上的不同

1. 成本性态划分。从完全成本法和变动成本法的概念可以看出,两种成本计算方法的根本区别在于对固定性制造费用的划分,换句话说,判断固定性制造费用是一种可以在将来换取收益的资产还是为取得收益而已然丧失的资产是区分两种方法的关键。

完全成本法要求把全部生产成本按其发生的领域或经济用途划分为生产成本和非生产成本。其中,凡是在生产领域为生产产品而发生的成本就属于生产成本,构成产品成本的内容。发生在流通领域或服务领域等由于组织日常销售或进行日常行政管理而发生的成本则属于非生产成本,作为期间费用。制造费用中的固定性制造费用是一种可以在将来换取收益的资产。

变动成本法在进行成本性态分析时,将全部成本划分成变动成本和固定成本,把属于混合性成本的制造费用进一步分解为变动性制造费用和固定性制造费用,其中,固定性制造费用被视为为取得收益而已然丧失的资产。

2. 补偿方式。在成本补偿方式上,完全成本法强调固定性制造费用和变动性制造费用在成本补偿方式上的一致性,即只要是与产品生产有关的耗费,均应从产品销售收入中得到补偿。因为从成本补偿的角度讲,用于直接材料的成本支出与用于固定性制造费用的支出并无区别,所以固定性制造费用应与直接材料、直接人工和变动性制造费用共同构成产品的成本,而不能人为地将它们割裂开来。

变动成本法强调不同的制造成本在补偿方式上存在差异性。变动成本法认为产品的成本应该在其销售收入中获得补偿,而固定性制造费用与产品的销量无关,只与企业是否经营有关,因此不应该将其纳入产品成本,而应在发生的当期确认为费用。

3. 对企业利润的贡献。完全成本法与变动成本法对企业利润贡献的区别表现在经营环节的不同上。

完全成本法认为生产环节对企业利润的贡献更大,因为完全成本法将固定性制造费用归集于产品成本,本期已销产品和期末未销产品在产品构成上是完全一致的。在一定销售量的条件下,产量大则利润高,所以客观上有刺激生产的作用。

变动成本法下,将固定性制造费用作为期间费用,所以在一定产量条件下,期间内发生的固定性制造费用全部计入当期费用，导致损益对销量的变化更为敏感，客观上有刺激销售的作用。相比于完全成本法，变动成本法更强调销售环节对企业利润的贡献。

（二）产品成本构成不同

完全成本法将所有成本分为制造成本（或称生产成本，包括直接材料、直接人工和制造费用）和非制造成本（包括管理费用、销售费用和财务费用）两大类，将制造成本完全计入产品成本，而将非制造成本作为期间费用，全额计入当期损益。

变动成本法则是先将制造费用按成本性态划分为变动性制造费用和固定性制造费用两类，再将变动性制造费用和直接材料、直接人工一起计入产品成本，而将固定性制造费用与非制造成本一起列为期间费用。具体区别如图 3 – 1 和图 3 – 2 所示：

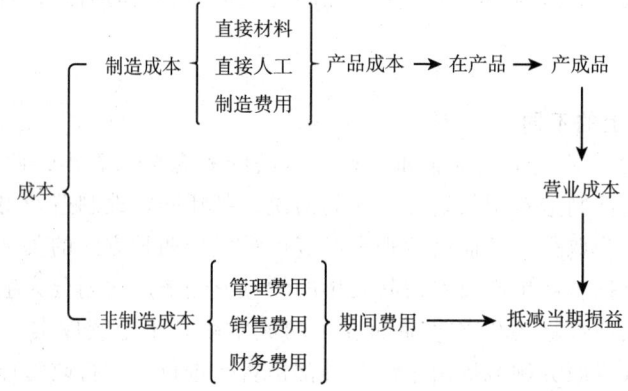

图 3 – 1　完全成本法下的成本构成

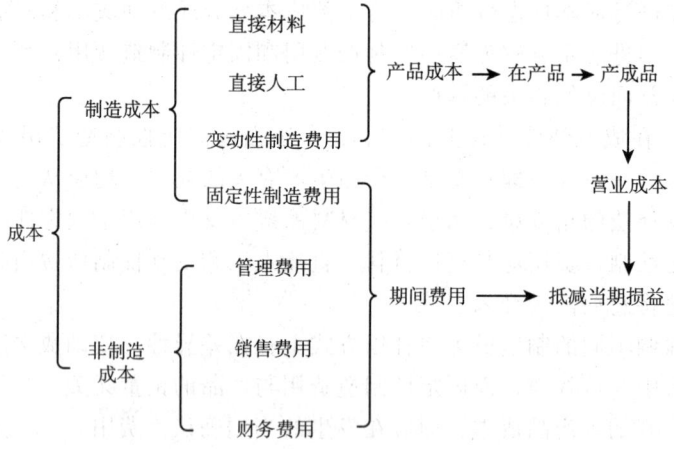

图 3 – 2　变动成本法下的成本构成

（三）存货构成内容不同

1. 存货成本构成内容不同。由于两种方法的产品成本构成内容不同，因而在确定产成品、在产品等存货成本的构成内容，即存货的估价时也存在不同。在完全成本法下，存货成本中不仅包含了变动性制造费用，也包含了一部分分配来的固定性制造费用。本期发生的固定性制造费用要在本期销货和期末存货之间分配，因此，被本期销货吸收的那部分固定性制造费用作为销售成本计入当期利润表，被期末存货吸收的另一部分固定性制造费用则随期末存货成本递延到下期。

而在变动成本法下，无论是库存产成品、在产品还是已销产品，成本仅包含制造费用中的变动部分，将固定性制造费用全部作为期间费用直接计入当期利润表，因而没有转化为销售成本或存货成本的可能。由此必将导致变动成本法下确定的存货成本要低于完全成本法下确定的存货成本。存货成本的不同必然导致当期销售成本的不同。

存货成本可以用以下公式来计算：

$$期末存货成本 = 期末存货量 \times 本期单位产品成本$$

2. 存货计价、销售水平不同。两种成本计算方法下，销售成本存在一个通用公式：

$$本期销售成本 = 期初存货成本 + 本期生产成本 - 期末存货成本$$

变动成本法下，销售成本全部由变动生产成本组成，当期末存货量为零时，单位期末存货成本、本期单位产品成本和本期单位销售成本这三个指标相等，或者前后期成本水平不变，这时单位期初存货成本、单位期末存货成本、本期单位产品成本和本期单位销售成本可以用统一的单位变动生产成本来表示，即出现了一个只适用于变动成本法的销售成本计算公式：

$$本期销售成本 = 本期销售量 \times 本期单位产品成本$$

完全成本法下，无论是库存产成品、在产品还是已销产品，成本均包含一定份额的固定性制造费用，期末存货的计价和销售相应地也包含这一份额，即期末按全部生产成本计价。一般情况下，各期分配的固定性制造费用不一样，各期的产品单位成本不同，因此只能使用通用公式。只有当期初存货为零，单位期末存货成本、本期单位产品成本、本期单位销售成本三者相等时，才能使用第二个公式进行销售成本计算。

（四）利润表及各期损益不同

完全成本法下，利润表上的成本分为销售成本和期间费用两部分，利润表将所有的成本项目按生产、销售、管理等不同经济职能进行排列，主要是为了适应企业外部利益相关者的需要而编制，因此称为"职能式利润表"。

变动成本法下，利润表上的成本分为变动成本和固定成本两大类，销售收入减去变动成本后的余额被称为边际贡献，边际贡献减去全部固定成本则是企业的营业利润，这样安排的原因主要是便于获取边际贡献信息，因此称为"贡献式利润表"。

由于固定性制造费用的存在，当出现产销不平衡时，两种成本计算方法确定的营业利润不同，由计算方法不同产生的营业利润差额公式如下：

$$营业利润差额 = 完全成本法下的营业利润 - 变动成本法下的营业利润$$
$$= 完全成本法下期末存货吸收的固定制造费用 - 完全成本法下期初存货吸收的固定制造费用$$

显然，在不同期间两种成本计算方法下营业利润差额有不同的结果，出现差额的根本原因在于从当期销售收入中扣除的固定制造费用金额不同。固定成本处理上的分歧对两种方法下的损益计算会产生影响,影响的程度取决于产量和销量的均衡程度,即产销越均衡,两种成本法下所计算的损益相差越小,反之,则越大;只有当实现所谓"零存货"即产销绝对均衡时,损益计算上的差异才会消失。而事实上,产销不均衡普遍存在,而产销均衡只是理想化的指标。如果经营期足够长,两种方法确定的营业利润是相同的,但是由于会计分期的要求,企业需要分期计算损益,也就出现了两种方法在损益影响上的区别,参见表3-1。

表3-1 产销量对营业利润的影响

	完全成本法	变动成本法
利润表格式	职能式	贡献式
利润	利润=收入-销售成本-期间费用=毛利-期间费用	利润=收入-变动成本-固定成本=边际贡献-固定成本
生产量>销售量	税前利润较大	税前利润较小
生产量=销售量	相等	相等
生产量<销售量	税前利润较小	税前利润较大
长期	相等	

二、变动成本法的控制特征

(一)贡献式利润表决定利润

变动成本法强调了"贡献"的概念,边际贡献反映了产品的盈利能力及其对企业营业利润所做的贡献,由于边际贡献总额同产品销售数量直接相关,所以它是企业经营决策和利润计划的重要依据,也是企业管理人员关心的重点,能够帮助管理人员进行决策分析。贡献式利润表相比于职能式利润表,更侧重于企业内部管理和成本控制的执行,从财务报表角度对边际贡献进行分析,帮助管理层深入认识企业利润的来源,做好分析决策。

(二)提供管理信息,进行短期决策

采用变动成本法能提供有用的管理信息,为企业预测前景、参与决策和规划未来服务。企业管理人员为搞好经营预测,制定经营决策,科学规划和严格控制企业未来的生产经营活动,必须掌握各种信息。采用变动成本法将全部成本按习性划分为变动成本和固定成本,在此基础上求得变动成本、边际贡献等信息并进行本、量、利分析,有助于揭示产量与成本变动的内在规律,明确各种产品的盈利能力以及对企业最终利润所做贡献的大小,帮助管理当局深入进行成本分析,实现变动成本可控。

变动成本法还从短期决策方面对成本管理提供帮助,例如,是否接受追加订货的决策、用不同工艺进行加工的决策、最优生产批量的决策、产品最优组合的决策等。因为在有些短期决策中,由于不存在生产能力变动的因素,因而固定成本就成为一种不相关的成本。因此,在对各种不同的短期决策方案进行比较时,都采用边际贡献进行分析,而这种资料必须采用变动成本法计算才能提供。

（三）结合责任会计，开展预算控制

采用变动成本法，有利于科学地进行成本分析和成本控制，有利于正确进行不同期间的业绩评价，便于结合标准成本、弹性预算和责任会计进行成本管理。

变动成本法能提供按变动成本和固定成本分类的信息，一般来说，变动生产成本是生产部门的可控制成本，其高低最能反映出生产部门和供应部门的工作成绩，例如在直接材料、直接人工和变动制造费用方面出现的节约或超支，就会立即从产品的变动生产成本指标上反映出来，从而确定生产部门的责任。它可以通过事前制定标准成本和编制弹性预算进行日常控制。一般情况下，变动成本的高低可以反映生产部门和供应部门的工作业绩，与责任会计相结合，对成本预算加以控制。

固定生产成本是各职能部门的可控制成本，其发生额的多少，一般不是生产部门的责任，而通常应由高层管理部门负责，可以通过制定费用预算的办法进行控制。

（四）进行业绩评价，实施部门考核

变动成本法便于进行各部门的业绩评价。考核执行情况、兑现奖惩是加强企业管理的一种有效的做法，变动成本法为这一做法提供了正确的思路和恰当的操作方法。

1. 供应部门。供应部门的业绩如何，通常可以从以下两个方面来评价：一是供应总成本，即供应资金的占用情况。在不影响产品生产需要的前提下，供应资金占用越小越好，因此应当进行总量控制；二是单位供应成本，包括采购成本和保管成本。采购成本包括买价、包装费、运输费、途中保险费、途中损耗、入库前的挑选整理费、差旅费等；保管成本则主要包括保险费、财产税以及库中损耗等。上述单位供应成本基本上是变动成本法下的变动成本概念，应建立标准成本进行控制和业绩评价。至于供应部门的其他费用，要么可控程度不高，如工资、办公费、维修费等，要么根本不可控，如自设仓库的折旧费、水电费、空调费、取暖费等，基本上属于固定成本而与存货的供应数量没有关系，对供应部门的业绩评价也基本上不包括上述内容。

2. 生产部门。变动成本法便于业绩评价这一优点在生产部门表现最为突出。生产部门只对生产产品的物耗水平负责，直接材料、直接人工和变动性制造费用等方面如有节约或超支，会立即从产品的变动生产成本指标上反映出来。至于固定性制造费用，如按期计提的厂房和设备折旧费，其高低通常由管理部门负责，对生产部门的业绩评价不应包括这部分内容。

3. 销售部门。变动成本法便于业绩评价这一优点在销售部门表现最为直接。销售部门只对销售数量负责，销售越多则业绩越好。生产数量与销售数量之间只是简单的生产数量是销售数量的上限这种关系，销售部门业绩的好与坏只能根据特定时期销售数量的多少独立进行评价，当然不能根据前述的"销量相同而产量不同时各期损益不同"这一不合逻辑的情况来评价。

（五）重视销售环节，防止盲目生产

完全成本法下会出现销量下降但利润上升的情况，原因是：随着科学技术的迅速发展，生产自动化程度的提高，在固定成本较高的情况下，采用完全成本法计算的单位产品成本受产量变动的影响程度较大，企业只要大幅度增产，就可以降低单位产品成本，即使销售量不变甚至下降，也会增加利润，因为期末存货相应增加，固定制造费用会随着所增加的期末存货不断转移到下一会计期间，本期净利润也就不断扩大。这样处理的实质是把未来的收益在本期提前予以实现，会促使企业盲目扩大生产量，而不注重销售。同时，出现这种有违常理的情况很难为管理层所理解，也难以找到问题根源，更无法作为评价销售业绩的依据，这对业绩评价、生产计划的设定造成了阻碍。

而采用变动成本法，可以排除产量高低对单位产品成本的影响，使企业的盈利高低与产量高低、存货量的增减没有直接联系，在销售单价、单位变动成本、销售组合不变的情况下，盈利将随着销售量的增加而增加，保持销售量与利润同向变动，正确地揭示了利润与销售的内在联系，促使企业管理当局重视销售环节，加强促销活动，并把主要精力集中在研究市场动态，了解消费者的需求，搞好销售预测，力求做到适销对路，贯彻以销定产的方针。因此，可以防止企业盲目生产，促使管理人员注意经营管理，实现销售环节的有效控制。

三、变动成本法下的产品定价决策

在竞争激烈的商业环境中，成功的定价策略是取得竞争优势的关键，在企业制定定价策略时，产品成本是必须考虑的一大要素。从理论角度看，定价策略按定价基础分为以成本为基础的定价方法和以需求为基础的定价方法，其中以成本为基础的定价方法具体又包括成本加成定价法、损益平衡法、边际成本定价法、非标准产品定价、特别订货定价五种，这五种方法中，涉及变动成本的有四种，此外还有利润最大化定价法。

（一）损益平衡法

损益平衡法即利用损益平衡原理进行产品价格的制定。损益平衡点的计算涉及四个变量，包括固定成本（F）和单位变动成本（V），已经将成本按照变动成本法进行分类，变动成本的存在对利用损益平衡法进行定价的产品形成一定影响。

损益平衡点销售量的计算公式如下：

$$Q_0 = \frac{F}{P_0(1-T_r) - V}$$

其中，Q_0 为损益平衡点的产品销售量；F 为固定费用；P_0 为产品价格；V 为产品单位变动成本；T_r 为销售税率。

公式变形后可得出损益平衡点价格计算公式：

$$P_0 = \frac{F + VQ_0}{Q_0(1-T_r)} = \frac{C}{Q_0(1-T_r)}$$

其中，C 为总成本。

损益平衡点价格，又称保本价格，是产销量一定时产品价格的最低限度，保本价格确定后，企业可以以此为基础适当调整价格水平，确定企业有盈利的合理价格。在目标利润（Y）已确定的情况下，销售量的计算公式如下：

$$Q = \frac{F + Y}{P(1-T_r) - V}$$

$$P = \frac{F + Y + QV}{Q(1 - T_r)}$$

损益平衡法简便易行,能够向企业提供可获必要利润的最低价格,但是由于销售量变动,计算结果的准确性受到影响。

例 3 – 1 某企业生产甲产品,固定成本 40000 元,目标利润 60000 元,单位变动成本为 5 元,销售税率 10%,预计销售 50000 件。则甲产品单位价格预计为:

$$保本价格 = \frac{40000 + 50000 \times 5}{50000 \times (1 - 10\%)} = 6.44(元/件)$$

$$产品价格 = \frac{40000 + 60000 + 50000 \times 5}{50000 \times (1 - 10\%)} = 7.78(元/件)$$

从计算结果可知,甲产品的最低价格为每件 6.44 元,当每件价格为 7.78 元时,可以保证实现目标利润。

(二) 变动成本加成定价法

变动成本加成定价法是以标准成本法下的产品成本作为决定售价依据的定价方法,即将变动产品成本与变动制造费用之和适当加成后的价格作为定价的方法。这种方法下,只有与产品生产制造、销售直接相关且随产量变动而变动的成本,才被允许计入定价加成基础。由于销售收入减去变动成本后的余额即为边际贡献,而边际贡献可以供企业弥补固定成本、创造利润,因此,产品售价以是否提供大于零的边际贡献为定价的主要考虑依据。

变动成本加成定价法包括两种变动成本基础:单位产品变动生产成本和单位产品变动总成本。以单位产品变动生产成本为基础的定价公式如下:

$$产品价格 = 单位产品变动生产成本 \times (1 + 加成率)$$

单位产品变动总成本是产品的变动生产成本加上分配的变动销售费用和变动管理费用。以它为基础的定价公式如下:

$$产品价格 = 单位产品变动总成本 \times (1 + 加成率)$$

由公式可以看出,对于同一产品如果用不同的成本进行加成,为了达到企业的目标营业利润,定价决策者应得到同样的目标价格,因而,不同的成本计算基础下,加成率不同。

变动成本加成定价法的优点在于有利于短期定价决策,更容易抓住市场契机,但也存在缺陷,即加成率的制定很难把握。此外,如果企业固定成本比重较大,价格过低可能会无法弥补固定成本,影响企业盈利甚至造成亏损。

(三) 特别订货定价

有时企业在满足正常渠道的销售需要后,生产能力尚有富余,此时遇到一些出价比较低的订货,要考虑能否接受。关于这一问题,需要作具体分析。在特定条件下,利用企业暂时闲置的生产能力而接受的临时订货,称为特别订货。为特别订货具体定价的方法,可因情况的不同而有所区别。具体情况主要有以下三种,见表 3 – 2。

表 3-2 特别订货定价不同情况下定价要求和增加利润的对比

	定价要求	增加利润
不减少正常销售	特别订货价格 > 变动成本	特别订货单位边际贡献 × 特别订货数量
暂时减少正常销售	特别订货价格 > 单位变动成本 + $\dfrac{损失的边际贡献}{特别订货数量}$	特别订货单位边际贡献 × 特别订货数量 - 因减少正常销售损失的边际贡献
转产其他产品	特别订货价格 > 单位变动成本 + $\dfrac{新增专属固定成本}{转产产品数量}$	转产产品单位边际贡献 × 转产产品数量 - 新增专属固定成本

（1）只利用暂时闲置的生产能力而不减少正常销售。这种情况下，无论是否接受订货，固定成本都不会发生变动，特别订货所提供的边际贡献（价格减变动成本）将直接转化为利润，从而增加企业的利润总额。于是，决策时不必考虑固定成本。

（2）利用闲置的生产能力，并暂时减少部分正常销售以接受特别订货。这种情况下，特别订货中计了正常销售，减少了正常销售的边际贡献，因此，要想使特别订货为企业增加利润，就必须是特别订货价格在补偿单位变动成本、减少正常销售所损失的边际贡献后仍有富余。

（3）利用暂时闲置生产能力转产其他产品，需要增加专属固定成本。这种情况下，要想使转产产品为企业增加利润，转产产品的价格必须补偿单位变动成本以及因转产而新增的固定成本后仍有富余。

（四）利润最大化定价法

利润最大化定价法是以获取最大利润为主要考虑因素的定价方法，利用简单微积分解决产品定价问题。利润最大化定价法下，将成本（C）划分为变动成本和固定成本；产销量受最大销量、单位变动销售单位、单位售价三个要素影响；利润（π）为收入与成本之间的差额。具体计算公式如下：

$$成本(C) = 变动成本(V_c) + 固定成本(F_c)$$
$$= 单位变动成本(V) \times 产销量(Q) + 固定成本(F_c)$$
$$收入(R) = 单位售价(p) \times 产销量(Q)$$
$$产销量(Q) = a - bp$$
$$利润(\pi) = 收入(R) - 成本(C)$$
$$= p \times Q - (V \times Q + F_c)$$
$$= p \times (a - bp) - V \times (a - bp) - F_c$$
$$= ap - bp^2 - Va + Vbp - F_c$$

上述公式中，a 代表最大销售量，b 代表随单位售价 p 变动而变动的销售单位。为求得利润最大化的单位售价 p^*，需要对 p 作偏微分，令 $\dfrac{\partial \pi}{\partial p} = 0$，

则 $\dfrac{\partial \pi}{\partial p} = a - 2bp + Vb = 0$

所以 $p^* = \dfrac{a + Vb}{2b}$

四、变动成本法下的盈利性分析

(一) 对营业利润的影响

从数学计算角度看,变动成本法对企业盈利能力的影响主要通过变动成本来实现,变动成本法对成本的划分影响企业营业利润的核算,在核算过程中必须考虑如何计算和确定边际贡献总额。边际贡献总额是指销售收入与变动成本之间的差额,变动成本包括变动性生产成本和变动性非生产成本,固定成本包括固定性生产成本和固定性非生产成本。相关公式表达如下:

$$边际贡献总额 = 销售收入 - 变动成本$$
$$营业利润 = 边际贡献总额 - 固定成本$$

从性质上看,当单价和成本水平不变时,营业利润额应该直接与销售量的多少挂钩,营业利润的变动趋势应该直接与销售量的变动趋势相联系,营业利润可以看成是反映企业销售量多少的晴雨表,营业利润与销售量呈正方向的变化关系,当某期销售量比上期增加时,该期按变动成本法确定的营业利润比上期增加,反之,亦然。在一个较长时期内,当某期销售量达到最高或最低时,该期按变动成本法确定的营业利润也达到最高或最低;当任意两期销售量相同时,这两期按变动成本法确定的营业利润额也相同。因此,变动成本法主要适用于管理会计系统,用来编制企业的内部报表,为内部管理提供有用的信息。变动成本通过影响营业利润促进企业强化成本管理、以销定产,减少或避免因盲目生产而带来的损失。

(二) 对利润表的影响

变动成本法下,由于出现固定性制造费用与变动性制造费用的不同归集,利润表的列示不同于完全成本法下的传统式利润表,第一行销售收入由于其取决于单价和销量,对产品计算不产生影响,两种成本计算方法下相同;"边际贡献"取代"销售毛利"成为贡献式利润表中的中间指标,变动性制造费用作为销售收入的扣减项,在边际贡献中补偿,固定性制造费用作为边际贡献的扣减项,在营业利润中补偿,参见表 3-3。

表 3-3　　　　　　　　　　变动成本法下的利润表

贡献式利润表
销售收入
减:变动成本
变动生产成本
变动销售费用
变动管理费用
变动成本合计:
边际贡献
减:固定成本
固定性制造费用

续表

贡献式利润表	
固定销售费用	
固定管理费用	
固定成本合计：	
营业利润	

（三）本、量、利分析

本、量、利分析是对成本、产销量、利润之间的相互关系进行分析的简称，也称 CVP 分析，是以成本性态分析和变动成本计算为基础，运用数量化的模型对盈亏临界点（保本点）的计算及其相联系的成本—业务量—利润三者依存关系的定量分析方法。从概念中就可以看出，本、量、利分析是利用变动成本法进行企业盈利性分析的重要方式。在本、量、利分析中，与变动成本相关的主要有两点：盈亏平衡点的相关计算以及利用安全边际进行盈利性分析。

1. 盈亏平衡点基本运算。CVP 分析假设企业的全部成本已按性态明确合理地划分为固定成本和变动成本两部分，变动成本函数表现为线性方程，相关范围内固定成本总额保持不变。在上述假设前提下，CVP 分析的基本公式如下：

$$利润 = 销售收入 - 变动成本 - 固定成本$$
$$= 销售单价 \times 销售量 - 单位变动成本 \times 销售量 - 固定成本$$
$$= （销售单价 - 单位变动成本）\times 销售量 - 固定成本$$

盈亏临界点就是使利润等于零的销售量或销售额，当利润等于零时，将上述公式变形如下：

$$盈亏临界点销量 = \frac{固定成本}{单价 - 单位变动成本}$$

为计算方便，本节设：

P——利润；TR——收入；TC——总成本；VC——单位变动成本；FC——固定成本；SP——单价；V——销量。

据此，盈亏临界点公式可以表示为：

$$V = \frac{FC}{SP - VC}$$

其中，SP - VC 即单位产品的边际贡献。

例 3 - 2 某企业每月固定成本为 1500 元，仅生产一种产品，销售单价为 15 元，单位变动成本为 9 元，本月计划销量 750 件，则预期利润和边际贡献分别是多少？

将有关数据代入损益方程式：

利润 = 单价 × 销量 - 单位变动成本 × 销量 - 固定成本
   = 15 × 750 - 9 × 750 - 1500
   = 3000（元）

边际贡献 = 单价 – 单位变动成本
= 15 – 9 = 6（元）

盈亏临界点的临界值还有另外一种表达方式，即盈亏临界点的作业率，也就是盈亏临界点的销售量占企业正常销售量的百分比。所谓正常销售量，是指在正常市场环境和企业正常开工情况下产品的销售数量。盈亏临界点作业率的计算公式如下：

$$盈亏临界点作业率 = \frac{盈亏临界点销售量}{正常销售量} \times 100\%$$

上述比率表明企业实现保本的业务量占正常业务量的比重。由于企业通常应该按照正常的销售量来安排产品的生产，在合理库存的条件下，产品产量与正常的销售量应该大体相同。所以，盈亏临界点作业率还可以表明企业在保本状态下生产能力的利用程度。

例 3 – 3 设某企业生产和销售单一产品，该产品单位售价为 160 元，单位变动成本为 120 元，固定成本为 134400 元，企业的正常销量为 5600 件，则盈亏临界点的销售量为：

$$盈亏临界点销量 = \frac{134400}{160 - 120} = 3360（件）$$

$$边际贡献率 = \frac{160 - 120}{160} \times 100\% = 25\%$$

$$盈亏临界点作业率 = \frac{3360}{5600} \times 100\% = 60\%$$

可以看出盈亏临界点的作业率为 60%，换句话说，该企业的作业率只有达到 60% 以上才能盈利，否则，就会亏损。

2. 安全边际。与盈亏临界点密切相关的还有一个概念，即安全边际。所谓安全边际，是指正常销售量或者现有销售量超过盈亏临界点销售量的差额。这一差额表明企业的销售量在超越了保本点的销售量之后，到底有多大的盈利空间；或者说，现有的销售量降低多少，就会发生亏损。

盈亏临界点状态意味着该点销售量下的边际贡献刚好全部为固定成本所抵消，只有销售量超过盈亏临界点销售量，其超出部分（即安全边际）所提供的边际贡献才能形成企业的利润。显然，超出部分越大，企业实现的利润也就越多，经营也就越安全。从这个意义上说，安全边际是从相反的角度来研究盈亏临界点问题。

安全边际除了可以用现有销量与盈亏临界点销量的差额表示，还可以用相对数来表示，即安全边际率。

$$安全边际率 = \frac{安全边际}{现有或预计销售量} \times 100\%$$

根据前文所列示的公式，将安全边际与边际贡献结合起来，就有了利用安全边际计算利润的公式：

$$利润 = 安全边际销量 \times 单位产品边际贡献$$
$$= (安全边际销量 \times 销售单价) \times \frac{单位产品边际贡献}{销售单价}$$
$$= 安全边际收入 \times 边际贡献率$$

此外，销售利润率与安全边际率有如下关系：

$$销售利润率 = 安全边际率 \times 边际贡献率$$
$$边际贡献率 + 变动成本率 = 1$$

综上所述,变动成本法的特性在量、本、利分析中主要体现为盈亏平衡和安全边际两方面。确定盈亏平衡点的意义在于:①帮助企业管理人员正确地把握产品销售量与企业盈利之间的关系,即企业要盈利,其销售量一定要超过盈亏平衡点。②只有超过盈亏平衡点以后的销售量所提供的贡献边际才是利润。安全边际的意义在于:营业利润是由安全边际提供的,只有实际销售量超过盈亏平衡点销量,边际贡献完全补偿固定成本且有余额,才能提供企业盈利的空间。

第三节　标准成本与管理控制

本节首先从理论层面和应用层面对标准成本进行了探讨。标准成本法是以标准成本为依据计算成本差异,实现成本控制的成本管理方法。标准成本法对于企业预算管理、成本支出管理、产品定价预测都具有重要意义,此外,还可以帮助财务人员简化成本核算工作。

本节主要介绍了不同的标准成本类型:理想标准成本、正常标准成本、现实标准成本。采用标准成本法的前提和关键是制定标准成本,明确标准成本一般通过数量标准和价格标准衡量,具体的成本差异分为直接材料成本差异、直接人工成本差异和制造费用差异。通过成本差异的核算、分析和控制,能够将标准成本与成本控制、会计信息系统结合起来,最终形成一个囊括标准成本制定、成本差异分析、差异处理三个环节的完整系统。

一、标准成本法的应用基础

(一) 基础概念

标准成本法是指通过制定标准成本,将标准成本与实际成本进行比较获得成本差异,对成本差异进行因素分析,据以加强成本控制、评价经营业绩的一种会计信息系统和成本控制系统。标准成本法起源于20世纪20年代的美国,在泰罗的生产过程标准化思想影响下逐步发展和完善,并与成本核算结合起来,成为一种成本计算和成本控制相结合的方法。从标准成本法的定义可以看出,标准成本法在事前设立标准成本,按标准成本对产品成本进行归集和分配,并对标准成本与实际成本形成的差异进行分析,将计算结果反馈在成本控制和考核中,最终形成完整的会计信息系统和成本控制系统。

标准成本是在正常生产经营条件下应该实现的,可以作为控制成本开支、评价实际成本、衡量工作效率的依据和尺度的一种目标成本。标准成本法的核心是按照标准成本与脱离标准成本的差异记录和反映产品成本的形成过程和结果,并借以实现对成本的控制。

(二) 运用前提

1. 标准成本。采用标准成本法的前提和关键是标准成本的制定。各个成本项目的标准成本,通常是由数量标准和价格标准两个因素决定的,即某成本项目的标准成本 = 数量标准 × 价格标准。

直接材料标准制订中的数量标准表现为材料消耗定额,价格标准表现为材料的计划单价;直接人工标准制定中的数量标准表现为工时定额,价格标准表现为计划小时工资率;制造费用标准制定中的数量标准是指工时定额,价格标准是指制造费用的分配率;制造费用分配率一般以制造费用预算数除以按计划产量计算的定额工时来确定。

$$制造费用分配率 = 制造费用预算数/(工时定额 \times 计划产量)$$

2. 企业环境。首先,标准成本法对企业的管理要求高。标准成本的制定需要以实际情况为依据,深入了解企业现有的生产技术和管理水平,还需要对历史、行业和市场有清晰的了解,掌握大量基础数据,在此基础上依据科学方法计算标准成本。这对企业的管理水平提出较高的要求,需要充足且高素质的人才支撑。

其次,随着信息化和大数据的发展,企业在获取前期的标准成本数据时需要使用大量的资源进行调研、分析和判断,获取到的大量数据需要相应的电算化系统做技术支撑,这会增加企业的人力、物力和资金的投入,给企业带来一定压力。此外,由于外部环境变化、生产流程优化,企业需要不断重新测定标准成本,后续的调整同样需要电算化的支持。因此,电算化、信息化系统是数据获取分析的基础。

二、标准的类型与标准制定

(一) 标准的分类

1. 按生产技术和经营管理水平分类。标准成本按其制定所依据的生产技术和经营管理水平分为理想标准成本和正常标准成本。

理想标准成本是指在最优的生产条件下,利用现有的规模和设备能够达到的最低成本。制定理想标准成本的依据,是理论上的业绩标准、生产要素的理想价格和可能实现最高生产经营能力的利用水平,即排除一切失误、浪费、机器限制等因素,按照理论耗用量、理想价格和最高生产能力制定的标准成本。这种标准成本未考虑客观存在的实际情况,提出的要求过高,很难实现。它的主要用途是提供一个完美无缺的目标,揭示实际生产成本下降的潜力,不能作为考核的依据。

正常标准成本是指在效率良好的条件下,根据下期一般应该发生的生产要素消耗量、预计价格和预计生产经营能力利用程度制定出来的标准成本。在制定这种标准成本时,把生产经营活动中一般难以避免的损耗和低效率等情况也计算在内,充分考虑下期的实际情况。该标准成本通常反映过去一段时期实际成本水平的平均值,反映该行业价格的平均水平、平均的生产能力和技术能力,在生产技术和经营管理条件变动不大的情况下,它是一种可以较长时间采用的标准成本。从具体数量上看,它应大于理想标准成本,小于历史平均水平,是需要经过努力才能达到的一种标准。因此,正常标准成本可以调动职工的积极性。由于其科学性、现实性、激励性、稳定性等特性,被企业广泛使用。

2. 按适用期分类。标准成本按其适用期分为现行标准成本和基本标准成本。

现行标准成本是指根据其适用期间应该发生的价格以及效率和生产经营能力利用程度等预计的标准成本。这种标准成本可以作为评价实际成本的依据,也可以用来对存货和销货成本计价。基本标准成本是指一经制定,只要生产的基本条件无重大变化,就不予变动的一种标准成本。这里的重大变化包括产品的物理结构变化、重要原材料及劳动力价格变化、生产工艺的根本变化等。基本标准成本与各期实际成本相比，可反映成本变动的趋势，由于基本标准成本不按各期实际修订，因此不宜用来直接评价工作效率和成本控制的有效性。

（二）标准的制定

标准成本一般是由会计部门会同采购部门、生产技术部门和其他有关经营管理部门，在对企业生产经营的具体条件进行分析研究、技术测定的基础上共同制定的。标准成本的制定应以成本项目的特点为依据，主要包括直接材料标准成本制定、直接人工标准成本制定、制造费用标准成本制定和标准成本卡。

1. 直接材料标准成本的制定。直接材料标准成本的制定，包括直接材料用量标准的制定和直接材料价格标准的制定两个方面。

$$直接材料标准成本 = 直接材料用量标准 \times 直接材料价格标准$$

直接材料用量标准，是指单位产品应该消耗的材料数量及产品的材料消耗定额，一般采用统计方法、工业工程法或其他技术分析方法确定；价格标准是预计下一年度实际需要支付的进料单位成本，是取得材料的完全成本。它的制定一般需要考虑目前市价及未来市场的变化，并考虑最佳采购批量和最佳运输方式等其他影响价格的因素。

表3-4为某产品耗用甲、乙两种直接材料计算标准成本的实例。

表 3-4　　　　　　　　　　某产品直接材料标准成本计算表

标准	甲材料	乙材料
发票单价（元）	1	4
装卸检验费（元）	0.16	0.35
每千克标准价格（元）	1.16	4.35
图纸用量（千克）	3	1
允许损耗量（千克）	—	0.2
单位标准用量（千克）	3	1.2
成本标准（元）	3.48	5.22
单位产品直接材料标准成本（元）	8.7	

2. 直接人工标准成本的制定。直接人工标准成本的制定，包括工时标准的制定和标准工资率的制定两个方面。标准工时是指在现有生产技术条件下生产单位产品所需要的时间，包括直接加工操作必不可少的时间、必要的间歇和停工等。在标准工资率不同的工资制度下的表现形式有所不同：如果采用计件工资制，标准工资率是预定的每件产品支付的工资除以标准工时；如果采用计时工资制，标准工资率是指单位工时标准工资率；如果采用月工资制，需要根据月工资总额和可用工时总量来计算标准工资率。在工时标准和标准工资率确定以后，用下列公式即可求得直接人工标准成本。

$$直接人工标准成本 = 工时标准 \times 标准工资率$$

例3-4　某公司采用计时工资制，甲产品直接人工标准成本计算见表3-5。

表3-5　　　　　　　　　　　　甲产品直接人工标准成本计算表

标　准	第一工序	第二工序
每月总工时（小时）	10000	4000
每月工资总额（元）	15600	4200
每小时工资（元）	1.56	1.05
工序标准工时（小时）	1	2
工序直接人工标准成本（元）	1.56	2.10
单位产品直接人工标准成本（元）	3.66	

3. 制造费用标准成本的制定。依据变动成本法原理，制造费用可以分为变动制造费用和固定制造费用，因此制造费用的标准成本也可以划分为变动制造费用标准成本和固定制造费用标准成本两部分。

（1）变动制造费用标准成本的制定。变动制造费用标准成本的制定，包括工时标准的制定和变动制造费用标准分配率制定两个方面。这里的工时标准通常采用单位产品直接人工工时标准，标准分配率根据变动制造费用预算和直接人工总工时计算求得：

$$变动制造费用标准分配率 = \frac{变动制造费用预算总额}{标准总工时}$$

在工时标准和标准分配率确定以后，可用下列公式求得变动制造费用的标准成本：

$$变动制造费用标准成本 = 工时标准 \times 变动制造费用标准分配率$$

表3-6列示了A产品变动制造费用标准成本的计算。

表3-6　　　　　　　A产品变动制造费用标准成本计算表　　　　　　　金额单位：元

部　门	第一车间	第二车间
运输	2400	800
电力	2100	400
消耗材料	1800	1400
间接人工	3900	2000
预算总额	10200	4600
生产量标准（人工工时）	10000	4000
变动制造费用标准分配率	1.02	1.15
直接人工用量标准（人工工时）	1	2
变动制造费用标准成本	1.02	2.3
单位产品变动制造费用标准成本	3.32	

（2）固定制造费用标准成本的制定。在变动成本法下，固定制造费用作为期间成本全部计入当期损益，因而不包括在产品成本中，这种情况下不需要制定固定制造费用的标准成本，相关费用的控制通过预算管理来进行。在完全成本法下，固定制造费用要在产品之间进行分配，因而需要制定单位产品的固定制造费用标准成本。

固定制造费用标准成本的制定包括工时标准的制定和固定制造费用标准分配率的制定两

个方面。其中,工时标准的含义与直接人工工时标准相同;固定制造费用标准分配率可以按下列公式求得:

$$固定制造费用标准分配率 = \frac{固定制造费用预算总额}{标准总工时}$$

在明确工时标准和标准分配率以后,用下列公式,即可求得固定制造费用标准成本:

$$固定制造费用标准成本 = 工时标准 \times 固定制造费用标准分配率$$

表 3-7 列示了 A 产品固定制造费用标准成本的计算。

表 3-7　　　　　　　　A 产品固定制造费用标准成本计算表　　　　　　　金额单位:元

部　门	第一车间	第二车间
折旧费	2300	400
管理人员工资	1800	700
间接人工	1200	500
保险费	400	200
固定制造费用合计	5700	1800
生产量标准(人工工时)	10000	4000
固定制造费用分配率	0.57	0.45
直接人工用量标准(人工工时)	1	2
部门固定制造费用标准成本	0.57	0.9
单位产品固定制造费用标准成本	1.47	

4. 标准成本卡。标准成本确定后,应就不同种类、不同规格的产品编制标准成本卡。标准成本卡应分车间、分项目反映单位产品标准成本及其所依据的材料、工时的用量标准和标准的价格、工资率、制造费用分配率,参见表 3-8。

表 3-8　　　　　　　　　　A 产品单位产品标准成本卡

成本项目		用量标准	价格标准	标准成本
直接材料	甲材料	3.0 千克	1.16 元/千克	3.48 元
	乙材料	1.2 千克	4.35 元/千克	5.22 元
	小计:			8.70 元
直接人工	第一车间	1 小时	1.56 元/时	1.56 元
	第二车间	2 小时	1.05 元/时	2.10 元
	小计			3.66 元
变动制造费用	第一车间	1 小时	1.02 元/时	1.02 元
	第二车间	2 小时	1.15 元/时	2.30 元
	小计			3.32 元

续表

成本项目		用量标准	价格标准	标准成本
固定制造费用	第一车间	1小时	0.57元/时	0.57元
	第二车间	2小时	0.45元/时	0.90元
	小计			1.47元
制造费用小计				4.79元
单位产品标准成本总计				17.15元

三、标准成本法的控制特性

（一）控制时段

从控制时段来看，标准成本体系可以分为事前制定标准成本、事中成本差异计算和事后分析处理。事前制定标准成本，对各种资源消耗和费用开支规定数量界限，能够提前限制各种消耗和费用的发生，达到控制成本的目的。在成本差异形成的过程中，按标准成本控制支出，随时显示节约还是浪费，及时发现超标的消耗，便于企业迅速采取措施，纠正偏差，达到控制成本的目的。产品成本形成后，通过实际成本与标准成本的比较，对成本差异进行分析，帮助企业进行定期分析和考核，及时总结经验，为未来降低成本找到途径，实现产品成本核算和控制的结合。

（二）具体差异控制

标准成本法要求利用成本差异进行成本控制，企业可以通过控制差异形成的具体原因，明确责任部门来控制成本。按照标准成本核算时的分类，成本控制同样可以从直接材料成本差异、直接人工成本差异、制造费用成本差异三方面的形成来源考虑。

直接材料成本差异受材料价格差异和材料用量两方面的影响。材料价格差异通常由采购部门负责，受采购批量、供应商选择、交货方式和材料质量等因素影响；材料用量受生产工人技术熟练程度、生产设备状况等影响。此外，通货膨胀因素、国家对原材料价格调整等因素也会影响直接材料成本差异，但不受企业控制。

人工效率差异是直接人工成本差异形成的主要原因。影响人工效率的因素包括生产工人的技术水平、生产工艺过程原材料的质量以及设备状况等。

变动制造费用是由许多明细项目组成的，并且与一定的生产水平相联系。实际工作中，需要根据变动制造费用各明细项目的弹性预算和实际发生数进行对比分析，并采取必要的控制措施。

固定制造费用分析和控制通常通过编制固定制造费用预算进行，并将预算与实际发生数比对，可能出现的预算差异产生的原因有：资源价格变动、固定成本因管理决策变动导致的增减、资源的数量比预算有所增减、为完成预算而推迟某些固定成本开支等，这些差异来源都应分不同情况进行分析和控制。

四、基于标准成本法的差异分析

（一）直接材料成本差异

直接材料成本差异是指一定产量产品的直接材料实际成本与直接材料标准成本之间的差

额。直接材料成本差异由直接材料价格差异和直接材料用量差异两部分构成。

直接材料价格差异是指材料实际价格脱离标准价格形成的材料成本差异。其计算公式如下：

直接材料价格差异 =（实际价格 – 标准价格）× 实际用量
　　　　　　　　 =（实际价格 – 标准价格）× 实际产量 × 材料单位实际耗用量

直接材料用量差异是单位实际材料耗用量脱离单位标准材料耗用量所产生的差异，其计算公式如下：

直接材料用量差异 =（单位实际耗用量 – 单位标准耗用量）× 标准价格

将以上公式综合如下，见图 3 – 3。

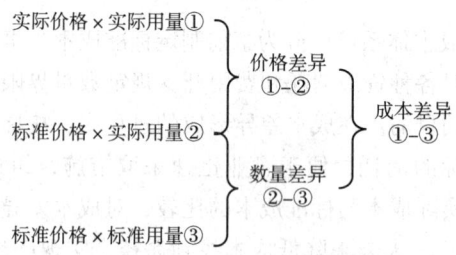

图 3 – 3　直接材料成本差异示意图

直接材料成本差异的计算结果如果是正数，表示超支，属于不利差异；如果是负数，表示节约，属于有利差异。

例 3 – 5　M 公司制造甲产品需用 A、B 两种直接材料，标准价格分别为 5 元/千克、10 元/千克，单位产品的标准用量分别为 15 千克/件和 10 千克/件；本期共生产甲产品 1900 件，实际耗用 A 材料 28000 千克、B 材料 20000 千克，A、B 两种材料的实际价格分别为 4.5 元/千克、11 元/千克。

直接材料成本差异分析如下：

A 材料价格差异 =（4.5 – 5）× 28000 = – 14000（元）（有利差异）
B 材料价格差异 =（11 – 10）× 20000 = 20000（元）（不利差异）

甲产品直接材料价格差异　　　　　6000（不利差异）
A 材料标准用量 = 1900 × 15 = 28500（千克）
B 材料标准用量 = 1900 × 10 = 19000（千克）
A 材料用量差异 =（28000 – 28500）× 5 = – 2500（元）（有利差异）
B 材料用量差异 =（20000 – 19000）× 10 = 10000（元）（不利差异）

甲产品直接材料用量差异　　　　　　7500 元（不利差异）
产品直接材料成本差异 = 6000 + 7500 = 13500（元）（不利差异）

从例 3 – 5 可知，材料价格方面出现差异的原因是材料成本上升了 6000 元，材料用量超支了 7500 元，最终导致的材料成本差异为 13500 元。在计算得出差异的基础上，可据此进一步分析原因，落实责任。

(二) 直接人工成本差异

直接人工成本差异是指一定产量产品的直接人工实际成本与直接人工标准成本之间的差额。直接人工成本差异由直接人工工资率差异和直接人工工时耗用量差异两部分构成。其计算公式为：

直接人工成本差异 = 直接人工实际成本 − 直接人工标准成本
直接人工标准成本 = 标准工资率 × 标准工时
标准工时 = 单位产品工时耗用标准 × 实际产量

直接人工工资率差异是指实际工资率脱离标准工资率所产生的差异，其计算公式如下：

直接人工工资率差异 = (实际工资率 − 标准工资率) × 实际工时

直接人工工时耗用量差异是指单位实际人工工时耗用量脱离单位标准人工工时耗用量所产生的差异，其计算公式如下：

直接人工工时耗用量差异 = (实际工时 − 标准工时) × 标准工资率

将以上公式综合如下，见图 3-4。

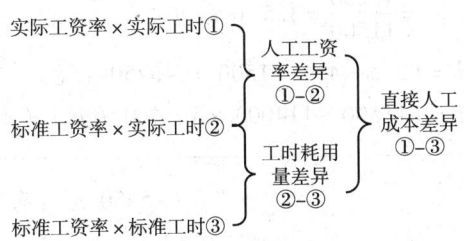

图 3-4 直接人工成本差异示意图

例 3-6 M 公司本期生产甲产品 1900 件，只需一个工种加工，实际耗用 11500 小时，实际工资总额 86250 元；标准工资率为每小时 8 元，单位产品的工时耗用标准为 6 小时。

直接人工成本差异计算分析如下：

标准工时 = 1900 × 6 = 11400（小时）

实际工资率 = $\frac{86250}{11500}$ = 7.5（元/小时）

直接人工工资率差异 = (7.5 − 8) × 11500 = −5750（元）（有利差异）

直接人工工时耗用量差异 = (11500 − 11400) × 8 = 800（元）（不利差异）

直接人工成本差异   −4950 元（有利差异）

由于实际工资率低于标准工资率，直接人工成本下降，形成有利差异 5750 元，实际人工工时耗用量超过标准人工工时耗用量导致了 800 元的不利差异，最终直接人工成本形成了 4950 元的有利差异，即直接人工成本节约了 4950 元。

(三) 变动制造费用成本差异

变动制造费用成本差异是指一定产量产品的实际变动制造费用与标准变动制造费用之间的差额。变动制造费用差异由变动制造费用耗费差异和变动制造费用效率差异两部分构成。变动制造费用耗费差异，是指变动制造费用的实际小时分配率脱离标准分配率，按实际工时计算的金额，主要反映耗费水平的高低；变动制造费用效率差异，是指实际工时脱离标准工时，按标准的小时费用率计算确定的金额，主要反映工作效率变化引起的费用节约和超支。计算公式如下：

$$变动制造费用成本差异 = 实际变动制造费用 - 标准变动制造费用$$
$$= 变动制造费用耗费差异 + 变动制造费用效率差异$$
$$变动制造费用耗费差异 = 实际工时 \times (实际分配率 - 标准分配率)$$
$$变动制造费用效率差异 = (实际工时 - 标准工时) \times 标准分配率$$

例 3-7 M公司本期生产甲产品1900件，实际耗用人工工时11500小时，实际发生变动制造费用40250元，单位产品的工时耗用标准为6小时，变动制造费用标准分配率为每一直接人工工时4元。

对变动制造费用差异分析如下：

标准工时 = 1900 × 6 = 11400 （小时）

变动制造费用实际分配率 = $\frac{40250}{11500}$ = 3.5 （元/小时）

变动制造费用耗费差异 = (3.5 - 4) × 11500 = -5750 （元）（有利差异）

变动制造费用效率差异 = (11500 - 11400) × 4 = 400 （元）（不利差异）

变动制造费用成本差异　　　　　　　　　　-5350 元（有利差异）

(四) 固定制造费用成本差异

固定制造费用成本差异是指一定期间的实际固定制造费用与标准固定制造费用之间的差额。分析固定制造费用差异的方法主要有两种：两差异分析法和三差异分析法。

1. 两差异分析法。两差异分析法将固定制造费用成本差异区分为耗费差异和能量差异两种成本差异。其中，耗费差异是指实际固定制造费用与固定制造费用预算总额之间的差异。

$$固定制造费用耗费差异 = 实际固定制造费用 - 固定制造费用预算总额$$
$$= 实际固定制造费用 - 预算产量 \times 工时标准 \times 标准费用分配率$$
$$= 实际固定制造费用 - 预算产量标准工时 \times 标准费用分配率$$

能量差异是指由于设计和预算的生产能力利用程度差异而导致的成本差异，也是实际产量标准工时脱离设计和预算产量标准工时而产生的成本差异。

$$固定制造费用能量差异 = 固定制造费用预算数 - 固定制造费用标准成本$$
$$= (预算产量标准工时 - 实际产量标准工时) \times 标准费用分配率$$

2. 三差异分析法。三差异分析法是将固定制造费用的成本差异区分为耗费差异、能力差异和效率差异三种成本差异。其中，耗费差异的计算与两差异法相同。能力差异是指实际产量实际工时脱离预算产量标准工时而引起的生产能力利用程度差异而导致的成本差异。效率差异是指生产效率差异导致的实际工时脱离标准工时而产生的成本差异。

固定制造费用能力差异 =（预算产量标准工时 - 实际产量实际工时）× 标准费用分配率
固定制造费用效率差异 =（实际产量实际工时 - 实际产量标准工时）× 标准费用分配率

下面说明两差异分析法和三差异分析法的计算过程。

例 3-8 M 公司本月甲产品预算产量为 2000 件，实际产量为 1900 件；固定制造费用预算总额为 90000 元，实际发生固定制造费用 91800 元；预算总工时为 12000 小时，实际耗用工时为 11500 小时；工时标准为 6 小时，固定制造费用标准分配率为每小时 7.5 元。

固定制造费用成本差异计算如下，见图 3-5。

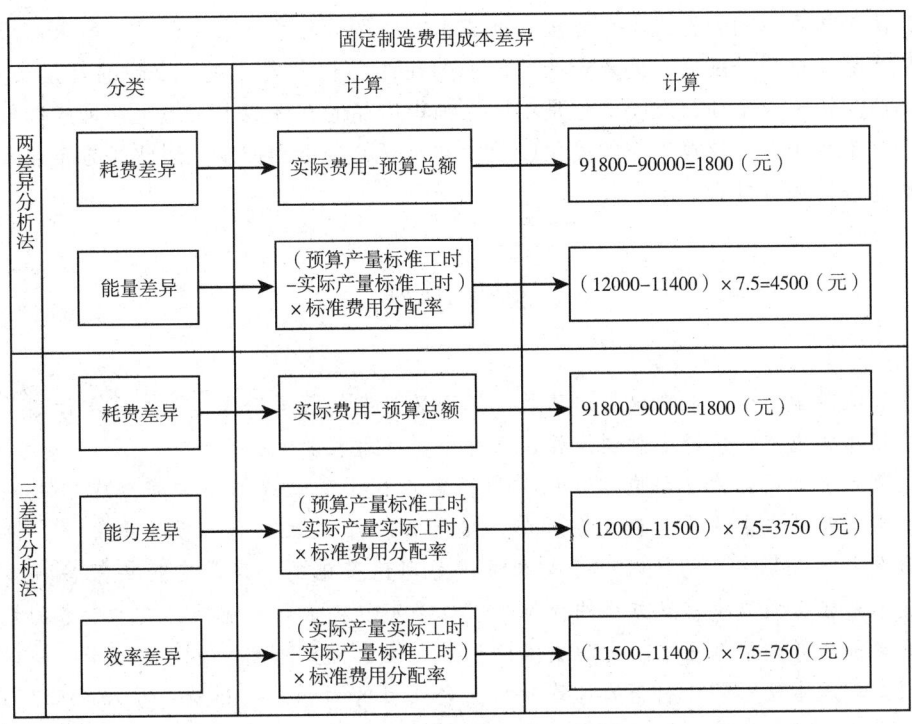

图 3-5 固定制造费用成本差异计算比较

由以上分析可以看出，三差异分析法的能力差异与效率差异之和等于两差异分析法中的能量差异。因此，采用三差异分析法能够比较清楚地说明生产能力利用程度和生产效率高低所导致的成本差异情况，便于区分责任。

五、差异分析中的行为问题

在标准成本法下进行成本差异分析过程中，企业不同的行为选择会导致不同的分析结果，主要表现在差异的处理方法上，选择直接处理法和递延法会影响成本差异的控制和利润指标的高低。

（一）直接处理法

直接处理法是指将本期发生的各种成本差异全部转入产品销售成本账户，由本期的销售产品负担，并全部从利润表的销售收入项下扣除，不再分配给期末在产品和期末库存产成品。这种处理方法下，资产负债表中的"在产品"项目和"产成品"项目只反映标准成本。随着产品出售，应将本期已销产品的标准成本由"产成品"账户转入"产品销售成本"账户，而各个差异账户的余额则应于期末直接转入"产品销售成本"账户。这种方法下，期末资产负债表中的在产品项目和产成品项目，能够比较如实地反映资产的价值，符合权责发生制的要求，同时能够避免繁杂的成本差异分配工作，使产品成本计算简化。但这种方法要求标准成本制定合理并不断进行修订，以使其符合实际。

（二）递延法

递延法是将本期的各种成本差异按标准成本的比例分配给期末在产品、期末产成品和本期已销售产品。这样分配后，期末资产负债表的在产品和产成品项目反映的都是实际成本，利润表的产品销售成本项目反映的也是本期已销售产品的实际成本。但是这种成本差异分配计算复杂，不利于会计核算工作的简化以及成本差异的分析和控制。因此西方企业普遍采用直接处理法进行账务处理。

本章小结

成本管理对于一个企业来说是一项既系统而又复杂的管理工作，分为成本计划、成本决策、成本核算和成本评价四个管理流程，是一个循环过程。

第二节主要知识点为变动成本法的学习，重点在于变动成本法和完全成本法的对比分析，从而明确变动成本法的控制优势所在。在产品定价决策（例如损益平衡法、特别订货定价）和盈利性分析中，都是以变动成本法作为理论基础的。产品定价决策多种多样，由于变动成本法在提供成本信息方面的优越性，许多定价决策理论选择将成本性态的划分纳入产品成本定价的考核依据当中。变动成本法下盈利性分析更注重对贡献的分析，从财务数据角度看，变动成本法对营业利润的计算、利润表项目的列示都有影响；从经营管理角度看，以变动成本法为基础的本、量、利分析是企业盈利性分析的重要工具。

第三节主要阐述了标准成本的基本原理和主要特征、成本差异的基本概念及形成，以及标准成本分类和制定程序，明确了标准成本法的概念及应用。另外，本节还介绍了差异的两种处理方式，不同的差异分配方法和会计账务处理会导致不同的结果，需要在企业战略目标下选择合适的差异处理方法。

本章习题

一、思考题

1. 什么是变动成本？变动成本有何特征？
2. 边际成本和变动成本的含义及区别是什么？

3. 如何判断两种成本计算方法下营业利润差额的变动规律？
4. 请阐述变动成本法和完全成本法在产品成本构成上的差异。
5. 如何制定标准成本？简述标准成本的作用。
6. 产生人工成本差异的原因主要有哪些？怎么处理？
7. 试比较直接处理法和递延法的特点。

二、选择题

1. 在变动成本法下，固定性制造费用被列为（　　）。
   A. 直接成本　　　　B. 间接成本　　　　C. 存货成本　　　　D. 期间成本
2. 采用变动成本法的企业在编制利润表时，其固定制造费用（　　）。
   A. 出现在利润表中，计算边际贡献时的被扣减项目
   B. 出现在利润表中，计算营业利润时的被扣减项目
   C. 出现在利润表中，计算销货成本时的被扣减项目
   D. 出现在利润表中，但不是计算营业利润时的被扣减项目
3. 下列说法中，不正确的是（　　）。
   A. 完全成本法符合外部报告要求　　　　B. 变动成本法便于成本分析和控制
   C. 变动成本法忽略长期利润目标　　　　D. 变动成本法降低企业举债能力
4. 生产量大于销售量时，完全成本法所求得的净利较变动成本法所求得的净利（　　）。
   A. 多　　　　B. 少　　　　C. 不一定　　　　D. 相同
5. 成本差异是指在标准成本控制体系下，企业一定时期一定数量的产品所发生的实际成本与（　　）之间的差额。
   A. 计划成本　　　　B. 历史成本　　　　C. 标准成本　　　　D. 预算成本
6. 固定制造费用的能量差异，可以进一步分为（　　）。
   A. 能力差异和开支差异　　　　B. 能力差异和效率差异
   C. 开支差异和效率差异　　　　D. 耗费差异和能量差异
7. 某公司月成本考核例会上，各部门经理正在讨论、认定直接人工效率差异的责任部门。根据你的判断，该责任部门应是（　　）。
   A. 生产部门　　　　B. 销售部门　　　　C. 供应部门　　　　D. 管理部门
8. 直接处理法下，期末资产负债表的在产品和产成品项目只反映（　　）。
   A. 实际成本　　　　B. 标准成本　　　　C. 预算成本　　　　D. 计划成本

三、计算题

1. A企业生产甲产品，目前产量为40000件，单位产品的变动制造成本为100元，变动销售成本为25元，计划期的固定制造费用为200000元，固定销售费用为200000元。假定本年度接到一新任务订单，订购8000件甲产品，单价135元。
   要求：（1）企业若采用完全成本法，成本加成率为40%，则新任务订单的产品定价为多少？
   （2）企业若采用变动成本法，成本加成率为40%，则新任务订单的产品定价为多少？
   （3）若企业有限制的生产能力8000件，分析是否接受该新任务订单。

2. 甲公司生产 A、B、C 三种产品，三种产品共用一条生产线，该条生产线生产能力为 25600 小时/月。为使公司利润最大化并充分利用生产线的生产能力，现将调整 A、B、C 三种产品的生产结构，已知资料如下：

（1）公司每月固定制造费用为 200000 元，固定管理费用 150000 元，固定销售费用 100000 元。

（2）A、B、C 三种产品当前的产销数据如下：

项目	A	B	C
产销量/月（件）	1200	800	1000
销售单价（元）	500	800	600
单位变动成本（元）	300	600	450
单位产品所需机器小时	4	8	10

（3）销售部门预测，产品 A 还有一定的市场空间，销量可以达到 2000 件/月，B、C 产品销量不受限。生产部门提出，B 产品受技术影响，最多生产 1500 件/月，A、C 产品生产不受限。

要求：（1）计算 A、B、C 三种产品的边际贡献总额、加权边际贡献率、盈亏临界点销售额。

（2）计算调整生产后的 A、B、C 三种产品的产量、边际贡献总额以及甲公司每月的税前利润增加额。

3. A 公司拟加盟 B 快餐集团，B 集团对加盟企业采取不从零开始的加盟政策，将已运营 2 年以上、达到盈亏平衡条件的自营门店整体转让给符合条件的加盟商，加盟经营协议期限 10 年，加盟时一次性支付 300 万元加盟费，加盟期内，每年按年营业额的 15% 向 B 集团支付特许经营权使用费和广告费，A 公司预计于 2017 年 12 月 31 日正式加盟，目前正进行加盟店 2018 年度的盈亏平衡分析。其他相关资料如下：

（1）餐厅面积 350 平方米，仓库面积 150 平方米，每平方米年租金 2000 元。

（2）为扩大营业规模，新增一项固定资产，该资产原值 400 万元，按直线法计提折旧，折旧年限 10 年（不考虑残值）。

（3）快餐每份售价 30 元，变动制造成本率 35%，每年正常销售量 15 万份。假设固定成本、变动成本率保持不变。

要求：（1）计算加盟店年固定成本总额、单位变动成本、盈亏临界点销售额及正常销售量时的安全边际率。

（2）如果计划目标税前利润达到 100 万元，计算快餐销售量；假设其他因素不变，如果快餐销售价格上浮 10%，以目标税前利润 100 万元为基数，计算目标税前利润变动的百分比及目标税前利润对单价的敏感系数。

（3）如果计划目标税前利润达到 100 万元且快餐销售量达到 20 万份，计算加盟店可接受的快餐最低销售价格。

4. 某公司只生产甲一种产品，甲产品需耗用直接材料 A，本期生产甲产品 1000 件，耗用 A 材料 9000 千克，A 材料的实际价格为 210 元/千克。假设 A 材料计划价格为 200 元/千克。单位甲产品标准用量为 10 公斤。

要求：(1) 计算 A 材料的价格差异；

(2) 计算 A 材料的数量差异；

(3) 计算 A 材料的成本差异；

(4) 该公司采用两差异分析法进行成本差异核算。如果固定性制造费用的预算差异为 +2000 元，生产能力利用差异为 -580 元，效率差异为 +1000 元，计算固定性制造费用的能量差异、耗费差异和总差异。

5. 某产品本月成本资料如下：

(1) 单位产品标准成本：

直接材料	50 千克/件 × 9 元/千克	450 元/件
直接人工	45 小时/件 × 4 元/小时	180 元/件
变动制造费用	45 小时/件 × 3 元/小时	135 元/件
固定制造费用	45 小时/件 × 2 元/小时	90 元/件
合计		855 元/件

本企业该产品正常生产能力为 1000 小时，制造费用均按人工工时分配。

(2) 本月实际产量 20 件，实际耗用材料 900 千克，实际人工工时 950 小时。

(3) 本月产品实际成本为 17550 元。其中：直接材料 9000 元，直接人工 3325 元，变动制造费用 2375 元，固定制造费用 2850 元。

要求：(1) 计算本月产品成本差异总额。

(2) 将成本差异总额分解为 9 种差异（固定制造费用采用"三因素分析法"）。

6. 某公司只生产一种产品，已知单位变动成本为 21 元，固定成本总额为 150000 元，单位产品售价为 35 元，预计下一年可销售 16000 件。

要求：(1) 计算单位边际贡献、边际贡献总额；

(2) 计算营业利润；

(3) 计算边际贡献率和变动成本率，并验证两者之间的关系。

7. 信骅企业对于存货的管理采用及时存货制度，并无期初及期末存货。公司经理提供了 A、B 两个年度的利润表，其中 A 年的利润表采用完全成本法编制，B 年的利润表采用变动成本法编制。

信骅企业利润表——A 年度 金额单位：元

销售收入		200000
销售成本		108000
销售毛利		92000
销售费用	38000	
管理费用	28480	66480
税前净利		25520

信骅企业利润表——B 年度　　　　　　　　　　　　　　　　金额单位：元

销售收入		200000
变动销货成本	60000	
变动销售成本	28000	88000
边际贡献		112000
固定制造费用	44500	
固定销售费用	18970	
固定管理费用	32850	96320
税前净利		15680

其他相关数据列示如下：

（1） A 年度及 B 年度均无多分摊制造费用或少分摊制造费用。

（2） A 年度的固定制造费用占销货成本的 42.6%。

（3） A 年度的变动销售费用占销货收入的 11%。

（4） A 年度及 B 年度均无变动管理费用。

要求：计算信骅公司 A 年度、B 年度的损益平衡点销货额。

参考文献

［1］ 鲁亮升、庞碧霞，《成本会计》（第二版），东北财经大学出版社，2017 年版。

［2］ 孙茂竹等，《管理会计学》（第 7 版），中国人民大学出版社，2015 年版。

［3］ 易颜新，《成本管理会计》（第 2 版），经济科学出版社，2014 年版。

［4］ 吴革，《成本与管理会计》（第 2 版），中信出版社，2012 年版。

［5］ 郑丁旺等，《成本与管理会计：管理会计分册》，中国人民大学出版社，2015 年版。

［6］ 赵书和，《成本与管理会计》（第 4 版），机械工业出版社，2015 年版。

［7］ 孙茂竹、文光伟、杨万贵，《管理会计学》，中国人民大学出版社，2015 年版。

［8］ 于富生、张敏，《成本会计学》，中国人民大学出版社，2015 年版。

［9］ 葛奇霞，《标准成本法在制造业的应用研究》，《中国乡镇企业会计》，2016 年第 4 期：152 - 153。

［10］ 中国注册会计师协会编写，《财务成本管理》，中国财政经济出版社，2017 年版。

［11］ 黄益雄、胡伟，《全球特许管理会计师职业能力框架解读及启示》，《财会通讯》，2015 年第 25 期：10 - 12。

［12］ 美国管理会计师协会，《管理会计公告第 2 辑》，刘霄仑主译，人民邮电出版社，2013 年版。

第四章 营运管理

【学习目标】
- 系统认识与理解企业营运管理的目标、组成与运行机制,以及与战略管理的内在关系
- 系统学习企业日常经营中营运管理的模式与方法,尤其要掌握活动中的价值创造过程,思考管理会计与具体营运活动的结合方式
- 结合各类营运活动,以案例形式展示管理会计在组织中的价值创造

第一节 营运管理与内涵

营运管理是指为了实现企业战略和经营目标,各级管理者通过计划、组织、指挥、协调、控制、激励等活动,实现对企业生产经营过程中的物料供应、产品生产和销售等环节的价值增值管理。在实际执行过程中,企业通常按照计划、实施、检查、处理等四个阶段(简称 PDCA 管理原则),形成闭环管理,使营运管理工作更加条理化、系统化、科学化。

一、营运管理的目标

营运管理的目的是通过构造一个高效率、适应能力强的运行系统,为企业制造有竞争力的产品,产品竞争力的大小主要取决于产品的质量、成本和交货期三个要素。产品质量指产品适合一定用途,满足社会和消费者一定需要所具备的自然属性或特征。对于有形产品来说,质量特性可归结为性能、可靠性、安全性、运用性、经济性和时间性等方面;对于无形产品来说,服务的质量特征可归纳为功能性、经济性、时间性和舒适性等方面。成本是产品竞争力的一个重要因素。许多管理者之所以将注意力集中在高效率、低成本和提高设备的使用率上,是因为成本既决定了产品的价格是否为消费者所接受,也决定了产品为企业带来的收益大小。交货期是保证产品时间性的关键因素。

可见,营运管理的基本任务是如何提高生产率、保证产品质量、降低产品成本,保证交货期和日常的营运控制。但是,由于科技进步和社会经济发展,人们消费观念的变化,市场竞争的加剧,产品竞争的重点并不只局限于成本、质量和交货速度,而扩展到企业对产品需求变化的应变能力、柔性生产、新产品开发速度、售后服务以及其他与特定产品有关的标准等方面。因此,质量、成本、时间和柔性是企业营运管理的主要控制目标,它们是企业竞争力的根本源泉。

二、营运管理与战略管理

所有企业的经营活动都是为了满足需求而生产和传递产品,并且都存在着"投入—转换—产出"的流程。这些流程是以资本和人力资源为手段,从投入到产出的转换,这一转换包括以可利用的资源通过业务网络实施的一个作业流程,产出的产品可以是有形商品或服务,或两者都是。虽然有形商品的生产过程和无形产品的营运过程有一些差异,如服务业在经营过程中,生产与消费同时发生,产品一般不可储存,劳动密集等。但它们都具有下述的共同特征:(1)都能够满足人们的某种欲望和需要,即都具有一定的使用价值;(2)都存在着"投入—转换—产出"的过程,即投入一定的资源经过一系列形式的变换,向社会提供某种形式的产出,实现价值增值;(3)都需要面对市场,同时把设备和人员组织起来,进行计划、组织及控制。在当今的商业环境中,由于科技进步日新月异,产品更新换代加快,市场需求复杂多变,服务呈多样化,市场竞争日趋激烈。因此,企业为了生存和发展,如何构造一个高效率、适应能力强的营运管理系统,利用可利用的企业资源去创造有竞争力的产品,维持企业的竞争优势和市场地位,实现企业的战略目标,成为经营者必须面对和思考的课题。科学的营运管理是确定组织的基本长远目标,选择行动途径,为实现组织战略而进行资源分配的实践过程。

三、营运管理的组成与运行

企业经营的本质就是生产产品或提供服务的营运管理过程。营运管理就是将企业输入的资源通过转化过程实现资源的增值。事实上,所有的职能都是营运,它们存在的目的就是为公司的其他部门提供产品或服务。因此,从宏观意义上来说,企业营运管理本质就是企业整个的经营过程管理。将企业的经营管理形成一个整体,实现无缝连接是企业营运管控系统最重要也是最根本的目标。营运管控系统的意义就在于,它是以价值创造为中心,围绕着价值创造过程把企业的各项职能和各个系统实行有机的结合。而价值创造正是企业存在最根本的目标。在营运管控系统的作用下,各个系统、各个环节能够知道自己面向的是谁、为谁服务、作业的标准和目的以及为什么这么做。每个系统、每个环节、每个职能、每个岗位能够清晰明确自己在企业营运整体中的位置所在。营运管控系统不是一个完全全新的系统,它是企业其他系统的连接器和黏合剂。有效的营运管理系统由以下各部分组成:

- 战略规划系统:完成组织的战略目标和规划;
- 营运指挥系统:实现战略的分解,形成组织的计划系统和目标管理;
- 营运作业系统:实现战略目标和经营计划的执行,完成组织的营运过程和管理控制过程;
- 营运反馈系统:完成组织营运的结果测量和分析评价过程。

战略规划系统是企业的"大脑",它为企业明确目标和指定方向;而营运指挥系统是企业的"神经系统",它为企业各个业务活动和管理过程提供依据和指导,它的本质是一个计划系统;营运作业系统是企业的实际作业和管理过程,它的本质是一个行为记录系统,就如同人体的"血液循环系统""呼吸系统""消化系统""肌肉系统"等一样,这些系统承载着企业创造价值的具体活动,营运作业系统就是记录这些行为过程和结果;而营运反馈系统本质是一个计算系统,它是通过各个专业领域的计算模型和相关的知识库来测量和评价作业系统结果与指挥系统目标之间的匹配程度以及动因所在，从而引导企业不断优化作业水平和管控能力，逐步达到企业营运的理想状态。

（一）战略规划系统

企业始于战略，而战略始于对外界和自身的认知。企业存在的意义在于通过对外界大量信息的获取，结合自身的优势和劣势，寻找到企业的机会和目标所在，从而找到创造价值的驱动力（生产产品或提供服务）。所以战略规划系统首先是源于对外界信息的定义，"消费者""分销商""供应商""竞争者""监管部门""社会环境"等企业的利益相关方，直接或间接都对企业的存在有预期或约束，这些利益相关者可以定义为企业的"宏观客户"，而它们对企业的准确需求就是企业的战略源泉之一。这些"客户"的"需求"是通过企业对这些客户大量信息的采集而总结提炼出来的，这些信息的采集在企业中是通过"外部情报系统"获取的（企业可能没有统一的"外部情报系统"，但是外部情报一样还是会通过各种途径进入到企业内部，这些途径可能是财务系统、客户关系管理系统、销售系统等各种分散的系统。通过这些系统采集的情报是支离破碎的，也可能会存在冗余和遗漏等现象），通过统一的"外部情报系统"（不一定要以"系统"的形式存在，但需要以"系统"的思路和方法来统一布局），可能会更为有效地采集更完整、全面的信息。

战略的形成，除了"外部情报"的获取和分析外，还有一个因素，就是组织自身的信息。对于一个已存在的企业，这些信息来自企业的各种系统和企业对自身的判断，这种为企业战略服务的内部信息集合可以组成企业的"内部情报系统"，如企业人力资源系统为企业内部情报系统提供企业人员能力的结构构成，这些人力结构构成与外部同业信息的比较，能够形成人力方面优势（或劣势）的比较结果，从而为下一步的战略规划提供依据。

借助企业"情报系统"提供的大量内外部信息，企业管理层运用战略分析和规划的方法来形成明确的公司战略，从而完成战略规划系统的关键步骤。这个战略规划过程既适用于远期战略目标，也适用于中期、近期的战略目标规划。同时，战略规划过程不仅在企业层面，也包括部门层面、职能层面、业务层面，各层面的战略规划遵循的过程是一致的，只不过上一层的战略是下一层战略规划的"客户需求"之一，而且可能是最重要的一个"客户需求"。

在战略规划过程形成统一和清晰的战略目标后，战略规划系统还需要完成的最后一步就是"战略分解和量化"，战略分解和量化的目的是为下一层面的战略规划和营运指挥提供更清晰和明确的指导和目标设定。因此，战略分解和量化是依据企业的经营业务和管理构成而实施的，它最终形成的输出是"战略 KPI 指标"。

战略规划系统输出的"战略 KPI 指标"是企业营运指挥系统"之源"，也是营运指挥系统的"输入"。有了明确的战略和战略指标，就可以启动营运指挥系统的运转过程。

（二）营运指挥系统

战略规划系统为营运指挥系统提供了"战略"和"战略指标"（战略体现在战略指标体系中），相当于为营运指挥系统提供了"输入"。在该项"输入"下，营运指挥系统的第一步是对战略 KPI 指标进行进一步的解读，形成更清晰和明细的指标。主要形成的指标有针对生产制造过程的"价值创造指标"、针对为生产制造过程提供服务支持的"服务支持指标"、针对管理和控制过程以及间接职能服务过程的"管理控制指标"。指标形成的过程是以客户需求为导向,按照企业经营和管理的过程进行分解而逐步建立的。

在战略规划系统中,战略 KPI 指标的形成本身蕴含了终极客户(如消费者)的需求,这些蕴含着客户需求的战略指标在指挥系统分解的过程中,首先会形成对生产制造过程最后环节(成品交付)的要求(对成品质量、数量、服务等的要求),以及对伴随着该环节(成品交付)一些相关的管理和控制环节的要求(即指标)。在客户指标的驱动下,指挥系统中需要形成"成品交付"单元的机制设计(即通过什么样的机制来达到目标指标要求),机制设计主要包括该环节的"标准作业流程(SOP)"、绩效目标指标、该环节所采用的应用工具和方法以及相关的制度、激励机制、报表文档等。同时,在形成该环节的机制设计过程中,也会产生对该环节上一流程生产环节的需求要素(即对上一环节的指标要求),从而驱使上一环节也建立相应的标准机制。"成品交付"环节不仅会对生产过程中的上流产生需求驱动,还会对各项服务支持产生需求驱动(即对资源输入的要求,如人、财、物、设备、技术等),这些需求指标会驱使建立相应的服务保障支持机制(该机制一样包括标准作业流程、绩效指标、工具方法、激励机制、相关作业制度、报表文档等)。以此类推,在营运指挥系统中,需要逆向价值创造过程(成品交付→成品包装→产品生产→内部物流→物料采购)来建立每个单元目标指标和对应的作业机制,同时要建立伴随这些价值创造过程的服务支持单元目标指标和作业机制,以及为这些价值创造过程和服务支持过程保驾护航的管理控制过程和间接服务过程的目标指标和作业机制。从而在营运指挥系统中形成整个企业的作业机制。

在企业的经营管理过程中,有些服务支持是直接作用于生产制造过程的,而有些服务支持是间接作用于生产制造过程的,如安全保卫工作,它是保障企业生产制造环境秩序的,而生产制造环境是为生产制造提供环境服务支持的,所以这些是间接的价值创造作用活动,再如企业的招聘,是为人力资源保障服务的,这些都是间接地为生产制造或服务提供支持(在此,我们可以用传统的"职能管理"概念来表述,虽然这二者之间并不能完全等同)。在以往的企业管理中,由于这些职能管理与直接价值创造过程是间接关系,存在一定的距离,所以经常会弱化或忽略"客户需求驱动"的概念,从而导致相对割裂的职能管理出现。而在营运管理系统中,这些职能管理机制的建设也应该遵循"客户需求驱动",无论是直接和间接驱动,最终机制的设计是要考虑所有的"客户需求"再形成。而且,这些"客户需求"不仅仅是各个生产制造及其服务支持过程的"需求",也包括各个职能管理环节之间的"需求"。

在生产制造过程和服务支持过程的每个环节,都伴随着风险的产生和资源的投入,同时在各个职能管理(如财务报表编制、人事培训等)和控制过程中也会伴随着风险的产生和资源的投入。风险管理和资源配置并不是直接生产产品和提供服务而创造价值的过程,它是间接的管理过程。但它们的机制设置与生产制造过程机制设置机理一样,也是各项作业环节的"需求"驱动的。

营运指挥系统主要的目的就是输出完整的作业和管理机制(即业务层面的生产作业标准、服务作业标准、控制活动作业标准以及职能管理作业标准)。这些机制是营运作业系统在实际业务行为操作时的指南。

营运指挥系统一方面向营运作业系统输出标准;另一方面,向营运反馈系统输出指标体系目标值。

(三) 营运作业系统

在营运作业过程中,每一个作业环节、控制环节、职能管理环节,都是在营运指挥系统提供的指南指导下执行和完成的,无论是严格遵照执行,还是依据具体情况参照执行,这些执行的过程都必须记录到营运作业系统中,营运作业系统是企业实际的经营行为过程记录,它是在营运指挥系统提供的机制指导下,对过程进行的跟踪和记录。跟踪的过程伴随着价值的创造过程,而结果的记录进入了各个职能系统(如生产管理系统、财务系统、人力资源管理系统等)。这些结果通过这些系统向营运反馈系统提供结果值输入。这样,在营运作业系统下就实现了整个企业营运过程和结果记录的完备性。加上前面营运指挥系统中的"计划"和后面营运反馈系统中的"反馈",就实现了企业经营过程的有机一体化。

(四) 营运反馈系统

营运反馈系统是企业营运管控系统的最后一个环节,也是必不可少的一个子系统。它的输入主要有营运指挥系统中的"指标目标值"以及营运作业系统中的"结果值"。它的处理主要有两部分:测量系统和评价系统。测量系统主要是各项计算模型,来加工指标目标值或结果值,寻求其匹配程度和差异性。而评价系统主要是知识库和专家库的建设,它是通过评价模型或专家来寻找测量系统提供的差异结果的动因,输出分析报告。

评价的结果是为了营运调整,调整的层面可能是业务层(即作业系统),也可能是计划层(即指挥系统),还可能是战略层(即战略系统),这要根据具体的指标和差异实际情况来确定。同时,反馈系统要为战略规划系统中的内部情报系统提供自身组织的因素分析,从而形成整个营运管控系统的闭循环。

营运管控系统是一个闭环的系统,绝不是一个由战略、指挥、作业到反馈的开环系统,所以它的稳态是在过程中逐步趋近的,是一个螺旋上升的过程。这也就验证了战略不是一成不变的,也不是凭空产生的。同样道理,指挥系统也不是一成不变的,它们都是随着时间推移不断改变和推进的。同时,营运管控系统的这个特点也导致了它不像盖房子一样,最终结果是固定的。它的最终结果是动态的。企业在经营过程中,随着经验和信息的积累,技术和能力的增强,在营运管控系统的协助下,营运管理会不断地逼近最优值,但可能永远达不到最优值,因为这个最优值也是有时间性的。

四、营运管控的层级应用

营运管理的模式必须和企业战略、可供利用的资源、企业文化等因素相匹配。根据营运管理决策的内容和性质,可分为三个层次:第一层次为与企业战略密切相关,影响企业未来经营方向的定位决策,包括企业将向社会和市场提供哪些产品和服务,企业采用什么方式进行生产,以及多大的生产规模,为此需要投入哪些生产要素,如何对资源进行优化配置,怎样确定企业的竞争优势等。第二个层次是针对生产经营系统的设计决策,它涉及如何设计一个高效率的生产执行系统,对系统设施进行规划和布置、工艺设计、技术应用、生产营运能力和生产过程组织等问题做出决策。第三个层次是生产经营系统的营运决策,它是在生产经营系统的结构、功能、构成要素等基本问题决定以后,系统处于日常运行过程中的决策活动,包括生产计划、作业安排、产品管理和质量控制等。

在本章中,仅对营运管理在第三个层次的具体表现进行说明,其他层次的表现情况将在管理会计师教材(高级)部分介绍。

第二节 营运管理模式与方法

一、采购管理

采购管理是指通过计划、组织、控制,以最低的总成本提供及时的物料,从而支持制造的顺利进行或者销售的管理过程。采购的基本原则是 5R 原则,5R 是指适质、适量、适价、适时、适地。采购管理相关的业务活动表现为:制订采购计划、选择和管理供应商、招标或谈判、制定合同、执行合同。

(一) 物料需求计划

物料需求计划(Material Requirement Planning,MRP)主要应用于生产企业。它是生产企业根据生产计划和主产品的结构以及库存情况,逐步推导出生产主产品所需要的零部件、原材料等的生产计划和采购计划的过程。它不但可以制订出企业的物料投产计划,还可以用来制订外购件的采购计划,非常适合在加工、制造、装配企业中使用。其编制流程主要包括如下步骤:先由物料需求计划产生产品投产计划和产品采购计划,再根据产品投产计划和采购计划组织物料生产和采购,进而生成制造任务单和采购订货单,最后交由制造部门生产或交由采购部门采购。

物料需求计划特点如下:

(1) 需求的相关性。在流通企业,各种需求往往是独立的。而在生产系统中,需求具有相关性。例如,根据订单确定了所需产品的数量之后,由新产品结构文件 Bill of Material,即可推算出各种零部件和原材料的数量,这种根据逻辑关系推算出来的物料数量称为相关需求。不仅品种数量有相关性,需求时间与生产工艺过程的决定也是相关的。

(2) 需求的确定性。MRP 都是根据主产品进度计划、产品结构文件、库存文件和各种零部件的生产时间或订货、进货时间精确计算出来的,品种、数量和需求时间都有严格要求,不可改变。

(3) 计划的精细性。MRP 有充分的根据,从主产品到零部件,从需求数量到需求时间,从出厂先后到装配关系都作了明确的规定,无一遗漏或偏差。计划还全面规定和安排了所有的生产活动和采购活动。不折不扣地按照这个计划进行,能够保证主产品出厂计划的如期实现。

(4) 计算的复杂性。MRP 根据主产品计划、主产品结构文件、库存文件、生产时间、采购时间,把主产品的所有零部件的需要数量、需要时间、先后关系等准确计算出来,其计算量是非常庞大的。特别是主产品复杂、零部件数量特别多时,如果用人工计算,简直望尘莫及。所以 MRP 的产生和发展与计算机技术的发展有紧密的联系。

通过 MRP 系统的运行结果确定的所需物料的计划、发出订货的订货量和订货时间就是订货计划，也就是非独立需求采购计划。根据这个计划规定的时间或需求，需经过一个采购提前期，从而使采购回来的物料刚好可以赶上需要。由于进行了精确的计划和计算，使得所有需要采购的物料能够按时按量到达需要它的地方，因此一般不会产生超量的物料库存。

（二）供应商管理

供应商管理包括对供应商的审核、开发、绩效评价、选择、信息管理等工作，其中，对供应商的开发、选择、审核和绩效评价是供应商管理工作的重点，对采购的成本有直接的影响，也被视为供应链管理的核心。通常供应商管理工作中，会对供应商的技术、服务、成本、交期、质量等方面进行量化管理。其中，交期指标、成本指标、质量指标属硬性指标，易量化管理；技术的先进性与适应性属软性指标，不易量化管理，但这种指标往往会对成本、质量等起到决定性的影响作用。

为促进供应链的有机协同，针对供应商的激励措施也是重要的管理组成部分。供应商做得好，要鼓励它做得更好；它做得更好，要推动它走向卓越；而如果它做得不好，就帮助它去改善；如果怎么改善都没有效果，则进入供应商退出程序。供应商的激励方式包括精神激励与物质激励，通常的做法是以物质激励为主，精神激励为辅。

（1）精神激励。每年度对供应商进行综合评估，在公开场合（有供应商竞争者或其他供应场，比如供应商活动日或者供应商大会），对业绩优秀的供应商颁发奖旗或者奖杯。这不仅是一种鼓励，更是一种推动力。

（2）物质激励。最直接的物质激励就是提高采购份额，供应商表现好就多给它一些生意。例如，在可口可乐公司，A类的材料采购通常会认可5家以上的供应商，但日常生意往来的只是其中两家。这两家供应商会按照一定的比例来分享总的采购量，比如"三七开"的方式。根据上一年的总体评估，来决定新年度第1个月的采购份额，表现好的得七成，表现差一些的得三成。而第2个月的份额又取决于第1个月的绩效评估，以此类推。如果其中一个供应商连续3个月表现都较差，则可能取消其资格，而引入新的供应商，再展开新一轮的循环评估。这种动态调整采购份额的做法，能够鼓励供应商之间的竞争，起到激励的作用。

此外，可以与优秀供应商签订长期合同，使其有稳定的订单来源，促使其让渡一部分短期利益，而追求长期回报，致力于共建伙伴关系。

（三）采购谈判

成功的采购谈判是一种买卖双方经过计划、检讨及分析，达成互相可接受的协议或折中方案的过程。方案里包含了所有交易条件，并非只有价格。采购谈判折中方案的目的是为了双赢。

（1）采购谈判前准备。要明确自己的采购需求，调查产品市场竞争情况，充分收集供应商信息，整理和分析资料。为此，要关注如下方面：预测好订购量；掌握特殊重大事件的发生情况；近期价格趋势；测算产品价格组成，找出决定价格的主要因素；价格变动对供应商边际利润的影响；实际的价格与合理的价格是多少；对应价格上涨的最好对策等。资料准备完成后，需制订谈判方案。首先，要确定谈判目标，一般情况下，谈判目标分为三个层次：必须达到的目标、中等目标和最高目标。同时，要安排谈判议程，包括确定谈判主题、安排谈判时间、制定谈判备选方案等。其次，要选择具备业务、财务、合同等专业与实务经验的人员组成谈判队伍，提前熟悉相关资料。重要谈判业务可采用模拟谈判的方式进行预演。

（2）正式谈判。通常有效的谈判包括申明价值、创造价值和克服障碍三个阶段。

申明价值为谈判的初级阶段，谈判双方彼此应充分沟通各自的利益需求，申明能够满足对方需要的方法与优势所在。此阶段的关键是弄清对方的真正需求，因此其主要的技巧就是多向对方提出问题，探询对方的实际需求；与此同时也要根据情况申明我方的利益所在。因为你越了解对方的真正实际需求，越能够知道如何才能满足对方的需求；同时对方知道了你的利益所在，才能满足你的需求。

创造价值为谈判的中级阶段，双方彼此沟通，往往申明了各自的利益所在，了解了对方的实际需求。但是，以此达成的协议并不一定对双方都是利益最大化。也就是说，利益在此往往不能有效地达到平衡。即使达到了平衡，此协议也可能并不是最佳方案。因此，谈判中双方需要想方设法去寻求更佳的方案，为谈判双方找到最大的利益，这一步骤就是创造价值。创造价值的阶段，往往是商务谈判最容易忽略的阶段。

克服障碍往往是谈判的攻坚阶段。谈判的障碍一般来自两个方面：一个是谈判双方彼此利益存在冲突；另一个是谈判者自身在决策程序上存在障碍。前一种障碍需要双方按照公平合理的客观原则来协调利益；后一种障碍需要谈判无障碍的一方主动去帮助另一方顺利决策。

（四）采购成本管理

在采购阶段需要控制的是材料的采购价格，在此之前需要制定采购的目标价格。目标价格应经过市场调查及参考供应商定价，结合企业对产品利润的预期后确定。对于不同类型的原材料，企业应根据上述方法在总目标成本确定的前提下进行层层分解，最终确定单项材料的目标成本最高限额。

目标成本确定后即需要采购部门与供应商进行谈判，在某种程度上将材料价格上涨的不利影响转嫁给上游供应商，从源头上控制采购成本。但是也应认识到，在采购谈判中，供应商让利的空间是有限的，因此企业应该加强对采购成本形成过程中耗费的监控和调节，及时发现其与目标成本之间存在的差异，随即对该差异展开分析，若属于有利差异则应发展，若属于不利差异则应进行纠偏，将实际采购成本限定在目标成本范围之内。

价值分析（Value Analysis，VA）与价值工程（Value Engineering，VE）是从源头控制采购成本的重要方法。

（1）价值分析。价值是指采购的产品对企业的价值，是以最低的成本，在理想的地点、时间发挥出产品的需求功能。价值分析就是从这一理论出发去选择执行采购任务的对象。

价值理论公式为：$V = F/C$

式中，F——function：功能重要性系数；

C——cost：成本系数；

V——value：功能价值系数。

例 4 - 1　电视机厂家在生产电视机配件螺丝的时候，螺丝有铁的、有铜的。其中铁螺丝的单位成本为 0.2 元，而铜螺丝的单位成本为 0.3 元，但两者的功能相同。所以从价值角度出发，在选择螺丝的时候最好选择铁螺丝。

对采购而言，价值分析的目的是：寻求成本最小化，追求价值最大化。

（2）价值工程。价值工程的工作原理是通过对采购产品或采购过程服务的功能加以研究，以最低的生命周期成本，通过剔除、简化、变更、替代等方法，来达成降低成本的目的。由于采购产品在设计、制造、采购的过程中存在许多无用成本，因此，价值工程的目的就是消除无用成本。

例 4-2 某公司是一家马达专业制造厂，引进了 VA/VE 改善活动。

对象选定：2 马力马达（2AP）

目标设定：降低 20% 零件成本

展开步骤：

①选定对象情报的收集、分析和运用：

- 将 2 马力马达的所有情况装订成册，分送专业小组每位成员人手一册，并让其反复仔细审视，找出可以改善之处；
- 准备 2 马力马达材料表，列出全部的料号、名称、规格、数量，并将 1 台马达的实际材料放置于改善活动地点，以备研究之用；
- 将 VA/VE 改善手法及程序摘要制成大字报张贴于活动地点的四周墙壁，以便让项目小组成员随时能看见，增加记忆；
- 运用材料表，将其材料的品名、料号、材质、单位、单价、每台用量、每台价格及占总成本比例等予以展开，找出适合以 VA/VE 降低成本的材料。

②制作成本比重饼图，结果筛选出硅钢片（占 35%）、漆包线（占 25%）及轴承（10%）三项合计共占全部成本 70%，作为主要改善重点。

③列出同业竞争者比较表，并拆检竞争者同机种马达，以了解其用料与用量对照表，希望能知己知彼，取长补短。

④提出改善方案，并准备实物和磅秤，确认其功能与重量及效果。实施 3 个月内，共降低 24 件 2 马力马达零件成本，占马达总零件 45 件的 53.3%，并在往后 3 个月内又降低了 7 件，累计共降低 31 件零件成本，占马达总零件的 68.9%，其成本降低 6.3%，年节省零件采购成本达 1 亿元左右。

二、生产管理

生产管理是指立足企业效益实现和价值创造，协调和控制生产产品所需活动。生产管理相关的业务活动表现为：约束条件下的产品排产、选择产品供应方式、规划产能、获取生产设备、生产效率的提高与改进。生产管理的完整过程概括为：

- 决定要生产的产品及其组合：企业管理层、市场部门、生产部门要根据市场需求、企业的专长等，决定企业要生产和营销哪些产品；
- 决定了要经营的产品种类，接下来需确定这些产品的供应方式；
- 进行产能规划，决定需要使用生产设备设施的种类和数量；
- 如何获取生产设备，决定生产设备是自己购买还是租赁；
- 生产哪些产品，生产多少量，生产设备、设施都定下来后，企业生产部门必须高质量、高效率、低成本地准时产出产品以满足市场需求，科学地安排生产计划。

(一) 线性规划产品组合

通常企业会受到多个资源的约束，需要用线性规划来解决。线性规划是在企业存在多个约束限制条件下（如原材料限制、人工小时数、机器小时数等），如何实现利润最大化或成本最小化及相应地分配资源的工具。在计算相对复杂时需要计算机软件帮助，这里简化假设只有两个产品，具体决策步骤如下：

步骤1：决定变量，即企业的产品（产品如何变动形成不同的组合，选其中能达到利润最大化的组合，因此产品是变量）。假设该企业有两个产品：A 和 B，因此线性规划是帮助确定 A 和 B 的销量组合。

步骤2：确定目标函数——利润。这里的利润是指边际贡献，此处假设边际贡献以外的其他财务影响是非差量成本。例如，假设 A 产品的单位边际贡献：220 元，B 产品的单位边际贡献：600 元，则目标函数：利润 = 产品 A 的销量 × 220 + 产品 B 的销量 × 600。

步骤3：确定约束条件不等式。约束条件来源于内部的机器小时、人工小时等，还有外部的原材料限制、产品销售数量等限制。设定机器小时和原材料采购量是约束条件，分别只有 20000 小时和 8000 吨，单位 A 产品耗用 3 小时、0.6 吨，单位 B 产品耗用 5 小时、0.4 吨，因此：$A \times 3 + B \times 5 \leq 20000$；$A \times 0.6 + B \times 0.4 \leq 8000$；非负约束：$A \geq 0$，$B \geq 0$。

步骤4：画图。以不同产品命名 X、Y 轴，为每一个约束条件画线：假设其中一个产品量为 0 从而得出另一个产品数据，如此得出 X、Y 轴上的两个点从而画线。

步骤5：确定利润最大化的产品组合。确定画出的线和 X、Y 轴围成最小的区域，此区域为同时符合所有约束条件的区域；通过图示确定区域最外端的几个交叉点及其数值（交叉点代表的数值是可以计算出来的，方法是：解交叉点相关两条线代表的相关约束条件的两个等式）；通过计算确定的各点产品组合的量乘以产品各自的单位边际贡献，试算哪个点的利润是最大的，则该点代表利润最大化的产品组合。

如果只有两个约束条件，不用画图就可以求得三个交叉点的数据：在两个约束条件等式中假设其中一个产品等于 0 求另一个产品，如此每个产品对应得到另一产品的数值，分别选择较小的数值（相当于在 X、Y 轴上的两个点）；解两个约束条件等式得到另一个点的数据；然后试算这三个点中哪个点的利润最大。

例 4 – 3 M 企业生产 S 和 D 两种型号产品，公司每月最多机器小时可达 400 小时。每个 S 产品需要 5 个机器小时，而每个 D 产品需要 1.5 个机器小时。政府限制 S 和 D 一共最多卖 150 个。S 和 D 的单位边际贡献分别是 100 元和 200 元。计算利润最大化的最佳产品产销量组合。

分析：

(1) 确定变量：S 和 D。

(2) 确定目标函数：利润 = $S \times 100 + D \times 200$。

(3) 确定约束条件。

① $S \times 5 + D \times 1.5 \leq 400$

② $S + D \leq 150$

③ 非负约束：$S \geq 0$，$D \geq 0$

(4) 确定最佳产品产销量组合。

①解两个约束条件的等式：S×5+D×1.5=400、S+D=150，得 S=50，D=100，利润=50×100+100×200=25000（元）；

②假设 S=0，则①式中 D=267，②式中 D=150，取后者，则利润=150×200=30000（元）；

③假设 D=0，则①式中 S=80，②式中 S=150，取前者，则利润=80×100=8000（元）。

因此 S=0，D=150 时，实现利润最大化。

线性规划的优缺点：

优点：存在多个约束和限制条件时（如原材料、人工小时数、机器小时数有限等），可以帮助企业确定产品组合，实现利润最大化。

缺点：线性规划假设成本及其他一些行为是线性的，如所有成本都根据单一的成本动因（如产出量）分为变动成本或者固定成本，如果线性假设不存在，需要考虑其他量化管理工具；线性规划得出的产品组合数据可能会出现小数，在产品是大宗物品时就会造成问题，如飞机、房屋等。

（二）供应模式选择

企业供应产品的方式主要有自产和外购两种。外购是指企业选择对某些产品从外部供应商处采购而不是内部自产，有利于公司更专注核心竞争力的业务，同时利用外部供应商的专业和技能从而节省产品成本、提高营运效率等。企业就某种产品（包括半成品与原材料）考虑是否要外购，可以通过对比方案，选择成本较低者：

方案 A：外购方案的生产成本＝外购的价格＋不可避免的生产成本（有些生产成本即使外购仍然发生，如分配的生产管理人员工资等）－因外购而不再自产所产生的机会收益（如将生产线出租或生产其他的产品）；

方案 B：自产的生产成本＝直接材料＋直接人工＋制造费用。

一般来讲，非生产职能的成本（如销售、财务、人事、行政等）是无关成本，因为两种方案中的此类成本是相同的。实际工作中也要注意有无特殊情形。

另外一种形式的决策分析：外购的价格与自产的成本比较。因为上述方案 B 中的生产成本＝不自产可避免成本＋不自产不可避免的生产成本，方案 A 和方案 B 中同时包括不自产不可避免成本，可以抵消，从而可以比较［外购的价格－机会收益］和［不自产可避免的成本］。进一步转化，即为［外购的价格］与［不自产可避免的成本＋机会收益］相比，后者可概括为自产的成本。

对各项概念解释如下：

直接成本/不可避免成本：一般来讲，变动生产成本部分是可避免的；固定成本一般视为不可避免成本。

个别变动生产成本，如材料整理成本（占材料成本的 20%），即货物购进后无论是产成品/半成品/原材料都要进行归置、码放等。自产和外购都可能发生，则计算时两边都要计算，只是对象不一样。

相关的机会收益/机会成本：闲置的设备生产其他产品获得的边际贡献或者出租设备赚取的租金收益。

例 4-4 M 企业生产三款手机和三款手机各自的主板,其中一款是高端手机,技术更新快,M 企业打算外包其主板,计划每月外购 10000 个主板。假设此手机主板的成本是 1000 元(其中有 400 元是固定成本,包括电费 40 元,工头工资 20 元,生产部经理工资 30 元,折旧 200 元,厂房租金 100 元,办公费等 10 元)。外购报价 820 元。如果外购,闲置的相关设备可以用来生产其他产品,一个月能生产 2000 件,每件边际贡献 100 元。

分析:

可避免成本 = 600 + 40 + 20 + 10 = 670(元)。解释:电费 40 元可避免;工头工资 20 元可避免,因为一般是一条生产线一个工头;生产部经理的工资 30 元不可避免,因为生产部经理工资是分摊到三种产品上,即使外购主板,生产部经理的工资还是照常发放;工头和工人相关的办公费 10 元可避免;折旧一般是不可避免的,除非有些设备是某种产品的专用设备,这种情况下如果外购该产品,可以卖掉这些专用设备,则此时相关的折旧费是可以避免的;厂房租金不可避免。单位产品机会成本:2000 × 100/10000 = 20(元)。自制成本 = 670 + 20 = 690(元)。

外购报价 820 元,因此不应外购。

(三) 设备租赁与购买

产能规划制定完毕后,企业需要决定生产设备和其他生产设施是租赁还是采购。

对于承租方而言,租赁通常具有如下优势:

(1) 避免资产过时、跌价的风险。现在技术更新很快,机器设备很容易出现过时而造成快速贬值(主要针对经营性租赁,因为资本性租赁不可撤消而且租期较长)。

(2) (相对购买)租赁能更好地保留资金用于其他用途。因为租赁不需要一大笔资金支付,而是分期支付。

(3) 通过租赁降低交易成本。因为租赁方在融资规模、大批量采购等方面会享受较大优惠,从而可以让利于承租方。

(4) 可能会增加税收抵扣。

当然,租赁在有些方面也表现得不太灵活。例如,租赁方可能不允许承租方改变租赁的资产;提前结束租赁可能要支付违约金等。

租赁符合以下任意一个条件就会形成资本性租赁,而非经营性租赁:

(1) 资产所有权租赁期末转移给承租方。

(2) 租赁协议中有廉价购置权条款。

(3) 租赁期等于或超过资产估计经济寿命期的 75%。

(4) 最低租赁支付款总额的现值等于或超过资产公允价值的 90%。

资本性租赁实质上是另一种形式的采购行为,其形式类似于分期付款采购,是一种融资性采购,支付款将包含利息和本金。资本性租赁的严格界定是避免企业出现过多的表外融资,因为表外融资有时会误导投资者。

采购与租赁决策的实质就是对比采购成本和租赁成本的高低:

方案 A:自行购买。自行购买方案下的现金流分析类似于更新改造项目决策中购置新设备方案的现金流分析;不需要考虑销售收入等因素,只需要考虑设备相关的因素。

方案 B:资本性租赁。资本性租赁不涉及初始投资,资本性租赁方案下折旧抵税的计算规则与自行购买方案下不一致,属于差额现金流,不能直接抵消;资本性租赁方案下,需要考虑残值变现。租赁期届满,设备无偿返还给出租人,视为按照零元对价处置设备,计算所得税影响(账面价值损失的抵税金额);资本性租赁下租金不能直接抵税。

方案C:经营租赁。经营租赁不涉及固定资产的任何相关事项,租金可以直接抵税,用税后租金。(注:按照2006版租赁会计准则表述和计算)

具体决策过程是用租赁现金流量总现值减去购买现金流量总现值,得到租赁净现值,该值大于0,选择租赁;该值小于0,则选择采购。各方案涉及的现金流状况见表4-1:

表4-1　　　　　　　　　各方案现金流影响情况

方案		A 自行购买	B 资本性租赁	C 经营租赁
固定资产	初始投资	√	—	—
	折旧抵税	√	√	—
	残值变现	√	√	—
其他事项	租金	—	税前租金	税后租金
	维修保养	通常有	通常有	通常无

例4-5 M公司正在研究自行购置还是租赁取得生产设备,预计该设备将使用4年。(1) 自行购置:设备购置成本100万元;设备可使用年限和税法折旧年限均为5年,预计净残值为5%;直线法计提折旧,4年后该设备的变现价值预计为30万元;设备维护费用每年1万元,假设发生在年末。(2) 租赁方案:租赁期4年,年租赁费20万元,在年初支付;租赁公司负责设备的维护,不再另外收取费用;租赁期内不得撤租;租赁期届满租赁资产所有权不转让。(3) 公司所得税税率为25%,折现率为8%。

分析:
(1) 判断租赁的类型。

租赁期为4年,设备剩余使用年限为5年。租赁期占租赁资产可使用年限的80%(≥75%)。因此,租赁为资本性租赁。

(2) 计算购买方案下现金流量总现值,其现金流分析见表4-2。

折旧抵税 = $100 \times (1 - 5\%)/5 \times 25\%$ = 4.75(万元)

账面价值 = $100 - 19 \times 4$ = 24(万元)

变现价值 = 30(万元)

税后残值变现 = $24 \times 0.25 + 30 \times 0.75$ = 28.50(万元)

表4-2　　　　　　　　　自行购买方案现金流分析

事项		0	1	2	3	4
固定资产	初始投资	-100				
	折旧抵税		4.75	4.75	4.75	4.75
	残值变现					28.5
其他事项	维护费用		-0.75	-0.75	-0.75	-0.75

税后维护费用 = 1 × (1 - 25%) = 0.75（万元）
自行购买现金流量总现值 = -100 + (4.75 - 0.75) × (P/A,8%,4) + 28.5 × (P/F,8%,4) = -65.80（万元）

(3) 计算租赁方案下现金流量总现值，其现金流分析见表 4-3。

表 4-3　　　　　　　　　　资本租赁方案现金流分析

事项		0	1	2	3	4
固定资产	初始投资					
	折旧抵税		3.8	3.8	3.8	3.8
	残值变现					4.8
其他事项	租金支出	-20	-20	-20	-20	

折旧抵税的计算：计税基础 = 租金之和 = 20 × 4 = 80（万元），折旧抵税 = 80 × (1 - 5%)/5 × 25% = 3.80（万元）

残值变现的计算：账面价值 = 80 - 15.20 × 4 = 19.20（万元）；变现价值 = 0（万元）。税后残值变现 = 19.20 × 0.25 + 0 × 0.75 = 4.8（万元）

租金支出计算：资本性租赁，租金不能直接抵税，取税前租金；租金年初支付，按照预付年金来计算。

维护费用：租赁公司负责设备维护，不再收取费用。

资本性租赁现金流量总现值 = 3.8 × (P/A,8%,4) + 4.8 × (P/F,8%,4) - 20 × (P/A,8%,4) × (1 + 8%) = -55.43（万元）

(4) 计算租赁净现值。

现金流量总现值(自行购买) = -65.80（万元）

现金流量总现值(资本性租赁) = -55.43（万元）

租赁净现值 = 租赁现金流量总现值 - 购买现金流量总现值 = (-55.43) - (-65.80) = 10.37 > 0，所以采用租赁方案更有利。

三、质量管理

质量管理是在质量方面指挥和控制组织协调的活动，是为了能够在最经济的水平上，并充分满足顾客要求的条件下，进行市场研究、设计、制造和售后服务，由企业内各部门的研制质量、维持质量和提高质量的活动，系统构成的一种有效的控制体系。

（一）质量问题分析

质量问题有两种：设计质量问题和一致性质量问题。设计质量是衡量产品或服务的性能和特点符合客户的需求的程度。假设很多客户普遍希望手机能同时有接打电话、计算器等十二项实用功能，如果手机设计出来没有上面列示的功能，就可以理解成此产品在设计质量方面是有问题的。又如，客户希望银行有自动付款功能来支付公司每月的一些款项，如果银行不能提供此功能，就可认为是设计质量的问题。一致性质量问题是指在制定好产品规格后，产品的实际表现和当初制定的产品设计规格相对比是否有问题。如果当初设计挺好但运行起来老是有问题，则说明有一致性质量的问题。如打印机老是卡纸或老是停工，则说明机器没有达到一致性的质量。如果一致性质量出问题，公司要额外花成本去维修，甚至产品会报废。

分析质量问题的技术：质量审计是一项预防成本类活动，需要定期对一个步骤或程序进行观察，并对每个观察数据在图上绘点，公司设定可接受范围的上下限；超出了上下限，需要进行质量调查；虽未超出范围，但有向上或向下要超出可接受范围的显著趋势，也需要密切关注其发展情况。随着相关计算机软件的出现，控制图可自己生成。控制图决定公司需要不需要进行质量调查，若需要调查质量问题，可采用帕累托图做进一步分析。

帕累托图，又称排列图或主次图，是对超出范围的各种质量问题进行一个发生频率的从高往低的排序；通常排序结果都适用二八原则，即一般80%的问题都集中在排序最靠前的20%的身上。企业可以集中精力放在最主要的问题上，从而有利于合理分配质量管理资源。

帕累托图也可以通过计算机软件自动生成。例如，通过对打印机的调查，发现六个问题，通过排序如下：模糊、卡纸、打出空纸等；帕累托图是直方图的一种。帕累托图通过排序揭示了最频繁出现的那几个问题，如果针对某一问题要进一步发掘深层次的原因，这时用因果关系图。

因果关系图，针对某个问题进行彻底深刻的原因挖掘，首先列出主要方面的原因，如人、机器、环境、电压等，然后，每个主要原因下面又进一步发掘；如人方面的原因：人员没及时培训、人员能力、职业道德操守等；机器方面：没有及时维修、机器老化等，一层一层深入，通过最终排除，找到真正的原因。如果大家只是"拍脑门"而不是科学地去查找原因，可能会产生很多错误从而影响正常营运，就上例通过细致的因果关系图分析，原来卡纸是因为地不平。企业中的重大质量问题，更不能"拍脑门"轻易做判断和决策，应使用更为科学的方法。因果关系图貌似鱼骨，所以又称为鱼骨图。

（二）质量成本

质量成本是一个专业术语，它是指企业在预防生产低质量的产品方面发生的成本（如质量培训费用、质量改进措施费用等），以及企业因为生产了低质量产品所产生的相关成本（如废品损失费用、退换损失等）。在一些国际质量认证时，企业需要提供以及跟踪质量成本的发生流程过程信息。通常，质量成本包括以下四个方面：

（1）预防成本。指用于预防产生不合格品与故障等所需的各种费用。主要包括：质量系统设计、产品/工艺流程设计、质量计划、质量会议、质量培训、质量圈活动、机器日常维护费、新产品评审、供应商能力资格评估、质量改进措施费用、质量系统自身的审计、质量奖励费、专职质量管理人员的工资及其附加费等，其中，及时培训至关重要。（注：机器故障发生修理费不属于质量成本，属于一般部门费用）

（2）鉴定成本（评估成本）。指评定产品是否满足规定的质量水平所需要的费用。主要包括进货检验、工序检验、成品检验、企业自己的质量审核认证、统计质量控制的费用、检验和试验设备精确性的费用、试验和检验损耗费用、检验仪器折旧费以及计量工具购置费等。

（3）企业内部损失。指产品出厂前因不满足规定的质量要求而支付的费用。主要包括：废品损失费用、返修损失费用和复试复验费用、停工损失费用、处理质量缺陷费用、减产损失及产品降级损失费用等。

（4）外部损失。指成品出厂后因不满足规定的质量要求，导致索赔、修理、更换或信誉损失等而产生的费用。主要包括：索赔申诉受理费用、保修费用、退换产品的损失费用以及因质量问题失去客户的无形成本等。

（三）全面质量管理

全面质量管理（Total Quality Management，TQM）指一个组织以质量为中心，以全员参与为基础，目的在于通过顾客满意和本组织所有成员及社会受益而达到长期成功的管理途径。在全面质量管理中，质量这个概念和全部管理目标的实现有关。

全面质量管理实施成功的关键要素：顾客满意；高层的支持与参与；持续改进；公司员工全员参与（内部客户和外部客户理念，所有部门和人员都要相应地提高其质量）；对参与员工的充分授权；系统化分析和目标衡量；持续的培训；识别并奖励质量目标的实现。

全面质量管理工具：控制图、帕累托图、直方图、因果关系图（鱼骨图）、散点图、流程图、检查表单、关系图、头脑风暴等。

全面质量管理最基本的四个工作阶段，即计划（Plan）、执行（Do）、检查（Check）、处理（Act）。PDCA循环是美国质量管理专家休哈特博士首先提出的，由戴明采纳、宣传，获得普及，所以又称戴明环。具体各阶段活动如下：

（1）计划：分析现状，找出存在的质量问题，分析产生质量问题的各种原因或因素，从中找出影响质量的主要因素，针对这些主要因素，提出计划，制定措施；

（2）执行：执行计划，落实措施；

（3）检查：检查计划的实施情况；

（4）处理：总结经验、巩固成绩，将工作结果标准化，并提出尚未解决的问题，转入下一个循环过程，促进质量管理阶梯式上升、循环前进。

全面质量管理对企业价值提升主要体现在以下四个方面：

（1）提高质量与效率、增加产出，进而降低产品退货、保修费，以及客户流失的机会成本；

（2）利用六西格玛、零缺陷等思想与方法，将浪费减少或消除，从而极大增强质量保障能力，提升投入产出效益；

（3）强调培训和预防，提升设备维护的预防性与及时性，促进员工技能更精良；

（4）强调所有员工的积极参与和承诺，全面降低质量成本。

四、物流管理

物流管理是指在社会生产过程中，根据物质资源实体流动的规律，应用管理的基本原理和科学方法，对物流活动进行计划、组织、指挥、协调、控制和监督，使各项物流活动实现最佳的协调与配合，以降低物流成本，提高物流效率和经济效益。

（一）仓储管理

仓储管理是指对仓库和仓库中储存的货物进行管理。仓储管理的内涵随着其在社会经济领域中的作用不断扩大而变化，已不再是单纯意义上的对货物存储的管理，而是兼有包装、分拣、整理、简单装配等多种辅助性功能，它已成为物流管理过程中的中心环节。

（1）ABC管理。为使有限的企业管理资源得到更有效的利用，应将管理重点放在重要的库存物资上进行分类控制，即依据各类库存货物数量占总物资数量的比例，以及该类物资金额占总物资金额比例为标准，将库存物资分为A、B、C三类进行分级管理。ABC库存管理方法的分类标准也可依据货物年消耗总量、重要性以及保管要求等需求划分。例如，某仓库的货物按年消耗总额（各物资每年消耗的总量乘以相应单价）作为分类标准，依年消耗金额从高到低进行排序，将最高的、累计至70%的货物划归A类，将年消耗金额次高的20%划归B类，最低的10%划归为C类。结果A类货物占总量的15%，B类货物占总量的20%，C类货物占总量的65%。如图4-1所示。

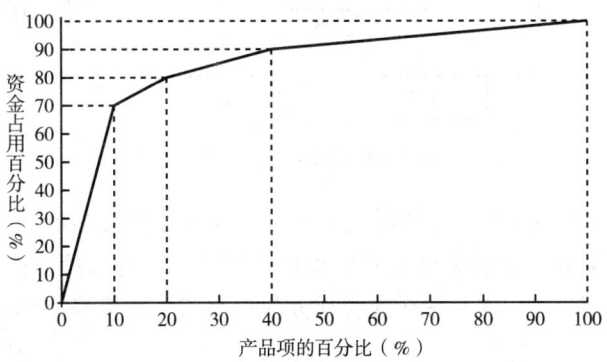

图 4-1　ABC 库存管理方法分布图

由图4-1可知，对A类物资应进行精细管理，对B类物资要重点管理，对C类物资则实行常规管理，不同类物资库存的管理策略，见表4-4。

表 4-4　　　　　　　　　　不同类物资库存的管理策略

库存类型	特　　点	管理方法
A	品种数占库存品种数的 15%－20%，年耗用金额占总库存金额的 75%－80%	进行重点管理。应严格控制其库存储备量、订货数量、订货时间。在保证需求的前提下，尽可能减少库存，节约流动资金。现场管理要加严格，应放在更安全的地方；为了保持库存记录的准确，要经常进行检查和盘点；预测时要更加精细
B	品种数占库存品种数的 20%－25%，年耗用金额占总库存金额的 10%－15%	进行重点管理。现场管理不必投入比A类更多的精力；库存检查和盘点的周期可以比A类长一些
C	品种数占库存品种数的 60%－65%，年耗用金额占总库存金额的 5%－10%	只进行一般管理。现场管理可以更粗放一些；但是由于品种多，差错出现的可能性比较大，因此，也必须定期进行库存检查和盘点，周期可以比B类更长一些

（2）MRP库存管理。与针对独立需求产品的库存控制问题不同，MRP用于控制相关物品的库存需要。相关需求是指一些物品的需求往往与其他物品的需求有直接的联系。按产品结构，一个低层次物品的需求往往取决于上一层部件的需求，该上层部件的需求又取决于其上一层次组装件的需求，依次类推直至最终产品。MRP根据最终产品或主要装配件的计划完工日期来确定各种零件和材料需要订购的日期和数量。因此，MRP既是一种精确的排产

系统，又是一种有效的物料控制系统。其目标是将库存量保持在最低限度，且能保证及时供应所需数量的物料。MRP 的工作流程如图 4-2 所示。

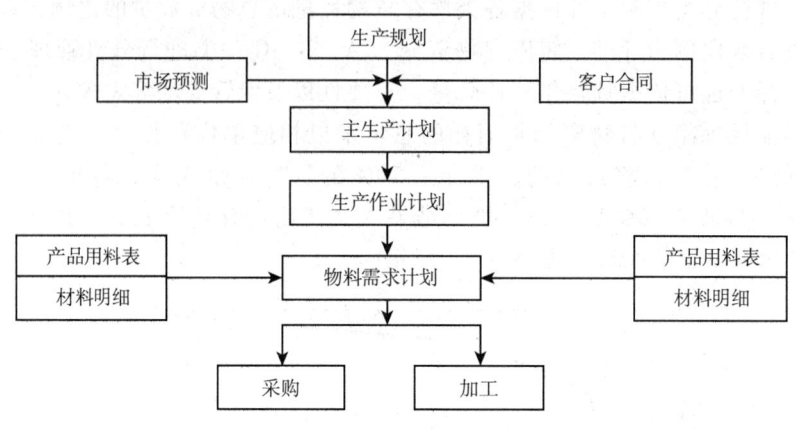

图 4-2 MRP 的工作流程

（3）CVA 库存管理。CVA 库存管理又称为关键因素分析法，指对存货不进行 ABC 数量型分类，而是按客户对缺货的容忍度或其他管理的重视程度进行关键性分类，通常按照其关键性分为 3-5 类进行管理。CVA 库存管理划分的种类与管理策略，如表 4-5 所示。

表 4-5　　　　　　　　　　　存货种类与管理策略

库存类型	特点	管理措施
最高优先级	经营管理中的关键物品或 A 类重点客户的存货	不可缺货
较高优先级	生产经营中的基础性物品或 B 类客户的存货	允许偶尔缺货
中等优先级	生产经营中比较重要的物品或 C 类客户的存货	允许合理范围内缺货
较低优先级	生产经营中需要，但可替代的物品	允许缺货

（二）供应链一体化管理

供应链一体化是供应链管理的基本模式，以客户为中心展开，从逻辑和物理上把企业及其分销网络和供应商与最终客户链接成一体，目标在于将传统的、相互独立的、彼此从事买卖交易的分销格局，改变成为一个运用科学管理来实现协同合作的统一整体。供应链一体化最成功的应用就是一体化物流管理、供应链管理和精益物流管理。

（1）一体化物流管理。一体化物流管理指不同职能部门之间或不同企业之间通过物流链的合作，将从原材料供应到产成品分发的整个供应链作为统一的流程，对物流的所有功能进行统一管理，形成为客户提供多个物流服务的最终解决方案，达到提高物流效率、降低物流成本的目的。它包括三种形式：垂直一体化物流、水平一体化物流和物流网络。

垂直一体化物流。垂直一体化物流要求企业从原材料采购、加工生产、入库储存、销售配送到用户的每个过程，实现对物流的统一管理；要求企业利用自身条件，建立和发展与供应商和用户的合作关系，形成联合力量，赢得竞争优势。

水平一体化物流。水平一体化物流是指通过同一行业中多个企业在物流方面的合作，共同获得规模经济效益和物流效率。这要求在相近区域中,聚集大量属于同行业的企业,并且在时间与空间维度上,具有大量商品配送需求。

物流网络。一体化物流每个环节物流网络同时又是其他一体化物流系统的组成部分时,以物流为联系的企业关系就会形成一个网络关系,即物流网络,它是垂直一体化物流与水平一体化物流的综合体。

(2) 供应链管理。供应链管理是一种集成的管理思想及方法,是对供应链中的物流、商流、业务流、价值流、资金流和信息流进行的计划、组织、协调及控制,使之达到最佳组合,发挥最大的效率,迅速以最小的成本为客户提供最大的附加值。供应链管理关注物流总成本(从原材料到最终产成品的费用)与用户服务水平之间的关系,把供应链各个职能部门有机结合在一起,最大限度地发挥整体的力量,从而使供应链全部群体获益。供应链管理流程如图4-3所示。

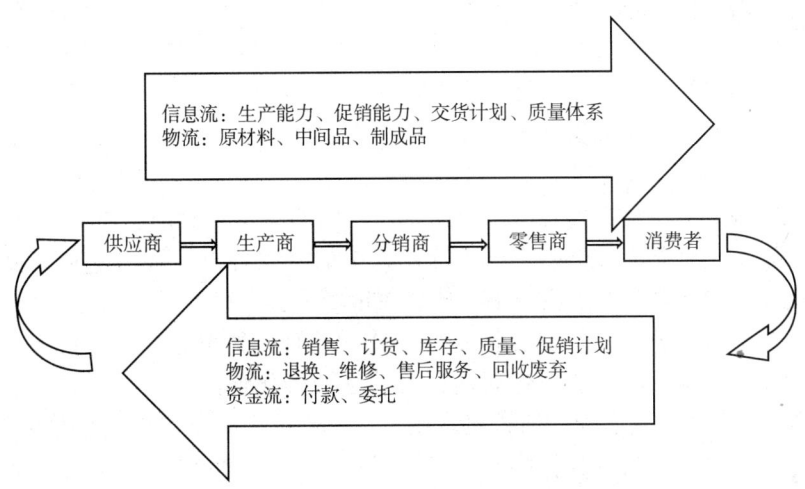

图4-3 供应链管理流程

在电子商务环境下,供应链为客户提供了全新的体验和一站式服务,用户可以利用因特网在全球范围搜索商品,与企业直接交流,在最短的时间内选购自己所需物品,并通过在线支付,随时查询跟踪了解货物的运送情况。通过电子商务,会使供应链的速度、柔性和客户服务得到极大提高,使供应链获得新的竞争优势。目前,电子商务环境下的供应链管理,主要表现为云物流与智能物流。

云物流是指基于云计算应用模式的物流服务平台,在云平台上,所有的物流公司、代理服务商、设备制造商、行业协会、行业媒体、法律机构等实现资源整合,各资源相互展示、按需交流,达成意向,从而降低成本。

智能物流是利用集成智能化技术,使物流系统能模仿人的智能,具有思维、感知、学习、推理判断,自行解决物流中某些问题的能力,具有智能化、一体化、层次化、柔性化和社会化的特点。智能物流有助于准确决策、实现物流管理自动化、使物流作业更高效,可降低物流仓储成本,促进物流行业的信息共享。

(3) 精益物流管理。精益物流管理指针对物流各环节,开展效率、成本等价值识别与分析,从而降低或杜绝浪费的改进活动。该思想起源于日本丰田汽车公司精益生产。精益物流的内涵主要包括以下几个方面：

(1) 尽量减少物流作业中不必要的支出，如停歇等待导致的物流成本浪费；
(2) 通过标准化、专业化、自动化等降低物流总成本；
(3) 杜绝所用资源超过"绝对最少"需求界限的物流作业；
(4) 价值只能由用户来决定；
(5) 全方位识别价值流：从概念到投产的设计过程、从订货到送货的信息过程、从原材料到产品的转换过程、全生命周期的支持和服务过程；
(6) 按用户的需求拉动生产，保证用户在需求的时间得到需要的产品；
(7) 实现用户满意、无差错生产和企业自身的持续改正。

(三) ERP 物流管理

企业资源计划 (Enterprise Resource Planning, ERP) 是20世纪90年代初在 MRP Ⅱ 的基础上进步发展并形成的新概念，是在 MRP Ⅱ 的基础上通过前馈的物流和反馈的信息流，把客户需求和企业内部的生产活动以及供应商的制造资源整合在一起，体现完全按用户需求制造的一种供应链管理思想的功能网链结构模式。企业资源计划的核心思想就是实现对整个供应链的有效管理，主要体现在以下三个方面：

(1) 现代企业的竞争已经不是单一企业相互之间的竞争，而是企业供应链之间的竞争；企业不但要依靠自己的资源，还必须把经营过程中的有关各方（如供应商、制造工厂、分销网络、客户等）加入紧密的供应链中，才能在市场上获得竞争优势。

(2) 企业资源计划系统支持混合型生产方式的管理，即把客户、销售代理商、供应商等协作单位纳入生产体系，同它们建立起利益共享的合作伙伴关系，进而形成企业的供应链；当出现新的市场机会时，企业可以迅速组织出由特定供应商和销售渠道组成的短期或临时性供应链与"虚拟工厂"，应用"同步工程"组织生产，缩短对市场需求的供给时间，并保持产品的高质量与多样化。

(3) 企业资源计划系统主要包括：主生产计划、物流需求计划、能力计划、采购计划、销售执行计划、利润计划、财务预算和人力资源计划等，并将这些计划与价值控制功能完全集成到整个供应链系统中；同时，通过定义业务处理对应的会计核算科目与分录，保证了会计信息与物流信息的同步和一致性，便于进行事中控制和实时决策。

五、营销管理

美国市场营销协会认为，营销管理是一项有组织的活动，包括创造、沟通、交付顾客价值和管理顾客关系的一系列过程，从而使利益相关者和企业都从中受益所需的工作和相应具有的技能。因此，我们可以把营销看成艺术和科学的结合——选择目标市场，并通过创造、交付和传播优质的顾客价值来获得顾客。

(一) 细分市场

细分市场是由具有相似需要和欲望的顾客组成的群体。营销人员需要识别细分市场，并决定哪些细分市场将作为目标市场。通过细分市场，企业可以更好地对产品或服务进行设计、定价、宣传和分销，而且也可以更好地对营销计划和营销活动进行调整，从而更好地应对竞争者的营销活动。

在对消费者市场进行细分时,常用的变量包括地理特征、人口统计特征和心理特征等,并进一步研究这些消费者细分市场是否表现出了不同的需要或对产品做出了不同的响应。此外,也可以通过观察消费者的行为来定义细分市场,如消费者对利益、使用时机以及品牌的反应,再考察每个消费者细分市场是否有不同的特征。无论采用哪种细分市场的方法,关键是要认识到消费者的差异,并对营销计划做出相应的调整。主要的细分变量如表4-6所示。

表4-6　　　　　　　　　消费者市场的主要细分变量

变量	举例
地理变量	区域、城市或主城区大小、人口密度、气候
人口统计变量	年龄、家庭规模、家庭生命周期、性别、收入、受教育程度、宗教、种族、代系、国籍、社会阶层
心理变量	生活方式、个性
行为变量	时机、利益、使用者状况、使用频率、品牌忠诚度、准备程度、对产品的态度

要使细分市场有效,必须关注以下原则:
(1) 可衡量性。细分市场的大小、购买力和特性要可以衡量分析。
(2) 足量性。细分市场要足够大,可以从中获得足够的预期利益。
(3) 可接近性。细分市场应该能够被有效地接触到和服务到。
(4) 差异性。细分市场应该对不同的营销组合因素和方案有不同的反应。
(5) 执行性。为服务特定的细分市场,必须有清晰、可实施的执行计划。

(二) 差异化战略

迈克尔·波特提出公司要建立持续的竞争优势,即公司应构建出在一个或多个方面的表现让竞争者难以企及的能力。为此,公司应根据组织内外部环境、资源,有针对性地构建出差异化战略。通常对消费者来说,最明显的差异化和具有吸引力的手段,与产品或者服务的各个方面有关。斯沃琪(Swatch)提供多彩的时尚手表,赛百味(Subway)以健康的三明治替代快餐来差异化。然而在竞争市场上,公司需要的不仅仅是这些。考虑到其他维度,被公司较多地用来差异化其市场供应物的手段有:

(1) 人员差异化。公司可以拥有受过良好训练的员工。新加坡航空公司受到的赞誉很大部分是源于其机务人员。像通用电气、思科、百事食品、西北人寿、辉瑞等公司的销售团队都享有盛名。

(2) 渠道差异化。公司能够更有效益和有效率地来设计分销渠道的覆盖面、专业性和绩效。

(3) 形象差异化。公司能够用心打造出具有强大吸引力的形象,例如,万宝路香烟拥有令人惊讶的全世界的市场份额(30%左右),主要是因为它的"强壮牛仔"形象拨动了吸烟民众的心弦。

(三) 定价战略

产品定价对一个企业来讲至关重要,合理的定价能极大地促进企业的销售和发展,否则将重创企业。定价考虑的主要因素是产品成本、客户、竞争对手,同时还要兼顾的主要因素有营销战略、目标、生存、利润最大化、市场份额领导、产品质量等。定价方法可归纳为成本导向、需求导向和竞争导向三类。

(1) 成本导向定价法,即按产品单位成本加上一定比例的毛利(简称为加成率)定出销售价。

其计算公式为:$P = c \times (1 + r)$

其中,P——商品的单价;

c——商品的单位总成本;

r——商品的加成率。

例 4 - 6 M 手机制造公司的目标投资回报率为 20%,投资额为 8000 万元,在产销量为 20 万台的基础上标准的单位产品生产成本为 200 元,单位产品的非生产成本为 220 元,所得税税率为 40%,预测销量为 20 万台,请计算单位手机的销售价格。

分析:销售价格 = 200 + 220 + [80000000 × 20%/(1 - 40%)]/200000 = 200 + 220 + 133.33 = 553.33(元),加成的百分比 = {[80000000 × 20%/(1 - 40%)]/200000}/(200 + 220) = 31.75%,验证一下:(200 + 220) × (1 + 31.75%) = 553.33(元)。成本导向定价法主要包括以下三种定价方法。

①目标利润定价法。根据企业总成本和预期销售量,确定一个目标利润率,并以此作为定价的标准。其计算公式为:单位商品价格 = 总成本 × (1 + 目标利润率)/预计销量。

②边际成本定价法。是以边际成本(变动成本)为基础的定价方法。按照此方法定价通常要求商品价格大于或等于边际成本。

③盈亏平衡定价法。考虑到销售额变化后,成本也在发生变化,这种方法是运用损益平衡原理实行的一种保本定价法。其公式是:盈亏平衡点销售量 = 固定成本/(单价 - 单位变动成本)。

(2) 需求导向定价法。需求导向定价法是指根据市场需求状况和消费者对产品的感觉差异来确定价格的定价方法,主要包括以下三种定价方法。

①认知导向定价法。根据消费者对企业提供的产品价值的主观评判来制定价格的一种定价方法。

②逆向定价法。依据消费者能够接受的最终销售价格,考虑中间商的成本及正常利润后,逆向推算出中间商的批发价和生产企业的出厂价格。可通过公式计算价格:出厂价格 = 市场可零售价格 × (1 - 批零差率) × (1 - 进销差率)

③习惯定价法。按照市场长期以来行成的习惯价格定价。

(3) 竞争导向定价法。竞争导向定价法是企业通过研究竞争对手的生产条件、服务状况、价格水平等因素,依据自身的竞争实力,参考成本和供求状况来确定商品价格。以市场上竞争者的类似产品的价格作为本企业产品定价的参照系的一种定价方法。竞争导向定价法主要包括随行就市定价法、产品差别定价法和密封投标定价法。

①随行就市定价法。在垄断竞争和完全竞争的市场结构下,任何一家企业都无法凭借自己的实力而在市场上取得绝对的优势,为了避免竞争特别是价格竞争带来的损失,大多数企业都采用随行就市定价法,即将本企业某产品价格保持在市场平均价格水平上,利用这样的价格来获得平均报酬。采用随行就市定价法,企业就不必去全面了解消费者对不同价差的反

应,也不会引起价格波动。

②产品差别定价法。产品差别定价法是指企业通过不同程度营销努力,使同种同质的产品在消费者心目中树立起不同的产品形象,进而根据自身特点,选取低于或高于竞争者的价格作为本企业产品价格。因此,产品差别定价法是一种进攻性的定价方法。

③密封投标定价法。在国内外,许多大宗商品、原材料、成套设备和建筑工程项目的买卖和承包以及出售小型企业等,往往采用发包人招标、承包人投标的方式来选择承包者,确定最终承包价格。一般来说,招标方只有一个,处于相对垄断地位,而投标方有多个,处于相互竞争地位。标的物的价格由参与投标的各个企业在相互独立的条件下来确定。在买方招标的所有投标者中,报价最低的投标者通常中标,它的报价就是承包价格。这样一种竞争性的定价方法就称为密封投标定价法。

(四) 营销组合

有了市场、产品、价格,其后的任务就是如何和客户交流、宣传,让客户接受、认可、购买产品,因此可以用营销组合这一系列的工具。营销组合主要包括广告、促销、公共关系、个人销售、直销、价格控制、信用控制等。

两种基本的营销组合战略如下:

(1) 推动式。推动分销渠道,通过分销商吸引和影响最终消费者。推动营销的方式一般是个人销售及商业促销等,如刺激/奖励人员,给渠道返点、销售津贴、广告津贴等,分销商然后奋力向最终消费者进行促销。

(2) 牵引/拉动式。直接向广大消费者进行营销以吸引和影响最终消费者,带动最终消费者对产品的需求,一般使用广告及消费者促销。有了对产品强大需求后,消费者向分销商买货,从而分销商向生产商要货。

(五) 分销

分销在营销中扮演着重要角色,很多大公司自己并不进行销售,都是通过分销商进行营销,使用中间渠道能够充分利用分销渠道的综合资源,可以更高效地将商品提供给目标市场,节约销售费用。传统的分销渠道包括制造商——批发商——零售商,但这样的分销系统缺乏统一管理和领导,容易使各方之间产生利益冲突。现在有了三种新形式的分销方式:纵向、横向和混合分销渠道。

(1) 纵向分销系统。由生产商、批发商和零售商形成统一体系,一个渠道成员拥有其他成员,或是授予特许权的关系,或是一方拥有极大力量可以迫使其他成员与之合作。这样可以形成规模经济,增强议价能力,减少产品的重叠等,在美国消费品市场70%-80%采用的是这种形式。ZARA成功的秘诀就在于公司控制着其供应链的几乎每一个环节,从设计、生产到其遍布全球的分销网络。

(2) 横向分销系统。同一层次渠道的两家或多家企业联合起来,如两家零售商或两三家批发商联合起来,通过共同合作,企业可以联合资金或营销资源来开拓新的营销机会,实现单个企业不能单独完成的工作。

(3) 混合分销系统。一家企业的某个产品或产品线,针对不同的客户群建立两个或两个以上的分销渠道,这样企业可以更好满足不同客户的需求,更好地进行客户化营销、扩大市场覆盖率。如 M 公司的电钻产品有三个独立分销渠道，一是海业方面的经销商主要服务于打鱼的客户，二是森林设备经销商主要服务于伐木业，三是工业方面经销商主要服务于飞机制造业。

六、及时生产管理模式

及时生产管理模式（Just In Time，JIT）属于精益生产的一种，指只有在有实际客户需求时，才进行一系列的材料采购和生产行为，平时不备货或尽可能少备存货的管理模式，又称为拉动式系统，区别于过去的推动系统。传统的推动系统是：根据销售预测进行排产，销售预测经常不准，从而可能会造成大量存货积压。

在生产现场控制技术方面，JIT 的基本原则是在正确的时间，生产正确数量的零件或产品。它将传统生产过程中前道工序向后道工序送货，改为后道工序根据"看板"向前道工序取货，看板系统是 JIT 生产现场控制技术的核心，但 JIT 不仅仅是看板管理。JIT 的基础之一是均衡化生产，使物流在各作业之间、生产线之间、工序之间、工厂之间平衡、均衡地流动。

（一）JIT 管理模式的基础

（1）有可靠的供应商关系。要和供应商有非常好的关系，必要时可以参股控制，距离供应商要非常近，可随时叫货，并提供极其高质量的材料，还要有能力与公司进行同步技术革新，保持持续、及时与优质的供应能力。

（2）车间布置要非常紧凑。生产车间高度自动化，由很多便捷的 U 型制造单元组成，可以形成多条小生产线，能够灵活、快速，同时生产不同定制的产品；此外，生产工人在制造单元里都是熟练的多面手，可以巨大地提升生产效率。

（3）优秀的质量管理。实施诸如 TQM 质量管理系统、六西格玛等，从而减少次品对生产速度的耽搁。

（4）拥有精良的机器、熟练的生产工艺、及时维修的能力，从而尽可能减少废品、减少耽搁和低效率，并减少设备调试时间。

（5）最高管理层强有力的支持，使以上条件在组织中得到保障。

（二）JIT 管理模式的优缺点

优点：

（1）厂房设置紧凑且可以兼作库房，因此可以减少存货的投入以及与存货相关的一系列成本，并可减少厂房、库房的投资；

（2）以市场需求的变化为主导，生产更灵活，没有存货的累赘，可以实现产品的灵活变化；

（3）缩短了生产时间、减少了废品、减少了保修成本，并提高了质量、效率和利润；

（4）可进行产品定制和产品个性化，更有利于市场的拓展和提高竞争力；

（5）生产模式可以及时采用最新的科技，提升企业对客户的吸引力。

缺点：

（1）顾客需等待 JIT 的企业生产完工后才可以得到商品，相对传统的生产模式客户得到供货的效率较慢；

(2) 过度依靠供应商，风险较大，容易造成存货断档、影响生产和销售；
(3) 紧急订单可能需要经常加班，增加了加班费，并会影响员工的士气和满意度等；
(4) 企业必须使用最新科技，以及能灵活应对顾客不同定制的需求。

(三) JIT 管理模式的实际运用

JIT 的实际应用包含了纷繁复杂的内容，从实施手段和工具的角度也因企业和生产方式的差异而不同，JIT 生产方式的基本手段也可以概括为：

(1) 生产流程化。按生产汽车所需的工序从最后一个工序开始往前推，确定前面一个工序的类别，并依次恰当安排生产流程，根据流程与每个环节所需库存数量和时间先后来安排库存和组织物流。尽量减少物资在生产现场的停滞与搬运，让物资在生产流程上毫无阻碍地流动。

为了实现适时适量生产，首先需要致力于生产的同步化。制造工序的最后一道即总装配线成为生产的出发点，生产计划只下达给总装配线，以装配为起点，在需要的时候，向前工序领取必要的加工品，而前工序提供该加工品后，为了补充生产被领走的量，必向再前道工序领取物料，这样把各个工序都连接起来，实现同步化生产。

(2) 生产均衡化。所谓生产均衡化，是指总装配线在向前工序领取零部件时应均衡地使用各种零部件，生产各种产品。为此，在制订生产计划时就必须加以考虑，然后将其体现于产品生产顺序计划之中。

生产要对每周或每日的生产量按分、秒时间进行平均，所有生产流程都按此来组织生产，从而使流水线上每个作业环节上单位时间计算出必须完成的标准定额，并相应均衡安排此生产定额所需的物质供应与物品流动。

(3) 资源配置合理化。资源配置的合理化是实现降低成本目标的最终途径，具体指在生产线内外，所有的设备、人员和零部件都得到最合理的调配和分派，在最需要的时候以最及时的方式到位。例如，丰田公司发明并采用的设备快速装换的方法是 SMED 法。丰田公司所有大中型设备的转换均能够在 10 分钟之内完成，这为"多品种、小批量"的均衡化生产奠定了基础。

但是，这种频繁领取制品的方式必然增加运输作业量和运输成本，特别是如果运输不便，将会影响准时化生产的顺利进行。合理布置设备，特别是 U 型单元连结而成的"组合 U 型生产线"，可以大大简化运输作业，使得单位时间内零件制品运输次数增加，但运输费用并不增加或增加很少，为小批量频繁运输和单件生产单件传送提供了基础。在 U 型生产单元内，由于多种机床紧凑地组合在一起，这就要求并且便于生产作业工人能够进行多种机床的操作，同时负责多道工序的作业，如一个工人要会同时操作车床、铣床和磨床等。

第三节 营运价值分析

一、采购成本控制

采购成本控制是企业强化成本管理、保障质量与盈利水平的重要举措。科学的采购成本控制，必须要进行系统的成本结构分析、供应商水平论证、双方议价能力分析等，避免单纯强调降低采购成本，而忽视其他经营目标的情况。

例 4 - 7 星玛电梯是专业从事电梯和扶梯研发、销售、生产、安装以及保养的电梯经营商。公司的主要产品有电梯升降机、自动扶梯和自动人行步道等设备。2009 年公司的销售量相比 2008 年下降近 20%。公司对产品市场进行分析后，得出电梯价格和交货期是导致销售量和利润下降的最主要原因，而公司采购成本占电梯总成本的 67%，如何控制并降低公司产品成本是公司战略成功的关键。

星玛电梯在供应商选择控制方面采取了一系列改进措施。首先通过考察和评审，对供应商的基本情况进行认证，包括供应商资质认证、产品认证、生产能力评估、财务认证四方面。基本情况符合要求后，面对众多的供应商，通过之前的物料分类结果，将瓶颈产品和战略产品定位为重点物资，将非关键产品和杠杆产品定位为非重点物资。星玛电梯对重点物资锁定几个特定的供应商，通过建立战略合作关系等手段使之成为公司的长期供应商。此外，在选择特定供应商以及非重点物资供应商时，为有效控制采购成本，实现成本控制目标，星玛电梯注重控制供应商的议价能力。公司对不同供应商进行分类，将其分为优势区、次优势区、弱势区、妥协区、博弈区五种类型，针对不同区域供应商，采取不同的选择控制策略（见表 4 - 7）。

表 4 - 7　　　　　　　　　供应商议价能力分类及控制策略

类型	产品占销售额比例	对公司依赖度	采购风险	数量	选择策略
优势区	30% 以下	较弱	很大	1~2 家	采取维持或联合策略，公司在谈判中处于从属地位，以合理的价格与供应商达成一致，维持正常的供货，或者联合其他公司，集中采购该供应商的产品，争取较低的采购价格
次优势区	50% 左右	强	大	仅 1 家	采取谈判策略，可以让双方互惠互利
弱势区	50% 左右	较强	不大	较多	在加强合作的基础上，采取压制策略，一般能在新品开发时获得较低的采购价格
妥协区	70% 以上	很强	小	很多	采取控制策略，新品开发时强制供应商做出价格让步，或者配合星玛电梯的年度成本节俭工作
博弈区	70% 以上 20% 以下	很强 很弱	很大 很小	1~2 家较多	采取谈判策略，此区域的供应商与星玛电梯的关系处于两个极端，相互了解对方的弱点，都没有明显的优势存在，可以通过谈判争取公司的利益最大化

为了确保配套供应商竞争力的持续发展，星玛电梯识别和评估供应链采购风险，并将评估成绩与采购成本挂钩，制定了一套分析工具，评估供应商绩效指标。供应商绩效评估标准由与供应商有直接业务关联的部门（如采购部、质量部、资材部等）根据自己部门的关键指标评分标准构成，最后由各部门分数加权汇总得出供应商绩效评估结果。对供应商采购成本方面的考核主要有两个指标：时间成本控制指标和原材料成本控制指标。时间成本控制指标用交货及时率（每月准时交货订单数量/每月发出的订单 × 100%）表示，原材料成本控制指标用降合度（降价比率 = 供应商年度降价总金额/供应商年度供货总金额 × 100%）表示。其中，交货及时率的数据由资材部进行收集，然后反馈给采购部进行统计和管理；质量

不合格数的数据由质量部进行收集,然后把改善建议和供应商反馈的情况发给采购部,由采购部综合降价比率进行管理。

星玛电梯对供应商绩效评估的结果进行综合分析,按照加权综合得分将供应商评定为A、B、C、D、E五个级别,并根据级别高低调整对不同供应商的关系管理,制订具体的惩罚与发展改善计划,具体详见表4-8。

表 4-8　　供应商评级与关系管理

评估级别	供应商举例	关系管理
A级战略合作伙伴	三行、天津奥的斯、山亿、BST	以双赢为目的,建立并维护互惠互利的、稳定发展的战略合作关系,推动多级别,全方位的研发、市场、供应链的合作
B级重点供应商	大连东帮、长顺速达、利福特	作为首选合作供应商,建立长期的供求关系,扩展业务范围、增加分配的业务量,推动"重点"向"战略伙伴"的升级转换
C级合格供应商	李尔、盐城金属、康力、金球	具备规模生产的配套供货资格,参与分配业务量并按决议量供货。对供应量大及提供关键部件的供应商提供深化发展和质量保证措施,激励良性竞争及从"合格"向"优秀"的转变
D级待改进供应商	已有的但供应零部件出现过问题的供应商	供应商提供整改计划和措施,根据公司内部管理的决议降低供应商业务量的分配,并在市场上寻找后备供应商
E级不合格供应商	已解除供货关系的市场零散供应商	由采购部负责填写《停止/恢复申请》,采购部长/室长/工厂长/CFO/总裁审批后将按照管理决议严格执行停止供货和清算决定,更换现有供应商,启用后备供应商

星玛电梯对供应商制定了一套标准化的选择指标和流程,并将供应商议价能力考虑在其中,有效稳定了物资价格。物资质量保证率高达95%以上,同时节省供应商协商谈判等交易费用年均55万元。2009-2012年星玛电梯总体采购成本节约了近40%,净利润年均增长率高达84.4%。

二、利润导向排产管理

当采购成本有效控制后,企业在生产过程中最为重要的,就是科学地安排生产计划。科学的生产计划将综合考虑到产品生产过程对企业资源消耗的情况,以及产生预期的盈利能力,从而使企业用最经济的生产进度,在满足市场需求的情况下,实现企业利润最大化。

边际贡献分析法是制订科学生产计划的重要方法,单位资源边际贡献是个正指标,根据它作出决策的判断标准是:哪个方案的该项指标大,哪个方案为优。经常被应用于生产经营决策中的互斥方案决策,边际贡献分析法的公式如下:单位资源边际贡献=单位边际贡献/单位产品资源消耗定额。生产决策一般是在原有生产能力的范围内进行的,多数情况下不改变生产能力。所以,固定成本通常为无关成本。在各方案固定成本均相同的前提下,边际贡献最大的方案实质上就是利润最大的方案。在应用边际贡献法评价各方案优劣时,只需要计算各方案边际贡献指标,选择边际贡献最大的方案即可。

例 4-8　名流羽绒服厂设置甲、乙两个生产车间,分别生产女式和男式两种羽绒服。生产费用都能按车间划分,企业管理费按固定比例分配给两个车间。生产工人可按任务在车间之间调动。每生产一套女式羽绒服需要3小时,男式羽绒服需要6小时。一般情况下,女式羽绒服年生产10000套以下，男式羽绒服年生产6000套以下，销售量没有问题。2010年该厂生产和销售资料如表4-9所示：

表4-9   2010年生产与销售情况表

项目	女式羽绒服	男式羽绒服	合计
生产和销售量（套）	8000.00	5000.00	13000.00
销售收入（元）	600000.00	600000.00	1200000.00
销售成本（元）	424000.00	440000.00	864000.00
直接材料	280000.00	200000.00	480000.00
直接人工	72000.00	90000.00	162000.00
其他费用	72000.00	150000.00	222000.00
利润	176000.00	160000.00	336000.00
销售利润率	29.33%	26.67%	28.00%

该公司经理认为生产女式羽绒服利润比较高，2011年安排多生产女式羽绒服1000套，男式羽绒服减少1000套，乙车间调一部分工人支援甲车间。年终有关生产和销售资料如表4-10所示：

表4-10   2011年生产与销售情况表

项目	女式羽绒服	男式羽绒服	合计
生产和销售量（套）	9000.00	4000.00	13000.00
销售收入（元）	675000.00	480000.00	1155000.00
销售成本（元）	474000.00	385000.00	859000.00
直接材料	315000.00	160000.00	475000.00
直接人工	81000.00	81000.00	162000.00
其他费用	78000.00	144000.00	222000.00
利润	201000.00	95000.00	296000.00
销售利润率	29.77%	19.79%	25.63%

对于这一结果，经理非常费解，这两年耗用成本的水平并没有变化，多生产了利润高的女式羽绒服，为什么总利润反而低了呢？其实，2011年经理安排生产任务，显然犯了两个错误：第一，没有充分利用生产能力。从资料来看，这个企业女式羽绒服生产10000套，男式羽绒服生产6000套销售没有问题，但2011年生产没有按照可能销售量安排足，说明是受到生产工人数量的限制（2011年女式羽绒服增产，男式羽绒服必须减产，也说明这一点）。原加工一套男式羽绒服为6小时，女式羽绒服为3小时。2011年减少男式羽绒服1000套，应该可以增产女式羽绒服2000套，达到10000套，则利润可以增加。第二，没有分清女式羽绒服生产和男式羽绒服生产的变动成本和固定成本。女式羽绒服利润大于男式羽绒服并不等于边际贡献大于男式羽绒服。增产的应该是单位工时边际贡献大的产品。

为此，先要计算产品的边际贡献。从资料来看，原材料是变动成本，工资虽然是固定的，但在生产任务饱和的情况下，两种产品之间分配随工时消长，也成为变动成本。其他费用是混合成本，可按照高低点法进行分解。女式羽绒服单位变动成本 =（78000 - 72000）÷（9000 - 8000）= 6（元/套），女式羽绒服固定成本总额 = 72000 - 8000×6 = 24000（元）；男式羽绒服单位变动成本 =（150000 - 144000）÷（5000 - 4000）= 6（元/套），男式羽绒服固定成本总额 = 150000 - 5000×6 = 120000（元）。两种羽绒服的边际贡献计算如表 4 - 11 所示。

表 4 - 11　　　　　　　　　　　产品边际贡献分析表

项　目	女式羽绒服	男式羽绒服	合计
生产和销售量（套）	6000.00	6000.00	12000.00
销售收入（元）	450000.00	720000.00	1170000.00
变动成本（元）			
直接材料	210000.00	240000.00	450000.00
直接人工	54000.00	108000.00	162000.00
变动其他费用	36000.00	36000.00	72000.00
小计	300000.00	384000.00	684000.00
边际贡献	150000.00	336000.00	486000.00
固定成本	24000.00	120000.00	144000.00
利润	126000.00	216000.00	342000.00
销售利润率	28.00%	30.00%	29.23%

可见，生产一套男式羽绒服可以生产两套女式羽绒服，两套女式羽绒服的边际贡献为 50（25×2）元，小于一套男式羽绒服的边际贡献，因而，扩大生产的应该是男式羽绒服。2012 年生产安排以生产 6000 套女式羽绒服，6000 套男式羽绒服的经济效益为最佳。

对某一种产品来说，单位贡献边际指标只反映了产品的盈利能力。在不同备选方案之间进行比较分析时，单位贡献边际指标不能作为唯一评价标准，而应以贡献边际总额指标作为方案取舍的依据，或者以单位生产能力所提供的贡献边际大小作为方案取舍的依据。这是因为在生产能力一定的前提下，不同方案单位产品耗费的生产能力可能有所不同，因此各方案能够生产的产品总量也可能不同。如果用单位贡献边际评价各备选方案的话，就可能导致决策失误，因为单位贡献边际最大的方案不一定是贡献边际总额最大的方案。

三、质量成本改进评估

控制质量成本既是消除无价值耗费的重要举措，更是提升客户满意度、保证市场声誉的重要保障。质量成本涉及企业价值创造的全过程，因此控制质量成本必须要对预防成本、鉴定成本、内部损失、外部损失等综合考虑，在保证产品交付质量的前提下，选择质量成本较低的方式进行质量改进。

例 4 - 9　M 公司生产复印机，质量管理团队发现最近频繁出现的质量问题源于复印机里的一个材料问题。质量管理团队初步提出了两个方案：仔细检测收到的每个钢架（方案1）；重新设计钢架让其更牢固（方案2）。

方案1：以 1 年为期间，检验成本 1 万人工小时，每小时 40 元。企业因此会减少 600 个复印机的返工，返工成本为：每个变动成本为 1600 元，固定成本为 500 元。质量提高的同时还会节省 500 个复印机的返修，每个返修的成本包括客服、运输维修件、修理费，分别为每个 80 元、180 元、1800 元，共计 2060 元。此外，由于质量提高、声誉增强，公司将多卖出 250 个复印机，每个复印机的边际贡献和净利润分别为 6000 元和 3500 元。

方案 2：以 1 年为期间，重新设计成本：设计工程师 2000 小时，每小时 80 元，工艺工程师 5000 小时，每小时 60 元，共计 460000 元。企业因此会减少 800 个复印机的返工，返工成本为：每个的变动成本为 1600 元，固定成本为 500 元。质量提高同时会因此节省 700 个复印机的返修，返修的成本包括客服、运输维修件、修理费，分别为每个 80 元、180 元、1800 元，共计 2060 元。而且因为质量提高，声誉增强，公司将多卖出 300 个复印机，每个复印机的边际贡献和净利润分别为 6000 元和 3500 元。

对以上两方案的质量成本投入、盈利能力进行综合分析可知：

方案 1 的净收益为：$600 \times 1600 + 500 \times (80 + 180 + 1800) + 250 \times 6000 - 40 \times 10000 = 3090000$（元）

方案 2 的净收益为：$800 \times 1600 + 700 \times (80 + 180 + 1800) + 300 \times 6000 - (2000 \times 80 + 5000 \times 60) = 4476000$（元）

显然方案 2 更好。

注：其中返修的固定成本以及复印机的净利润额，在此分析中是无关的数据。

例 4 - 10 DEF 公司给 A 公司提供电路板设备 3 年，每年 10000 台，每台成本 175 美元。A 公司要求质量不合标准的设备换新，并对每台设备罚款 500 美元。DEF 公司估计的废品率为 0.5%，公司在考虑设一个人员在 A 公司的工厂检验车间，对每个设备逐个检验，成本是每台设备 3 美元。为此，DEF 公司对现状与拟定改进方案的质量成本进行分析，并采取相应措施。同时，A 公司为避免供应商的供货导致其质量成本上升，也将采取相应改进举措。

DEF 公司对两种方案质量成本的分析：

方案 A，DEF 公司的损失为：$10000 \times 0.5\% \times (500 + 175) = 33750$（美元）。

方案 B，在制造业公司逐个检验：$10000 \times 3 = 30000$（美元）。

从方案 A 来看，由于 A 公司没有对 DEF 公司产品进行全部检验，A 公司在生产过程中一旦发现不合格产品，就会给其生产时间与产品带来更大的质量成本损失，因此对 DEF 公司的处罚力度较大。同时，由于 DEF 公司提供的产品已用于 A 公司生产过程，即使发现其质量缺陷退回，DEF 公司也无法再维修与利用此类产品。因此，此方案对双方的质量成本损失都较为严重。

从方案 B 来看，除了 DEF 公司可以节省质量成本外，还可以提高公司的质量信誉，主动将质量控制延伸到客户环节，最大限度减少对客户生产营运的影响；同时，用自己的质量成本投入来消除客户的质量成本支出，从而赢得市场信誉与客户口碑，可以为企业带来更多的客户和销售额。其实，即使方案 B 的质量成本较高一点，DEF 公司也应选择方案 B，因为企业营运的目标，不仅仅只关注质量成本，还会从战略层面、长久互利关系层面考虑与选择。

从 A 公司的角度来看，由于发现不合格产品而处罚供应商，只是弥补其质量成本的方式，要从根源上加强供应商的供货质量，减少供应链上各方质量损失，还可以采取以下步骤：

（1）要求供应商建立并通过国际质量认证，如 ISO9000 系列等；

（2）和供应商建立长期战略合作伙伴关系，促使供应商从其战略层面认识到无缺陷产品对双方利益的重要性，以增强提高质量的动力；

（3）定期派出质量、技术人员，协助检查供应商生产与质量控制过程，并共同改进双方存在的不足；

（4）建立供应商论证与竞争机制，根据供货质量情况定期评价供应商保障能力，并对其制定相应的考核标准；

（5）对有重要依存关系的供应商，可采用投资其股票，对其拥有较大的经营话语权，从而对供应商的管理产生实质性影响。

四、物流有效时间分析

J公司为全国最大的物流公司之一，已经拥有多个大型自建仓库、中转中心与专业配送点。随着配送范围和覆盖范围的扩大，自建物流体系所带来的成本压力也逐渐增大，需要进一步完善自建物流体系成本控制。在物流成本计算方面，J公司尚未将物流活动相关成本与其他业务成本有效区分，其成本计算处理流程如图4－4所示。

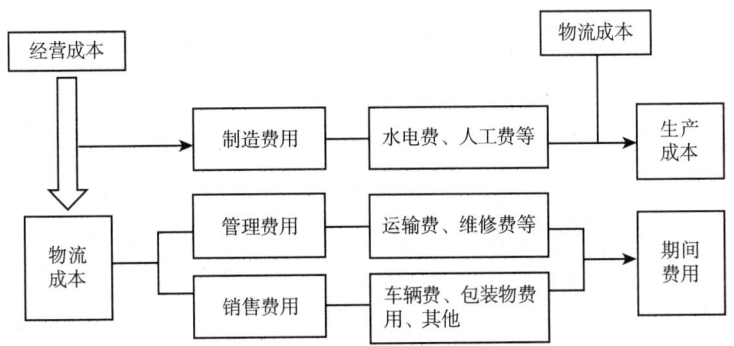

图4－4　J公司现行物流成本核算方法

为此，J公司选择具有代表性的A物流中心，运用时间驱动作业成本法，对其各个细分流程的成本进行分析及计算，从而建立更科学、系统的成本计算体系。

A物流中心的作业部门包括订单处理部门、仓储部门及运输部门，分析月份的物流作业明细情况见表4－12，作业消耗资源情况见表4－13。

表4－12　　　　　　　物流作业明细

部门	作业中心	细分作业	作业人数（人）
1. 订单处理部门	11. 订单处理	111. 订单信息录入	10
		112. 客户档案建立	
		113. 客户咨询	
	21. 入库作业	211. 货物交接	13
		212. 产品信息录入	
		213. 检查入库	
2. 仓储部门	22. 存储作业	221. 货物分拣	15
		222. 货物盘点	
		223. 货物维护	

续表

部门	作业中心	细分作业	作业人数（人）
2. 仓储部门	23. 出库作业	231. 出库信息录入 232. 订单包装 233. 订单分配	15
3. 运输部门	31. 运输派送	311. 装车 312. 运输 313. 派送	12

数据来源：A 物流中心财务系统。

表 4-13　　　　　　　　A 作业中心某月作业消耗资源明细表

作业中心	作业细分	直接成本（元）	间接成本（元）
订单处理	订单信息录入 客户档案建立 客户咨询	纸张：2500	人工费：45000 设备折旧：3750
入库作业	货物交接 产品信息录入 检查入库		人工费：58500 设备折旧：2500
存储作业	货物分拣 货物盘点 货物维护		人工费：67500 水电费：300000 设备折旧：8700 管理费用：300000
出库作业	出库信息录入 订单包装 订单分配	包装材料费：50000	人工费：67500 财务费用：225000 设备折旧：17000 动力费：15000
运输作业	装车 运输 派送		人工费：54000 车辆折旧：30000 燃料费：26000
总计		52500	1220450

数据来源：A 物流中心财务系统。

货物分拣作业在开始执行时，先要花费一定的时间完成预先准备程序，然后进行正式分拣工作。普通商品的分拣时间几乎相同，特殊商品花费的分拣时间要比普通商品更多。据此可得到货物分拣作业的时间计算公式：

$$T = R + C \times Q1 + S \times Q2$$

其中，T 代表货物分拣作业所耗费的时间总额，R 代表各作业环节的准备时间，C 代表每件普通商品分拣所耗用的时间，Q1 代表普通商品的数量，S 代表每件特殊商品进行分拣所需的时间，Q2 代表特殊商品的数量。

根据 A 物流中心某月份数据可知，当月分拣准备时间为 800 分钟，普通商品的数量为

18000 件，特殊商品的数量为 2400 件，分拣每件普通商品需 3 分钟，特殊商品需 6 分钟。据此该月货物分拣作业所耗费的时间如下：

T = 800 + 3 × 18000 + 6 × 2400 = 69200（分钟）

用同样的方法，可以求出存储作业中其他细分作业所耗费的时间：货物盘点耗费时间为 93700 分钟，货物维护耗费时间为 179000 分钟。

由于存储作业不涉及直接成本，其涉及的间接成本包括两方面：专门服务于货物盘点作业的员工工资和每月应分摊的固定资产折旧费合计为 76200 元；按照全体 65 名员工平均分摊的日常水电杂费、管理费用和财务费用，合计为 82500 元。

分摊时，员工每月按 22 个工作日，每天工作 8 小时为标准计算，标准工作时间的实际作业有效率为 80% 左右。因此，可计算出相应有效作业时间成本标准：

（1）盘点成本按有效作业时间的分摊标准：

76200 ÷（15 × 8 × 60 × 22 × 80%）= 0.6013（元/分钟）

（2）其他成本按有效作业时间的分摊标准：

82500 ÷（65 × 8 × 60 × 22 × 80%）= 0.1502（元/分钟）

结合两方面的数据，可以获得"存储"作业的单位产能成本：

0.6013 + 0.1502 = 0.7515（元/分钟）

通过以上计算，进一步获得"存储"作业的间接成本：

0.7515 ×（93700 + 69200 + 179000）= 256937.9（元）

通过一系列的计算，能够获得五个作业中心以及其间的各项细分作业所需承担的成本数据，详细情况如表 4 - 14 所示。

表 4 - 14　　　　　　　　　　J 公司某月单位作业时间明细

作业中心	细分作业	作业耗时（分钟）	单位产能成本（元/分钟）	分摊成本（元）
订单处理	订单信息录入	25000	0.5657	14142.5
	客户档案建立	8940		5057.4
	客户咨询	40800		23080.5
入库作业	货物交接	39600	0.572	22651.2
	产品信息录入	29100		16645.2
	检查入库	32500		18590
存储作业	货物分拣	69200	0.7515	52003.8
	货物盘点	93700		70415.6
	货物维护	179000		134518.5
出库作业	出库信息录入	21300	0.736	15676.8
	订单包装	70200		51667.2
	订单分配	42900		31574.4
运输作业	装车	3750	1.0125	3796.9
	运输	70500		71381.2
	派送	3750		3796.9

数据来源：A 物流中心财务系统。

依照上一步骤计算得出的存储作业的间接成本应分摊数据,并考虑其直接成本应分摊数据后即可获得存储作业应分摊的总成本。

根据同样的计算流程即可获得另外四个作业中心应分摊的总成本。

另外,通过选取的 A 物流中心的产能消耗情况,能够获得该物流中心各细分作业中心的产能消耗情况,具体如表 4-15 所示。对表 4-15 中没有得到有效使用的产能消耗进行分析,有利于对症下药,有针对性地对这部分产能进行监控和改进。

表 4-15　　　　　　　　　　　　物流中心产能利用率

作业中心	提供的产能(分钟)	使用的产能(分钟)	未使用的产能(分钟)	产能利用率(%)
订单处理	9871	74740	24031	75.67
入库作业	124447	101200	23247	81.32
存储作业	388434	341900	46534	88.02
出库作业	169933	134400	35533	79.09
运输作业	108939	78000	30939	71.60
合计	890524	730240	160284	82.00

数据来源:A 物流中心财务系统。

通过对表 4-15 中的相关数据进行分析,可发现该物流中心共有 160284 分钟的闲置产能没有获得有效利用,也就是说,这部分的产能没能为 A 物流中心产生任何的经济效益,所以在优化物流成本控制时应加强对这部分产能的监管与改进。除此以外,A 物流中心的订单处理作业中心和运输作业中心这两大中心的产能利用率仍然存在可优化之处,A 物流中心想要优化其物流成本的控制,关注这两个作业中心的成本控制存在的不足之处是必不可少的,需要对这两个作业中心从作业流程和资源配置等方面重点进行改进。

五、客户盈利能力管理

甲公司作为国内大型企业,其行业产品同质化日益加剧,使得企业之间的竞争由产品向客户转变。同时,公司也面临多方面的压力,例如,国内外厂家的正面竞争、市场需求增速的放缓、产能阶段性过剩、利润被上游严重挤压以及客户需求日益多样化,等等。这促使公司需要挖掘并牢牢把握能给企业带来最大价值的客户群,在客户价值的引导下开展客户关系管理工作,使其形成以客户价值为核心的完整的工作体系。

甲公司客户盈利能力分析的总体设计思路是,建立评价客户价值的指标体系,通过对数据的深度挖掘,形成客户价值预测模型,对客户进行价值定位,建立客户细分方案,在此基础上提出基于客户价值的差异化客户维护策略,并通过策略的实施、内部机制的健全,完善公司客户维护和管理工作。

通过实施客户盈利能力分析,一方面,可以定量地确定用户等级,解决了以前定性、拍脑袋式的对客户进行分类,无法从公司层面达成共识的问题,有利于精准找寻客户的价值所在。另一方面，解决了以前分类后没有制定差异化的维护策略、使客户分类流于形式的问题，有利于实现资源的更好配置。

（一）建立客户价值评价指标体系

客户价值评价指标体系的形成是客户价值管理的核心和重点，它是客户价值评价客观性、全面性和科学性的保障，同时，也是后续客户价值量化、价值评级、价值分析和维护策略的基础。客户价值评价指标体系的形成，一方面借鉴了客户价值的相关理论研究，力求评价的前瞻性和科学性；另一方面充分融合了目前公司对客户价值管理的现实情况和需求，力求评价的客观性和时效性。

综合国内外的理论研究，公司认为"经济效用最优"是企业客户价值评价的最高标准，具体细分为客户为企业带来的当前价值和潜在价值两个关键方面。其中客户当前价值是目前为止该客户为企业带来的价值，从毛利、销量、成本等方面考虑；而客户潜在价值考虑的是未来一段周期内该客户为企业带来的价值，属于无法直接量化及准确测算的一部分，可从客户关系、客户成长（客户潜力）、忠诚度等角度进行估算。

在内部调研方面，从各部、室对项目的期望上看，被访者认为客户价值管理不仅仅是一个部门层级的问题，而应该是一个公司层级的问题，需要从公司的角度对客户价值进行整体把握；同时，建立客户价值的评估方法，不仅要能够量化客户价值，还要了解客户对于公司的价值贡献点，关注客户价值管理后续的具体实施，回答"客户到底该怎么管"的问题。

从对客户当前价值的评价维度上看，公司内部的意见具有高度一致性，主要聚焦在销售量、毛利指标、服务成本方面。对于客户潜在价值的认知，公司内部主要集中在合作稳定性和客户自身发展方面，订货稳定性、价值取向等是访谈中出现频率较高的因素。综合理论研究和调研访谈，对于客户价值评价体系的建立需要充分融合公司的交易特征和客户价值管理的现实需求，把握以下几个关键点：

（1）对客户价值的认知需要站在公司的角度进行综合衡量，需要考虑到客户在供应链各个环节的价值贡献；

（2）从公司的生产特征上看，在把握客户对公司的利润贡献之外，需要兼顾客户对保证公司产能平衡所做的贡献；

（3）从公司的产品结构上看，需要兼顾客户在产品总体上的价值贡献和在高端及成长型产品上的价值贡献；

（4）从客户的交易行为上看，需要兼顾客户对公司的整体价值贡献和客户对单类产品的价值贡献；

（5）从指标的设计上看，需要坚持全面性，从全局的角度上进行思考，详细考量指标在全局范围上的定义和内涵；

（6）从指标评估的实际操作上看，要具有可行性，需要明确指标的量化方式、所需数据的来源、计算方法，充分考虑到客户环境和现实条件的约束。

结合公司内对客户价值管理的现状了解和需求分析，经过多轮讨论，最终形成了当前价值和潜在价值两个维度，包含销售量、销售收入、毛利、成本、客户忠诚度五个方面，共计30个评价指标的客户价值评价指标体系。客户评价指标体系如图4-5所示：

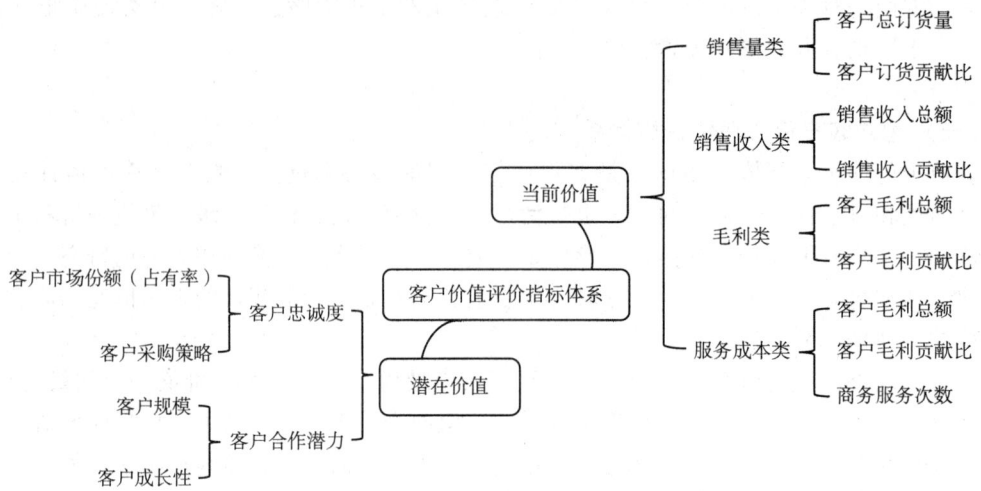

图4-5 客户价值评价指标体系

其中,当前价值旨在衡量客户为公司所带来的直接利益和价值,分为四个方面:

(1) 销售量类指标。客户交易的核心数据,用以反映客户在公司相关产品的直接订货量。

(2) 销售收入类指标。体现企业规模和市场地位的核心,同时也是利润和现金流入的基础。

(3) 毛利类指标。衡量客户带给公司利润的最直接指标,考量哪些客户给公司的利润贡献最大,哪些产品的利润贡献最大。

(4) 服务成本类指标。衡量客户价值的重要指标,可以指导企业对价值大的客户给予更多的服务,促进资源优化配置。

潜在价值旨在从长远的角度衡量客户自身发展、所处的行业以及与公司的长期合作所带来的、难以用现金进行衡量的价值,分为两个方面:

(1) 客户忠诚度类指标。反映客户对公司的忠诚及持续购买情况,可以预测客户未来为公司带来的收益。

(2) 客户合作潜力类指标。从客户规模、成长性等角度分析客户未来发展潜力,估算该客户为公司带来的潜在收益和未来价值。

同时,考虑到评价体系的完整性以及数据处理的可行性,将30个三级指标赋予分析类和计算类两种不同属性,其中,计算类指标参与计算客户价值得分,而分析类指标不直接参与客户价值得分的计算,仅用作补充分析说明。

(二) 建立客户价值量化模型

建立客户价值的量化模型,通过层次分析法确定每个指标的权重,量化模型为每个指标与其权重系数乘积设置求和公式,以此形成客户在细分层次中价值方面的得分和排名,便于后续客户价值的分析。

甲公司建立的客户价值量化模型如表4-16所示:

表 4-16　　　　　　　　　　　　　　　客户价值量化模型

当前价值	销售量	客户订货贡献比率
	毛利	高端及成长型产品订货贡献比率
		客户毛利贡献比率
		客户单位毛利
		客户毛利率
潜在价值	客户忠诚度	客户采购份额
		客户对甲公司的采购策略
		交易稳定性
		客户满意度
		客户保持度
	客户合作潜力	客户规模
		客户成长性
		客户行业成长性
		行业地位
		技术创新合作

层次分析法的特点是在对复杂的决策问题的本质、影响因素及其内在关系等进行深入分析的基础上，利用较少的定量信息使决策的思维过程数学化，从而为多目标、多准则或无结构特性的复杂决策问题提供简便的决策方法。尤其适合于对决策结果难以直接准确计量的情形。

层次分析法的基本步骤如下：

（1）分析系统中各因素间的关系，对同一层次各元素关于上一层次中某一准则的重要性进行两两比较，构造两两比较的判断矩阵；

（2）由判断矩阵计算被比较元素对于该准则的相对权重，并进行判断矩阵的一致性检验；

（3）计算各层次对于系统的总排序权重，并进行排序。

在具体的操作中，针对评价指标体系设计了调查问卷，受访者对测评指标体系内的指标进行两两比较，确定同级的任意两个指标的相对重要性。为了便于层次分析法的运用，需要从多份问卷中梳理出综合结论，该结论描述了所有受访者对指标体系内同级任意两个指标重要性的综合意见。

将所有受访者的判断矩阵综合成一个判断矩阵，实际上就是对任意两个同级指标 A、B，对所有专家的判断求"平均值"，以此来确定指标的权重。为了更加精确地确定权重，采取专家讨论、多轮投票的形式完成判断矩阵的填写，以免使意见分散而导致结果偏离实际。通过软件的应用，算出模型的权重并做进一步修正，得出最终的模型。

（三）客户细分管理

（1）客户价值计算。通过上述工作，获取了客户价值测评指标体系中各指标的权重以及各指标的标准化值，并将采集的历史数据带入模型进行计算，获得每个客户的客户价值。

（2）具有行业特色的客户细分方案。计算得出客户价值后，基于客户价值将客户细分为四个层级：

①核心价值客户，对公司毛利、销售贡献累计占到前80%的用户；

②重要价值客户，全公司中销量贡献累计前80%，毛利累计贡献后20%的用户；

③价值客户，主要考虑客户在部门内销量和毛利的贡献，其中，部门的销量贡献累计占前80%，毛利累计贡献占前80%的用户为优质价值客户；销量贡献累计占前80%，毛利累计贡献占后20%的用户为销量导向价值客户；销量贡献累计占后20%，毛利累计贡献占前80%的用户为毛利导向价值客户；

④一般价值客户，销量贡献累计占后20%，毛利累计贡献占后20%的用户。客户细分方案如图4-6所示：

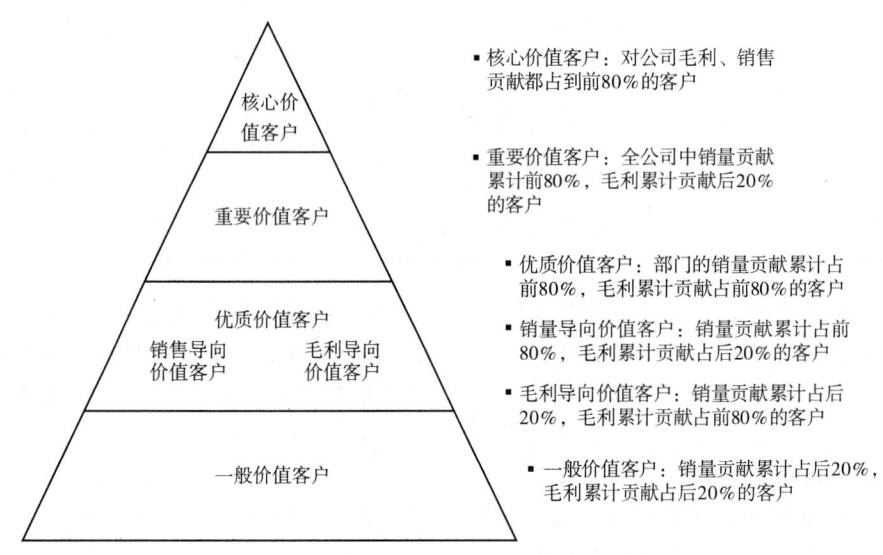

图4-6 客户细分方案示意图

（3）制定客户关系维护策略。对于客户维护策略建立的工作方法是从客户角度和公司的角度进行对比分析：客户的角度主要是分析客户对于公司现状最看重的维度和指标是哪些方面，对这些指标的评价如何；公司的角度主要是分析现有的客户维护工作现状如何。结合客户细分结果，提出三方面的客户维护策略：

①通过客户感知价值和期望价值的对比，分析出不同行业的客户关注点，同时，以客户价值为基础，对应不同的客户层级形成微型分割的营销策略，从而对不同级别的客户给予不同等级的优惠和服务政策，对于不同产品的用户由于关注点不同，在维护方面有所侧重。

②核心价值客户为公司贡献了80%的利润，对于这类客户应该形成一对一的全流程解决方案，有针对性地发现客户需求，制定服务方案，进行方案评估最后实施方案，从而变统一的服务为个性化服务，以大客户经理/总监为对接人，为核心价值客户打造一体化的服务方案。目前公司在汽车、家电、输配电和造船行业中设置了6个大客户服务团队推行大客户总监制（涉及18家客户），另外在汽车、家电、包装等行业中选取了27家客户推行大客户经理制，组建大客户服务团队，对大客户开展针对性的服务，为大客户提供一揽子解决方案。

③客户的维护需要公司各级相关部门进行业务协同,同时借助于相关制度政策加以固化和落地,主要涉及价格管理机制、服务管理机制等,对于核心价值客户的管理,健全大客户经理/总监管理制度,明确大客户总监/经理的岗位职责,健全大客户管理流程和绩效考核机制,从而保证核心价值客户一体化服务方案的落地。

甲公司根据不同层次需求制定客户关系维护策略,从客户角度和公司角度进行对比分析,从而结合公司现状将客户维护工作集中在客户最为关注的点上。差异化的维护策略有助于优化资源配置,为高价值客户提供更优质的服务,进一步提高其为企业带来的价值。

本章小结

营运管理是指为了实现企业战略和经营目标,各级管理者通过计划、组织、指挥、协调、控制、激励等活动,实现对企业生产经营过程中的物料供应、产品生产和销售等环节的价值增值管理。

营运管理主要控制目标是质量、成本、时间和柔性,这是企业竞争力的根本源泉。营运管理系统通常由以下各部分组成:战略规划系统、营运指挥系统、营运作业系统、营运反馈系统。

采购管理是指通过计划、组织、控制,以最低的总成本提供及时的物料,从而支持制造的顺利进行或者销售的管理过程;采购管理基本原则为5R原则,即适质、适量、适价、适时、适地。采购相关具体业务活动表现为:制定采购计划、选择和管理供应商、招标或谈判、制定合同、执行合同。采购成本是采购管理的控制重点,价值分析与价值工程是源头控制采购成本的重要方法。

生产管理是指立足企业效益实现和价值创造,协调和控制生产产品所需活动。生产管理相关的业务活动表现为:约束条件下的产品排产、选择产品供应方式、规划产能、获取生产设备、生产效率的提高与改进。

利用边际贡献可以合理线性规划产品组合;利用机会收益或机会成本,合理规划产品外购或自行生产方式;科学的设备购置或租赁测算,将为企业控制生产成本提供重要支持。

质量管理由企业各部门的研制质量、维持质量和提高质量等活动组成,是在最经济的水平上,充分满足顾客要求的控制体系。质量问题通常有两种表现:设计质量问题和一致性质量问题;帕累托图和因果关系图是查找质量问题的常用分析工具。质量成本通常包括以下四个方面:预防成本、鉴定成本(评估成本)、内部损失、外部损失;识别质量成本类别是控制与改进质量成本的重要基础和前提。

全面质量管理指一个组织以质量为中心,以全员参与为基础,目的在于通过顾客满意和本组织所有成员及社会受益而达到长期成功的管理途径。全面质量管理实施成功的关键要素:顾客满意、高层的支持与参与、持续改进、公司员工全员参与、对参与员工的充分授权、系统化分析和目标衡量、持续的培训、识别并奖励质量目标实现。全面质量管理常用工具主要有:控制图、帕累托图、直方图、因果关系图(鱼骨图)、散点图、流程图、检查表单、关系图、头脑风暴等。

物流管理是根据物质资源实体流动的规律,应用管理的基本原理和科学方法,使各项物流活动实现最佳的协调与配合,以降低物流成本,提高物流效率和经济效益。

介绍了 ABC 分类法、关键因素分析法和 MRP 库存管理的应用场景、分类原则。

说明了供应链一体化管理的不同模式;面对日益高涨的物流成本,企业应选择适应自身特点、可持续降低物流成本的供应链协同方式。

营销管理是艺术和科学的结合,包括创造、沟通、交付顾客价值和管理顾客关系等系列过程,是为顾客、利益相关者和企业创造价值的活动。

系统掌握细分市场分析方法是优化营销资源的重要基础;差异化战略是提升产品销售规模、降低营销费用的重要举措。

详细描述了成本导向定价法、目标利润定价法、边际成本定价法、盈亏平衡定价法,并熟悉需求导向定价法、认知导向定价法、逆向定价法、习惯定价法等多种定价方法;结合企业产品或服务竞争力、客户认知水平等,制定适应营销策略和满足企业价值最大化的价格机制。

及时生产管理模式(JIT)又称为拉动式生产系统,基本原则是在正确的时间,生产正确数量的零件或产品;它将传统生产过程中前道工序向后道工序送货,改为后道工序根据"看板"向前道工序取货,看板系统是 JIT 生产现场控制技术的核心,但 JIT 不仅仅是看板管理;JIT 的基础之一是均衡化生产,使物流在各作业之间、生产线之间、工序之间、工厂之间平衡、均衡地流动。

详细描述了 JIT 模式的适用场景及相应优点与不足,避免盲目推行 JIT 模式导致成本上升。

详细描述了供应商管理方法,控制和优化采购成本;利润导向排产管理方法,恰当选用单位边际利润评价方法;质量成本改进分析方法,从提升客户满意度与企业利润角度,选择最优方案;从时间维度分析物流作业有效水平,提升物流作业有效利用率、消除成本浪费;客户价值管理方法,建立适应企业特点的客户价值评价体系,针对不同层次客户进行分类管理,在提升客户满意度的同时,提升企业价值实现水平。

本章习题

一、惠普是世界最大的信息科技公司之一,在全球 500 强中排名第 190,每年营业额接近 800 亿美元,60% 的营业额来自海外,具有很大的采购量,其半导体、微处理器、磁盘的采购量都是全球第一。作为一家具有如此大的采购量的大型跨国公司,惠普是如何考虑采购战略并处理采购问题的呢?在 2001 年的时候,惠普的采购系统还很复杂,其主要特点如下:

1. 采购系统多层次、多结构、多区域。例如分为总部、亚太、中国等层次。
2. 采购中有很多方面都是通过外包合同、制造商、OEM 和 ODM 等来达成的,而且惠普有很多产品部门和业务部门,它们的采购和物流甚至供应链都各自为政,通常不同的部门有不同的采购计划和采购策略。
3. 全球范围内的供应商也是一个非常大的群体。

惠普的采购战略远景报告有如下两个方面:

1. 采购供应链应具有全球的可见性,总的物流部门能够掌握每个地区供应链的情况,可以提出合并等方面的建议，以达到经济规模，提高效率。

2. 维持每个业务系统应具备的灵活性，维护各个部门在一定程度上分散的权力。惠普要达到的目标是：降低库存成本，降低采购成本，提高效率。

在上述战略的指导下，惠普建立了采购管理系统，该系统为惠普节约了采购和物料成本1亿多美元。这些节省主要来自以下几个方面：

1. 物料获取方面，平均节约成本10%，最多达到40%。

2. 剩余库存的回收。

3. 采购效率提高了30%到40%，采购物料周期减少一半，节省了5天，库存周转从原来的每年平均周转11次增加到24次。

问题：（1）采购管理系统规划内容是什么？

（2）通过案例的介绍，你认为惠普的采购管理系统是由哪些方面组成的？

二、某小型家电生产企业以生产豆浆机为主，目前豆浆机市场供需接近饱和，致使该企业二车间停工。在该企业各有关部门深入调查研究的基础上，召开了由各部门领导参加的新产品开发决策会议。新产品开发部初步选择"自动料理机"。料理机运用微型电动机带动特制刀具高速旋转，用以粉碎、搅拌各种食品的馅料。料理机在日本已生产多年，销售情况良好；生产工艺简单，投产快，生产周期短，随时可以转产其他产品。加工过程迅速，使用方便，密封操作安全卫生，耗电省，如加工肉糜，每小时可加工8公斤耗电仅1/6度，适用于个体饮食店和家庭加工。

生产自动料理机还需要添置一台设备。公司正在研究通过自行购置还是租赁取得该设备，有关资料如下：

1. 如果自行购置，设备购置成本为2000万元。根据税法规定，设备按直线法计提折旧，折旧年限为8年，净残值为80万元。该设备预计使用5年，5年后的变现价值预计为1000万元。

2. 如果租赁，租赁公司可提供租赁服务，租赁期5年。每年年末收取租金320万元，设备的维护费用由企业自行承担，租赁期内不得撤租，租赁期届满时设备所有权不转让。根据税法规定，租赁费可以税前扣除。租赁公司因大批量购置该种设备可获得价格优惠，设备购置成本为1920万元。

3. 企业所得税税率为25%；税前有担保的借款利率为8%。

要求：（1）利用差额分析法，计算租赁方案每年的差额现金流量及租赁净现值，判断应选择购买方案还是租赁方案并说明原因。

（2）计算租赁公司可以接受的最低租金。

三、安科公司是一家专门经营进口医疗用品的公司，2001年该公司经营的产品有26个品种，共有69个客户购买其产品，年营业额为5800万元。对于安科这样的贸易公司而言，因为进口产品交货期较长，库存占用资金大，因此库存管理显得尤为重要。

安科公司按销售额的大小，将其经营的26种产品排序，划分为A、B、C类。排序在前三位的产品占总销售额的97%，因此把它们归为A类产品；第4、5、6、7产品每种产品的销售额占总销售额的比例在0.1% - 0.5%之间，把它们归为B类；其余19种产品的销售额占总销售额的1%，将它们归为C类。

对于A类的三种产品，安科公司实行了连续性检查策略，每天检查库存情况，随时掌握正确的库存信息,进行严格控制,在满足客户需要的前提下维持尽可能低的经常量和安全库存量。经过与国外供应商的协商,并且对运输时间作了认真的分析,算出该类产品的订货提前期为两个月(也就是从下订单到货物从安科公司的仓库发运出去,需要两个月的时间)。即如果预测在6月份销售的产品,应该在4月1日下订单给供应商,才能保证在6月1日出库。由于该公司产品每个月的销售量不稳定,因此,每次订货的数量就不同,要按照实际的预测数量进行订货。为了预防预测的不准确性及交货的不准确,还要保持一定的安全库存,安科公司将安全库存定为下个月预测数量的1/3。该公司对该类产品实行连续性检查的库存管理,即每天对库存进行检查,一旦手中的实际库存数量加上在途的产品数量等于下两个月的销售预测数量加上安全库存时,就下订单订货,订货数量为前第三个月的预测数量。因其实际的销售量可能大于或者小于预测值,所以,每次订货的间隔时间也不相同。这样进行管理后,这3种A类产品库存的状况基本达到了预期的效果。

对于B类产品的库存管理,该公司采用周期性检查策略。每个月检查库存并订货一次,目标是每月检查时库存数量不低于以后两个月的销售数量(其中一个月的用量视为安全库存),另外,在途还有一个月的预测量。每月进货时,再根据当时剩余的实际库存数量,决定需进货的数量。这样就会使B类产品的库存周转率低于A类。

对于C类产品,该公司则采用了定量订货的方法。根据历史销售数据,得出产品的半年销售量,为该种产品的最高库存量,并将其两个月的销售量作为最低库存量。一旦库存达到最低库存时就订货,将其补充到最高库存量。这种方法比前两种更省时间,但是库存周转率更低。

该公司实行了产品库存的ABC管理以后,虽然A类产品占用了最多的时间、精力进行管理,但得到满意的库存周转率。而B类和C类产品,虽然库存的周转较慢,但其对于很低的资金占用和很少的人力支出来说,这种管理方法也是最适宜的。

通过调查得知,该公司实行产品库存的ABC管理以后,其中X部件的年消耗量1500件,订货费用每次300元,该部件单价为200元,单位库存费用为其单价的5%。

在对产品进行ABC分类以后,该公司又对其客户按照购买量进行了分类。发现在69个客户中,前5位的客户购买量占全部购买量的75%,将这5个客户定为A类客户;到第25位客户时,累计购买量已达到95%。因此把第6位到第25位客户归为B类,第26-69位客户归为C类。对于A类客户,实行供应商管理库存,一直与它们保持密切的联系,随时掌握它们的库存状况;对于B类客户,基本上可以根据历史购买记录做出对它们需求的预测,作为订货的依据;而对于C类客户,有的是新客户,有的一年也只购买一次,因此,只在每次订货数量上多加一些,就可满足它们的零星需求,或者用安全库存进行调解。这样做,不仅可以提高库存周转率,而且也提高了对客户的服务水平,尤其是A类客户对此非常满意。

根据案例提供的资料,完成以下问题:

(1) 分析安科公司是怎样用ABC分类法达到库存控制的目标的?

(2) 除了ABC分类法,安科公司还使用了哪些库存管理方法?

(3) 根据提供的数据,求X部件的经济订购批量是多少?

四、某公司注塑一天可用时间为22个小时,A机台故障时间为2小时,准备时间为20分钟,标准周期为20秒/4个,实际周期为24秒/4个,一天的产量是1万只,其中不良品20只。

要求:请计算A机的综合效率。

参考文献

[1] 李·克拉耶夫斯基、拉里·里茨曼,《运营管理——流程与价值链》(第七版),人民邮电出版社,2007年版。

[2] 盖起军,《生产运营管理》,经济科学出版社,2008年版。

[3] 周云,《采购成本控制与供应商管理》,机械工业出版社,2014年版。

[4] 杨华,《精益采购管理实战手册》,化学工业出版社,2018年版。

[5] 孙湛,《现代管理会计》,中国财政经济出版社,2018年版。

[6] 刘丽文,《21世纪清华MBA系列教材:生产与运作管理》(第3版),清华大学出版社,2006年版。

[7] 曾坤生,《管理学》,清华大学出版社,2009年版。

[8] 曹杰、梁乃锋,《物流管理实务》,中央广播电视大学出版社,2016年版。

[9] 菲利普·科特勒、凯文·莱恩·凯勒,《营销管理》,中国人民大学出版社,2016年版。

[10] 董飞,《国际市场营销学》,北京大学出版社,2013年版。

第五章 绩效管理

【学习目标】
- 系统认识与理解企业绩效管理的目标、作用、一般流程、基本规律和方法,以及与战略管理的内在关系
- 系统学习绩效管理体系构成,熟悉绩效管理指标体系、KPI 和 EVA 制定的一般原则和方法,尤其要掌握企业绩效管理的实际应用过程
- 结合各类营运活动,以案例形式展示绩效管理活动在组织中的价值创造

第一节 绩效管理概述

一、绩效管理的目标与作用

绩效管理是企业管理的重要组成部分,是管理会计的重要内容。绩效管理可提升企业的管理水平,促进个人、部门、组织之间,成为命运共同体、利益共同体和责任共同体,为企业可持续发展赋能。

(一)绩效管理的目标

绩效管理的目标是通过考核等管理手段发现员工的优劣势,科学合理地配置人力资源,针对性地进行培训提升,降低人力成本、优化管理流程和业务流程,持续提升个人、部门和组织的效率和业绩,实现企业价值最大化,最终实现企业的战略目标。

通过绩效管理,企业将战略目标分解到每个员工,使组织目标和个人目标相一致,实现"干与不干不一样,干多干少不一样,干好干坏不一样"和"管理人员能上能下、员工能进能出、收入能增能减"。

(二)绩效管理的作用

绩效管理通过绩效考核手段,既能提升员工的执行力、工作效率和组织的绩效,降低或彻底消除团队、个人的负面情绪,又能优化业务流程和管理流程,还能实现企业战略目标。其作用有以下几点:

1. 提升个人、部门和组织绩效。绩效管理包括经营绩效管理、项目绩效管理、人员绩效管理等多个层面,人员绩效管理是绩效管理的核心内容。绩效管理可以有效提升个人、部门和组织绩效:一是基于企业的战略目标,通过设定科学合理的组织绩效目标、部门绩效目标和个

人绩效目标，为企业员工指明提升业绩的方向；二是管理者通过绩效辅导沟通，发现员工在工作中存在的问题，给员工提供必要的资源支持和工作指导，员工通过改进工作态度和工作方法，实现企业绩效目标；三是通过绩效考核评价，客观公正地评价员工和部门的阶段工作，明确其对组织的贡献，多措并举，激励高绩效的部门和员工持续提升绩效；对于低绩效的部门和员工，督促其"找差距、抓整改、促提升"，全面改善绩效；四是通过绩效反馈面谈，考核与被考核双方面对面进行交流沟通，考核者帮助被考核者分析工作中的成绩和不足，鼓励其扬长避短，促进个人业绩提升；对低绩效的组织、部门和个人，考核者应指导被考核者制订详细的绩效改善计划和实施方案；五是通过绩效反馈，被考核者应在考核者的指导和帮助下，就下一阶段工作，提出改进措施和新的绩效目标，并签订绩效考核责任书。一方面，企业管理应持续提升，绩效管理应为提高企业管理水平提供有力支撑，部门或个人制定新目标时，应不断超越已完成的目标，绩效管理激励组织和个人不断提升绩效，经过绩效管理的PDCA循环，全面提升组织和个人的绩效；另一方面，绩效管理通过对员工进行考核评价，实现优胜劣汰。人力资源是企业的第一资源，通过有效的绩效管理，使内部人才得到快速成长，同时吸引外部优秀人才，不断优化人力资源结构，以满足和服务于企业的战略目标。

绩效管理不是单纯考核员工，而是激发员工潜能，帮助员工成长，从而实现组织目标。

2. 优化业务流程和管理流程。提升企业管理水平就是要通过对人和对事的管理，建立健全企业的体制机制，对人的管理主要是激励约束问题，对事的管理主要是流程问题。流程是指业务或事项运作的过程，包括因何而做、由谁来做、如何去做、如何传递、传递给谁等诸多环节的问题，安排不同，结果差异会很大，资源配置不当，甚至会严重影响组织的效率和绩效。各级管理者在绩效管理过程中，都应从企业价值最大化和提高组织绩效出发，应持续优化企业资源配置、业务流程和管理流程，全面提升业务处理和组织运行的效率。

3. 实现组织战略目标。组织的战略目标是价值最大化，战略目标包括远期发展目标及近期发展目标，价值三要素是增长、回报和风险。根据内外部经营环境的变化，制订出企业年度经营计划及投资计划，明确企业年度经营目标。企业各级管理者将企业的年度经营目标分解到各业务部门，各部门再将关键业绩指标分解到各岗位。层层分解，做到千斤重担人人挑，人人肩上有指标，从而实现企业总体目标。

二、绩效管理的流程

绩效管理活动是闭环管理，其流程遵循PDCA，PDCA循环是合乎逻辑的有效实施管理的工作程序，对绩效管理尤其适用。先分析其核心流程，在核心流程基础上，再分析绩效管理的全流程。

绩效管理的核心流程是：
1. 制订绩效计划（P），确定关键绩效指标（KPI）；
2. 绩效沟通与辅导（D），保证绩效管理过程的有效性；
3. 绩效考核与反馈（C），对前一绩效周期的成果进行检验和反馈；
4. 绩效诊断与提高（A），总结提高并进入下一循环。

以上是绩效管理的核心流程，绩效管理的核心过程不是运行一次就结束，而是周而复始地进行，一个循环结束，解决了部分问题，未解决的问题进入下一个循环，实现螺旋式管理提升。

绩效管理闭环管理具有延展性，也可以根据企业的实际情况扩展。很多企业的绩效管理体系，往往只注重绩效管理的核心流程，没有上升到全流程的高度来看待绩效管理，所以经常会流于形式，做一些表面工作。如果要判断一个绩效管理体系是否有效，就一定要从其流程的完善程度入手，只有具备了完善的绩效管理流程，绩效管理体系才会更加有效。

绩效管理一般的全流程包括以下内容：企业愿景与战略、企业中长期目标、绩效计划制定、绩效沟通、过程控制、绩效考评、绩效反馈、绩效改进、绩效考核结果的应用、绩效优化机制、绩效文化。

三、绩效管理体系的构成

绩效管理体系（Performance Management System，PMS）遵循 PDCA，是持续循环的管理体系，是指企业各级管理者和员工为达到经营目标、考核目标、监督目标等组织目标，共同参与制定绩效计划、绩效沟通、过程控制、绩效考核评价、绩效结果应用、绩效管理提升的管理方法，也是企业各级管理者与员工达成共识、通过考核提高个体的效率，激励或约束员工取得优异绩效、实现组织目标的管理过程。

绩效管理体系以关键绩效指标和工作目标设定为载体，以实现企业战略目标为驱动力，通过绩效管理的全过程，调动全员积极性，发挥各岗位优势，提高企业绩效，实现对企业各层级人员工作绩效的客观衡量、充分监督、有效指导、科学奖惩，从而实现企业的整体目标，绩效管理体系专注于建立、收集、处理和监控绩效数据，是一套有机整合的流程和系统，它既能通过一系列综合平衡的绩效指标来帮助企业实现经营计划和目标，又能提升企业的管理水平。

第二节　基于 KPI 的业绩评价体系

一、KPI 方法的意义

KPI（Key Performance Indicator）即关键绩效指标，是指企业的战略目标，经过层层分解，形成可操作的战术目标，是衡量个体、部门和组织绩效的具体量化指标，是衡量工作任务完成效果的最直接依据。KPI 的理论基础是帕累托的"经济学二八原理"，指企业在价值创造过程中，完成 20% 的关键行为，即可完成个人、部门和组织的 80% 的工作任务。据此，绩效管理要求被考核对象的主要精力，要放在关键流程和 20% 的关键指标上，从而完成绩效管理的主要目标。

KPI 是影响企业价值创造的关键驱动因素，引导被考核对象，将主要精力集中在核心业务的贡献上，并通过持续改进，提高绩效水平。KPI 主要来源于两个层面，一方面是企业的战略层和管理层，另一方面是企业的执行层。

二、建立基于 KPI 的企业业绩评价体系的意义

主要体现在以下五个方面：

1. 有利于落实企业战略目标，明确管理重点，推动企业构建以责任成果为导向的企业管理体系，打造企业核心竞争力。

2. 有利于促进个人、部门与组织之间目标一致，实现企业的可持续发展。

3. 有利于工作聚焦，有效传导市场压力，确保责任到位和完成绩效目标。

4. 有利于促进不同业务领域间的协同，共同完成企业绩效任务。

5. 有利于建立健全管理系统，激励和约束员工的行为，构建企业的价值评价和价值分配体系。

三、基于 KPI 的绩效管理体系构成

基于 KPI 的企业绩效管理体系，核心是企业关键绩效指标，主要由以下三个层级构成：一是公司级关键绩效指标，主要基于企业的战略目标来制定；二是部门级关键绩效指标，依据公司级关键绩效指标和部门职能职责来确定；三是岗位业绩衡量指标，基于部门关键绩效指标的分解落实。

企业关键绩效指标，应由决策者、管理者、专家和员工共同完成，应是群策群力、集体智慧的结晶。其中，专家的作用非常重要。

关键绩效指标体系中，由于制定关键绩效指标均依据公司级关键绩效指标，如果公司级关键绩效指标不合理，将导致后续的关键绩效指标可操作性差，影响企业整体的绩效管理。因此，制定公司级关键绩效指标尤为重要，一定要与企业的发展战略和业务实际相符合、相适应，必须经过深入的调研、分析及论证。

四、KPI 方法的设计及应用流程

KPI 方法是把企业整体发展战略转化到可操作层面，将企业绩效考评指标体系中关系到战略目标的关键性绩效指标，层层分解，传递到组织、部门和员工，转化为全员、全方位和全过程的活动。

（一）KPI 方法设计

1. 指标设计。结合企业发展战略目标及员工的发展需求，运用平衡计分卡工具，将关键绩效指标分为财务、客户、运营、员工成长四个维度，各部门结合四个维度，编制业务预算并严格执行，确保企业正常运营，实现经营目标。

2. 权重设计。企业的财务、客户、运营、员工成长四个维度的关键性绩效指标，应设计不同的权重。企业的职能部门、保障部门、业务部门等应结合工作内容和业务特点，合理分配各项考核指标并挖掘员工潜力，确保企业实现战略目标和经营目标。比如，职能部门应重点完成决策支持指标，销售部门应提高客户指标、销量和利润的权重。

3. 整体优化设计。应用 KPI 方法，监督管理并持续优化各类指标。优化 KPI 指标时，要与被考核对象充分沟通，精准记录考核结果，与目标值充分比对，分析差异和原因，确保目标达成。

（二）KPI 方法的应用流程

各层面的 KPI 指标，横向结合业务流程，纵向分解战略目标，即"十字对焦，职责修正",如表 5-1 所示。

表 5-1　　　　　　　　　　　　　KPI 指标总表

组织	战略目标/指标分解	流程
宏观组织	KPI	主要业务流程
微观组织	支持性 KPI	细化的流程
更微观的组织	业绩衡量指标	更细化的流程

1. 确立并分解企业战略目标,并与主要业务流程相关联。通常情况下,企业总体战略目标可以分解为主要业务流程的支持性子目标。需要完成以下工作:
①企业高层确立企业的总体战略目标;
②企业中高层将战略目标分解为主要的支持性子目标;
③在企业的主要业务流程与支持性子目标之间建立关联。
2. 建立各业务流程与各职能部门的联系。在建立企业总体战略目标和部门绩效指标之间联系的基础上,建立工作职能与业务流程之间的联系,可通过九宫图的方式,在更微观的组织层面,建立职能、流程与指标之间的联系,参见表 5-2。

表 5-2　　　　　　　　　　建立业务流程与职能部门联系示例

流程:新产品开发	各职能部门所承担的流程中的角色				
	市场部	销售部	财务部	研究部	开发部
新产品概念选择	市场论证	销售数据收集	——	可行性研究	技术力量评估
产品概念测试		市场测试	——	——	技术测试
产品建议开发			费用预算	组织预算	

3. 设计部门级 KPI 指标。从业务流程和部门职责之间的联系中,设计部门级的 KPI 指标,参见表 5-3。

表 5-3　　　　　　　　　　　　部门级 KPI 指标示例

绩效维度		关键绩效指标(KPI)维度			指标
		考评主体	考评对象	考评结果	
绩效变量维度	时间	效率管理部	新产品(开发)	上市时间	新产品上市时间
	成本	投资部门	生产过程	成本降低	生产成本率
	质量	顾客管理部	产品与服务	满意程度	客户满意度
	数量	业务管理部	销售过程	收入总额	销售收入

4. 统一目标、职能、流程、岗位。根据部门的职能、业务流程以及部门级 KPI,使企业目标、职能、流程与岗位协调统一,参见表 5-4。

表 5-4 部门级 KPI 指标示例

流程：新产品开发		市场部部门职责		部门内部职责			
				职位一		职位二	
流程步骤	指标	产出	指标	产出	指标	产出	指标
发现客户问题 确认客户需求	发现商业机会	市场分析与客户调研	市场占有率	市场与客户研究成果	市场占有率增长率	制定市场策略指导市场运行	市场占有率增长率
			销售预测准确率		销售预测准确率		销售预测准确率
			市场开拓投入降低率		客户接受成功率提高率		销售毛利率增长率
			企业市场领先周期		领先对手提前期		销售收入月增长幅度

五、KPI 绩效管理模式案例分析

（一）AB 公司 KPI 绩效管理模式

1. AB 公司的绩效管理现状。AB 公司是从事信息技术服务、物联网硬件服务的高新技术企业，业务遍及全国。AB 公司是轻资产单位，人力资源是其第一资源。2018 年底，AB 公司共有在册员工 1400 多人，其中本科及以上文化程度占 90% 以上，AB 公司绩效管理采用"绩效优先，突出重点，拉开档次，兼顾公平"的原则，以考核营业收入为主，考核业务发展、维护建设为辅助，进行定量分析，采用计件核算方法，对各部门实行一级考核，考核到员工个人，最后综合评分。

AB 公司根据业务特点和岗位需要，将员工分为客户经理、部门负责人、运维人员、综合及职能部门人员四类。考核客户经理级人员从营业收入和业务发展两个方面，采取计分制、计件制；考核部门负责人综合得分，包括收入指标完成情况、日常管理、部门业务发展、建设维护等指标；考核运维人员按综合得分和调节系数，综合得分中运维指标占 80%，营业收入指标占 20%，并根据其岗位职责设定调节系数；考核综合及职能部门人员，本职工作完成情况占 80%，公司营业收入占 20%。

2. AB 公司绩效管理发挥的作用。AB 公司以精细化绩效考核为指导思想，根据不同岗位的职责和工作内容，制定月度考核评分表，具体到每位员工，充分调动员工的工作热情和积极性，发挥经济杠杆作用和分配机制的激励作用。AB 公司在绩效考核中，多措并举，如客户部运用了绩效工资系数浮动的方法，激励分区域的负责人，积极参与政企客户经理的竞标，优化分区域商业模式，实行社区经理收入净增量责任制、包区收入与营销增量相结合等，提高客户经理的工作效率。薪酬分配向一线营销人员倾斜，充分体现"干与不干、干多干少、干好干坏不一样"的分配原则，激励员工关注营业收入和重点业务的发展，确保公司经营目标的实现。

3. AB 公司绩效管理存在的问题：

（1）绩效管理未形成完整的闭环。企业的绩效管理体系，应由绩效计划、绩效实施与管理、绩效评估和绩效反馈多个环节组成，形成闭环。AB 公司的绩效考核体系，通过采用绩效评估表、量化评估指标实施绩效评估，将绩效管理等同于绩效评估。一是绩效计划环节缺失，管理者和被管理者可能未达成目标共识，导致难以实现工作目标，该环节中，应由考核与被考核双方共同制定绩效考核目标，如，客户经理认为制定的绩效目标过高，未综合考

虑客观因素,最终将导致目标难以完成;二是绩效实施环节缺失。该环节中,管理者应对被管理者进行指导和监督,及时发现并解决问题。如,定期检测设备完好情况是运维部人员的例行工作,以发现隐患、避免故障发生,如,运维人员填写虚假检测记录,管理者不监督检查,则存在安全隐患;三是绩效反馈环节缺失。该环节中,绩效评估后管理人员应与下属开展绩效面谈,促使其改进绩效。例如,企业薪酬分配的依据是绩效评估的结果,可能使员工的关注点,由提高绩效水平变为薪酬分配的多少,难以实现通过改善员工绩效,推动组织战略目标的落地。

(2) 绩效评估方面存在问题。部分 KPI 难以起到战略导向的引领作用。以 KPI 为核心的绩效考核体系,应具备两方面作用:一是建立约束员工行为的机制;二是发挥战略导向的引领作用。KPI 指标体系中,衡量以上两方面工作完成情况的指标缺失;KPI 缺乏战略导向性,将难以保障企业转型成功。

绩效评估管理中,问题较为集中的是轮流坐庄和"正态分布"分数趋中。为保证大多数员工的得分分布在中间区域,企业往往实施强制分布法,通过限制高分员工和低分员工数量来实现。该方法的结果是员工的月绩效考核得分,通常在 85—95 分之间,较高和较低的分数只有少数人。如此,连锁反应是月度考核会轮流坐庄。运维部门和综合部门,该现象较为突出。

绩效评估中存在不合理现象。企业有些管理者在进行绩效评估时,往往就该员工以往工作表现给予绩效评价,忽略其业绩贡献,导致绩效评估不准确,使员工质疑绩效考核的公平性,产生不满情绪,造成"晕轮效应"。

应建立健全绩效指标的标准。企业不同岗位,其绩效指标标准水平的设定应不同。如,运维岗位,指标缺乏卓越标准的设定,员工不思进取,绩效水平得不到提高,绩效评估难以区分优劣;营销岗位,如基本绩效标准设定过高,将会使客户经理无法完成绩效目标。

业务发展指标权重较大,过高的指标衡量标准,使企业的一线营销人员,认为应将精力放在业务发展上,而不会将精力投入客户服务中去。其实,客户经理日常的工作,除做"激增量",还要做"保存量",防止客户流失,做好现有客户的服务和走访工作。

4. AB 公司优化关键成功要素分析。AB 公司在企业愿景、战略与核心价值观确定后,明确战略为:

(1) 在保证利润持续增长的同时,大力实施品牌经营,促进各类客户群规模发展;

(2) 以客户为中心,加快企业全面转型。精细化管理,科学运营,持续提升整体运营水平;

(3) 加强人才队伍建设,提升创新能力,不断增强企业核心竞争力,促进企业可持续性发展。

AB 公司通过关键指标分析法,分析企业获得成功和市场领先地位的关键因素,提炼出 AB 公司的关键成功要素,即五个 KPI 关键成功因素:创新能力、利润增长、优质服务、人力资源、优质网络。

关键成功要素是对企业战略的定性描述,概括性和抽象性较强,应将其分解为具体的 KPI 要素。AB 公司 KPI 要素分解表,见表 5-5。

表 5-5　　　　　　　　　　　　　AB 公司 KPI 要素分解表

人力资源	利润增长	优质网络	优质服务	创新能力
员工开发	业务收入	网络建设	客户满意	技术与产品创新
	产品销售	网络维护	客户响应	业务与服务创新
	资金回收			

(二) 索尼公司 KPI 绩效管理模式

索尼常务董事天外伺郎的《绩效主义毁了索尼》指出，2003-2006 年，索尼公司一直在亏损，2016 年亏损额甚至达 63 亿美元。他认为，索尼之所以由原来行业的先锋沦落成行业落后者，根本原因在于索尼引入了以 KPI 为基础的绩效管理工具，导致内部管理出现三个问题：

1. 创业激情消失。引入绩效考核后，索尼企业文化由原来的内在驱动变成了由绩效考核、物质、薪酬等外在驱动，员工的创业激情消失了。

2. 挑战精神消失。原来，索尼是一个非常具有挑战精神的企业，走的是产品差异化战略，研发人员都主动设立更具挑战性的研发目标；引入绩效考核后，只要研发人员提出一个具有创意性、挑战性的目标后，相关部门就立马把它变成 KPI。久而久之，导致没人愿意再去提更高的研发目标，提出的是保守型目标。

3. 团队意识消失。产品创新型企业依赖于团队协作，只有研产供销各部门间横向协同配合，才能完成新产品的研发。引入评价与考核体系后，化小核算单位，对每个部门都进行所谓的经济责任制，用财务业绩进行评价。导致所有部门想尽一切办法用非正规手段，在绩效考核中捞取各种好处，这也使得索尼由原来一个极具团队意识的企业，变成团队意识消失的企业，每个部门都千方百计为自己部门捞取好处。

(三) 百度 KPI 绩效管理模式

2016 年的魏则西事件将百度公司再次推上了风口浪尖。事件发生 1 个月后，百度创始人李彦宏在媒体上发表了一封致歉信，谈到了百度的 KPI 考核。他说，百度在创业初期是一家非常有理想、有情怀的企业，经过几十年的发展，百度引入 KPI 考核，但各部门为 KPI 的分配而争吵不休。同时，百度的高级工程师为了平衡商业利益，在经济指标、财务业绩和用户体验之间纠结甚至妥协。这一系列导致用户质疑百度商业推广的公平性、客观性，也导致人们吐槽反对百度贴吧、百度百科等产品的过度商业化。这是百度在发展过程当中，过度关注短期 KPI，失去了战略坚守。

(四) OKR 能否替代 KPI 绩效管理模式分析

2013 年后，互联网上充斥着这样一种观点：随着外部环境不断快速迭代，传统的 KPI 考核已不能够适应时代发展，KPI 已死，OKR 即将成为主流，人们对传统的 KPI 等绩效管理工具提出了质疑。

什么叫 OKR？O 指目标，KR 指关键工作成果。OKR 不是用来做绩效考核的，而是员工目标自我管理的工具。OKR 强调以季度为周期设置 4-5 个目标 O，再围绕 O 设计支持 O 实现的 KR，对 KR 进行管理以促进目标的实现。

OKR 适应于互联网创新型企业或创业型企业，尤其是知识型企业的员工管理，这类企业最大特点是外部环境不确定性、员工属于知识型并强调底层创新。

OKR 和其他绩效管理工具是什么关系？绩效管理的颠覆和创新并不是谁否定谁，而是融合创新和运用，适合企业的就是最好的。

以 Google 为例，为了激发员工的创新和创造力，Google 强调自由。其联合创始人兼 CEO 拉里佩奇说：Google 要像家一样，让员工觉得自己是企业的一部分。只有这样对待员工，员工的生产效率才会提高。Google 引入的绩效管理工具叫作 OKR。它有七大特点：

1. 企业目标 O 必须适应外部环境变化。互联网企业最大的特点是外部环境快速迭代。Google 实施的 OKR 中 O 的设定，首先以年度为单位。每年年初，将全面目标告诉每一个员工。各部门及每个项目级、员工级的目标，以季度为周期进行分解，以周为单位做复盘。"年度目标——季度部门目标——项目目标——员工目标——每周目标复盘"得以使 Google 实现全年整体目标。

2. OKR 不能延续到下一季。为了满足上述特点，使得工作行动计划与外部快速变化的外部环境相匹配，OKR 如果在当期实现不了，不能自动延续到下一季度实施，OKR 必须全部作废，在下一季度根据外部环境重新设定全新的 OKR。

3. 60% OKR 应来源于底层员工的创意。通常情况下，KPI 指标是自上而下地分解目标，但 Google 认为一个好的 OKR 强调底层员工创新，因此目标设定颠覆自上而下分解，要在 O 与 KRs 设定时有一个"屏蔽"的环节，就是让员工独立地根据企业战略方向提出自己的目标 O 及支持 O 实现的 OKR。

4. 无论何组织层级一般不超过 5 个 O，4 个 OKR。在 Google，无论是企业级、部门级、Team 级、员工级，任何一个组织的层级目标的数量一般不超过 5 个，而支持每个目标 O 实现的 OKR 的数量最多不超过 4 个。这个操作规范是传承了德鲁克目标管理思想的精髓：目标少而聚焦。

5. 为 OKR 打分以讨论 O 是否实现。OKR 在实践操作中并不是考核员工个人的分数，因为 Google 认为考核分数对于创新型企业的知识型员工而言没有任何意义，重要的是如何改进自己的行动即 KRs 以确保目标的实现，因为每季度的评价是针对每个 O 而做出的，需要评估出 O 的得分。

6. OKR 结果不用于考核而是绩效改进。OKR 不是用来考核员工绩效的，是用来帮助知识型员工"员工目标自我管理"，是"令人发指的沟通工具"。Google 做员工绩效考核有另外一套体系——"270 评价"。所谓"270 评价"是上级对下级进行评估，平级之间做互评，最后还有一个自评。

7. OKR 分值并不是越高越好，而是适中。OKR 与传统绩效管理工具的重大差异是：每个 O 的得分并不是越高越好，而是适中最好。例如，OKR 完成 0.4－0.7 为优秀，0.4 分以下不合格，如果 0.7 分以上反而会被认为不正常，员工要自我反思原因是什么？是否是目标 O 设定得太低？

由 OKR 举一反三，推动企业发展的战略绩效管理包括：一个预备，五个操作环节。一个预备，是指企业在引入战略绩效管理体系前，要做好准备工作，包括：组建跨部门的团队；业务经理的绩效管理培训；绩效管理现状调研；《诊断报告》；直面绩效管理短板。五

个操作环节是指:

1. 描述企业的战略。
2. 确定部门季度 O,讨论支持部门 O 的 KR。
3. 确定岗位季度 O,讨论支持岗位 O 的 KR。
4. 设计 BSC + OKR 战略绩效管理流程制度。
5. BSC + OKR 战略绩效管理实施与切换。

企业战略绩效管理的挑战与对策见表 5 - 6。

表 5 - 6　　　　　　　　　企业战略绩效管理的挑战与对策

序号	挑　　战	对　　策
1	企业文化与人员的挑战	高层倡导、中层参与、基层理解
2	企业家战略思维的挑战	重视战略地图与 BSC 的作用,创业型公司也要有战略
3	组织架构与岗位分析挑战	梳理组织架构、部门职责、岗位设置与职能
4	信息化管理的挑战	BSC + OKR 导入一年后,引入 BSC 信息化软件,与信息系统协同
5	薪酬管理体系支持的挑战	开展必要的岗位价值评估,合理设计薪酬结构

第三节　基于 EVA 的业绩评价体系

一、EVA 方法的意义

EVA 即 Economic Value Added(经济附加值)的英文名称缩写,1990 年,美国 Stem Stewart 咨询公司首次提出,后在全世界得以广泛运用,全面考虑企业的资本成本是其创新之处。以企业价值增值为目标出发,调整 GAAP 得出的利润,可以更加客观地评价企业业绩。

EVA 基本理念源于剩余收益思想,指企业资本收益与资本成本之间的差额,即资本获得的收益,要补偿投资者承担的风险;股东必须赚取等于风险投资回报的收益率。其公式是:

经济附加值 EVA = 税后营业净利润 - (投入资本总额 × 加权平均资本成本率)

税后营业净利润 = 税后净利润 + 利息费用 + 无形资产摊销 + 递延所得税款的增加 + 研发支出的资本化金额
　　　　　- 研发支出的资本化金额摊销 + 人力支出的资本化金额 - 人力支出的资本化金额摊销
　　　　　+ 品牌支出的资本化金额 - 品牌支出的资本化金额摊销 + × × 支出的资本化金额
　　　　　- × × 支出的资本化金额摊销

投入资本总额 = 所有者权益 + 长期借款 + 应付债券 + 短期借款 + 递延所得税负债 - 递延所得税资产
　　　　　+ 研发支出的资本化金额 - 在建工程 - 现金和银行存款 + 人力支出的资本化金额
　　　　　+ 品牌支出的资本化金额 + × × 支出的资本化金额

加权平均资本成本率 = (债务资本成本率 × 债务占总资本比例) × (1 - 税率)
　　　　　+ (权益资本成本率 × 股权占总资本比例)

若 EVA 为正，表明企业的收益高于投入的资本成本，即企业为股东创造了价值；若 EVA 为负，表明股东财富在减少；若 EVA 为零，表明企业收益仅能满足资本成本，即投资者预期获得的最低收益。

EVA 业绩评价相对于传统评价方法，具有一定先进性，传统的企业业绩评价方法，很可能会引导企业决策关注短期行为，忽视企业长期的价值创造，主要表现在以下几个方面：

1. 管理层短视，用规模换发展。传统的业绩评价以当期利润等指标为主，管理者往往重点关注当期的盈利水平，不愿投入资源，致力于企业长期的发展，传统的业绩评价可能助长管理者短期投机行为和急功近利思想。

2. 轻视软实力投入。在经济全球化背景下，在知识经济和人工智能条件下，无形资产和智力资本等对企业应对激烈的竞争环境至关重要，传统的业绩评价方法往往不够重视。研发等费用在会计处理上，一般都作为费用，影响当期损益。管理者为获得较好的业绩表现，常常会减少这些增强企业软实力的投入。

3. 忽视资本成本。现行会计准则，净收益包含实际利润和权益资本成本。忽略权益资本成本，可能导致企业要求股东追加投资的同时，不重视提高投入资本的使用效率。

EVA 注重企业的可持续发展，可反映企业的经营业绩，体现企业创造的价值，引导经营者与股东的利益取向一致，是相对公允合理的业绩评价方法。

二、EVA 基础的绩效管理体系构成

以 EVA 为基础的绩效管理体系要发挥作用，必须完全融入企业的战略管理体系，以企业价值创造为业绩考核导向。该体系包括理念体系、战略回顾、计划预算、薪酬制度、激励制度、考评指标。战略回顾和计划预算是管理体系的关键组成部分。

1. 战略回顾，可分为价值创造分析、战略规划、资源配置、业务单元组合策略、投资决策、价值提升策略和财务风险管理等方面。

（1）价值创造分析。价值诊断包括标杆企业价值创造分析和企业价值创造分析。企业为进一步分析和制定战略，实现企业价值最大化，用经济增加值指标分析企业业绩状况和各业务单元的价值创造情况，哪些业务单元占用了企业大量资本？哪些业务单元正在创造和毁灭价值？其价值创造和资本占用是否匹配？

（2）基于 EVA 的战略规划管理。为避免战略规划、经营计划、预算管理相互脱节的问题。可运用 EVA 把战略、计划、预算紧密联结起来。战略规划管理要关注以下内容：战略规划的基础是实现企业可持续发展；战略规划的原则是股东价值最大化；战略规划管理的重点是年度目标分解、资源配置、阶段执行计划等工作。

（3）资源配置管理和业务单元组合策略。运用市场增长潜力 - 经济增加值回报率矩阵，对不同业务单元进行价值分析，制订资源配置计划，在优质业务单元中，集中资源配置，从而进行决策。

（4）投资决策管理。传统的投资决策，评估采用的是静态的 NPV 分析，缺乏量化分析和对资本的机会成本分析，可能忽视其他选择。EVA 方法充分考虑了资本的机会成本分析，有助于投资者避免盲目扩张，对管理者实施有效的管控。

（5）价值提升策略。主要分三类策略：一是对于现有资产的管理重点，通过去存货，

提高资产周转率;二是对于资本回报率低于资本成本率、与企业战略规划相背离的业务单元,应采取业务外包、退出或缩减生产规模等;三是对于未参与的项目,如果投资回报率高于资本成本率,要加大投资力度,以提高企业创造价值的能力。

(6) 财务风险管理。EVA方法提醒管理者,资本是有成本的,为追求股本收益率,应采取高财务杠杆的经营手段,找到负债和利润的平衡点,降低财务风险。

2. 强化计划预算。EVA的计划预算,基于企业战略规划和年度战略目标,包括预算编制、执行、调整、考评,形成完整的闭环。下面分别从财务层面和运营层面讨论:

(1) 财务层面。对直接影响企业EVA的资本回报率、税后净营业利润、资本周转率等关键指标进行分析,找出薄弱环节。

(2) 运营层面。通过分析并改善企业价值驱动要素。例如,可将税后净营业利润分解为主营业务收入、销售毛利、管理费用等要素,提高企业EVA。

三、EVA方法的应用流程

基于EVA的绩效管理体系应用流程包括:(1) 前期准备:建立企业的EVA核算中心和EVA思维模式;(2) 业务价值分析:分析业务板块EVA回报率和资本占用,确定正、负EVA业务和低EVA业务;(3) 关键驱动因素分析:确定EVA的变动驱动因素;(4) 制定战略规划,以战略为导向;(5) 编制基于EVA的预算;(6) 其他基于EVA的经营管理活动。

1. 建立EVA绩效管理体系的前期准备。建立EVA核算中心,作为绩效管理体系的责任中心。确定EVA核算中心的税后净营业利润、债务成本、权益资本等的测算原则。

在该环节,培训管理层和员工,使其建立EVA思维模式,进行变革管理,尤为重要。建立EVA思维模式,一般自上而下,企业管理层接受EVA后,再对员工进行宣贯、培训。

2. 业务价值分析。对业务板块的EVA回报率和资本占用进行分析,让管理层了解各板块占用资本、价值创造的情况,有助于制定战略规划、价值提升和计划预算策略。

3. 关键驱动因素分析。对影响EVA的关键驱动因素,分解为更具体的指标,尤其是财务比率指标,以便精准地反映其对EVA的影响程度;运用SWOT分析,进行行业对标。通过比较和分析,总结企业优劣势,以提升核心竞争力;根据行业的年度业绩评价标准(国务院国资委考核分配局发布),分析企业的关键价值驱动要素,提升企业价值,实现企业战略目标。

4. 制定战略规划,以战略为导向。应以EVA为导向,制定战略规划,设计、选择和实施价值最大化战略,实现企业价值最大化的目标。

5. 基于EVA的战略预算管理。战略预算管理是包括基于EVA的预算编制、执行、调整和考评,是完整的闭环。基于EVA的预算编制从战略规划和年度经营计划出发,根据管理层对市场的预期制定,充分考虑行业发展状况和企业的运营风险。

6. 其他基于价值的经营管理活动。其他基于价值的经营管理活动,包括但不限于以下内容:建立基于EVA的投资决策管理流程和兼并收购流程;利用EVA评估新上项目或产品;通过EVA改善采购过程来提高利润率等。

四、EVA 基础的绩效管理模式案例分析

下面分析 RH 公司的 EVA 绩效管理模式。

RH 集团是集技、工、贸为一体，涉及家电、信息、通信、电工、文化产业领域的特大型国有控股企业。RH 集团原来的绩效考核办法存在以下问题：与子公司确定绩效指标时的重复博弈；子公司抢占资源；多业务板块和同一板块不同子公司的绩效平衡问题。该集团决策层在了解到 EVA 是职业经理人和老板利益相对一致的系统后，将 EVA 指标引入原 KPI 考核体系之中，根据集团下属子公司或事业部年度的 EVA 结果和 KPI 指标的达成情况，确定子公司或事业部经理人薪酬的考核激励办法，并在应用中有效避免了 EVA 在企业的应用缺陷：精致化导向、轻资产导向、反向操作导向、去协同效应导向。以下是 RH 集团应用 EVA 的具体分析：

1. EVA 计算方法——简明实用。EVA 计算方法是体系建立的基础，简明和实用是 RH 集团确定应用 EVA 的两个原则。

理论上，标准的 EVA 计算方法是税后净营业利润（NOPAT）减去资本成本，RH 集团的 EVA 公式，考虑到集团各子公司（或事业部）所得税税负不同，以 NOPAT 的形式计算 EVA，被考评单位的 EVA 结果不具有可比性，因此，EVA 计算公式前半部分是税前概念，不包含财务费用，但未减去所得税。

2. EVA 调整事项：战略牵引。RH 集团 EVA 激励体系对集团的战略牵引，主要体现在收益类和资本类两类调整事项上。

（1）调整研发支出。RH 集团的战略决定了研发投入的重要性，上升到"一定要投，且要投一定的量"的层面。RH 集团提出了"责任利润"，是指以规定的研发投入占销售收入的责任比例为标准计算的利润。实际研发投入超过最低限额，虽然减少了当期的会计利润，但并不减少"责任利润"；将研发实际投入减至最低限额以下，虽然会增加当期会计利润，但不增加"责任利润"。

（2）调整重组损失。为激励被考评单位积极清理不产生 EVA 的投资项目、提高资本的使用效率，设置了"重组损失"收益类调整事项，不涉及资本成本，重组损失调整额等于清理对外投资产生的投资损失，经过以上调整后，对当期投资项目的清理，不会影响 EVA 结果，鼓励被考评单位从不能创造 EVA 的项目中抽回资金，调整到能创造 EVA 的项目中去。

（3）调整新项目投资。为了未来取得回报，进行针对某一项目的大规模资金投入。新投资项目运作初期，项目回报和项目投入一般不配比。考虑到新项目投入资金，可能以在建工程、固定资产、长期投资形式占用，也可能以待摊费用形式占用，故新项目投资调整额的确定办法是：新项目投资调整额 = 新项目投资产生的长期资产余额 + 新项目投资产生的待摊费用余额。

（4）调整 IT 建设费用。RH 集团"成为世界级企业"的战略目标，需要高水准的供应链整合与运作能力，要求各产业在物流、资金流、信息流方面必须高度协同，因此，IT 支撑的管理信息系统建设对 RH 集团至关重要。

EVA 激励中设置了"IT 建设费用"调整事项，该项目属于收益类调整项目，根据被考评单位的具体情况，确定每年度 IT 建设费用支出的最低限额，以最低限额为准计算"责任

利润"。IT 建设费用的具体核算口径由集团信息中心、财务部、审计部、企管部共同确定。

3. 资本成本率的确定：体现公平。EVA 激励体系设计的关键点和难点是资本成本率的确定。RH 集团 EVA 激励体系中资本成本率的确定遵循以下原则：计算资本成本是手段而不是目的，要简便易行，要体现公平。EVA 考核与激励范围覆盖多个产业，各产业的成熟程度，进入早晚、平均利润率以及资本承担的风险度是不一样的，通过设计资本成本率，平衡各经营单位和各产业之间的绩效考核。

4. EVA 激励体系与原考核体系有效结合。EVA 激励体系在原 KPI 考核体系的基础上进行优化。为了将 EVA 和原 KPI 考评体系有机融合，RH 集团特别在经理人的薪酬结构中，分出 EVA 年薪部分，该部分年薪与 EVA 挂钩，上不封顶，下不保底。挂钩办法如下：

以 EVA_0 表示上年度 EVA，EVA_1 表示本年度 EVA，r 为分享系数，a 为加大倍数，其作用是加大对 EVA 较上年增长部分的分享系数。由上述参数构成的 EVA 年薪计算办法为：

当 $EVA_1 > 0$，$EVA_0 < 0$ 时：EVA 年薪 = $EVA_1 \times r$

当 $EVA_1 < 0$ 时：　　　　　　EVA 年薪 = 0

上述 EVA 年薪计算办法在 EVA 增值的计算基准选择上，是以上年度的 EVA 作为基准的，对于起步阶段的 EVA 考核与激励来说，便于理解和操作，实际牵引效果明显。

第四节　集团企业业绩评价体系实践

集团企业是我国现代企业的一种重要形式，我国存在有多种资本结构形式的集团企业，其业绩评价体系的优化与改进关系着企业战略目标的实现。基于新形势下的企业战略导向，提出集团企业管理控制体系的特征，对集团企业绩效管理体系典型案例进行分析，并研究不同岗位的财务人员在绩效管理中的角色，是本节讨论的主要内容。

一、集团企业管理控制体系的特征

集团企业是指以资本为主要联结纽带，以母子企业为主体，以集团章程为共同行为规范的，由母企业、子企业、参股企业及其他成员共同组成的企业法人联合体。集团企业管控体系一般具有以下特征：

1. 经济体量较大，主导能力突出。集团企业在国民经济诸多领域中属于龙头企业或骨干企业，在大多行业均占有举足轻重的地位，有较强大的科研开发与生产能力，品牌效应明显。

2. 集团企业内部治理结构尚不完善。集团企业均建立了股东会、监事会及企业管理层的权利和义务明确的"三权分立"制度框架，但监事会在重大事项监督与约束方面，发挥的作用不明显，股东与经营者之间存在较大的代理冲突，一定程度上影响企业的高效运转和竞争力的提升。

3. 集团内部产权层级多。集团企业总体经营规模大，内部产权关系比较复杂，在管理上多实行纵向控制，通常实行的是逐级权利集中的、金字塔型纵向控制结构模式。控股链条的拉长可能会削弱集团企业的整体战略管控能力，造成内部业务单元的战略定位模糊，信息不对称程度增加。

4. 集团总部主导的集权力度趋强。集团总部对下属企业的管理控制在战略管控、资源配置及组织架构调整等方面都日益显现出强势主导地位，实行人、财、物高度集中管理，一般体现为责任与权力不对等、管理刚性有余而柔性不足、战略布局较多依赖总部管理层推动等现象。

二、集团企业绩效管理体系典型案例分析

集团企业管理控制体系改进的总体方向是因地制宜、创新推动、持续完善，探索出具有中国特色的集团企业科学管控方法。集团企业绩效管理体系往往不会单一地采用KPI指标或EVA指标，而是多种方法相结合，有的集团企业综合运用KPI指标、EVA指标、360度考核、目标管理法等多种绩效管理的方法，有些集团企业根据商业模式和业务特点，实施完全个性化的绩效管理体系。

本节从我国能源行业的整体现状入手，对国内某大型能源企业集团绩效管理体系进行分析研究。

近几年来，随着中国以重工业为重心的国民经济的高速发展和世界能源竞争的日趋激烈，能源市场消费需求快速增长，能源价格持续高位运行，能源企业从中获得了良好的发展机遇和经营效益。在强化国家能源安全战略、提高能源产业集中度和实现资源型区域可持续发展等国家和地方政府的相关政策的引导下，一批通过资源整合形成的具有多元股权结构、产业多元化经营特色的大型能源企业集团应运而生。随着企业规模的急剧扩大，能源企业集团如何进行以战略为导向的业绩评价体系呢？

作为我国能源行业的领军企业，TY集团一直走在我国能源企业改革与发展的最前沿，代表着我国能源企业生产力的最高水平。为了摸索出一条我国能源企业管理创新的新路子，同时为了实现成为世界一流企业的愿景，TY集团基于目前能源企业存在的问题和发展方向，提出了建设"五个一流"的战略决策。作为满足我国能源企业特点和需求的绩效评价体系，"五个一流"的绩效考评体系用于在集团层面对下属企业进行绩效评价，将基于"五个一流"的绩效考评指标作为一切生产经营的指挥棒，逐步达到"五个一流"的战略目标。

（一）"五个一流"的内涵

"五个一流"即安全一流、效益一流、创新一流、节约一流、和谐发展一流。"五个一流企业"的具体内容如下：

1. "安全一流"企业。作为能源生产经营企业，最难也是最关注的问题就是安全管理和安全生产问题，能源企业安全影响因素多而复杂，实现安全生产是能源企业的首要任务，安全为天、安全第一的理念必须贯彻到企业的各个方面。实现安全是对任何一个能源企业的最重要、最关键的要求，所以能源企业首先必须建成"安全一流"企业。其内涵就是要坚持"以人为本"，以安全生产为最基本要求。按照安全生产的要求，全面、全过程、全方位地深入开展各种技术和管理工作，实现人、机、物、环境和管理制度的有机结合，消除各种事故隐患，保证企业的生产安全有序进行。

2. "效益一流"企业。在市场竞争中，创造财富、获得利润和提高经济效益是对企业的客观要求，低效无效的企业终究会被淘汰。作为能源企业也不例外，除保证安全以外，另

一个关键任务就是提高企业经济效益，通过提高生产、经营及管理的质量，提高企业的获利能力和竞争力。建设"效益一流"企业就成为能源企业另一个重要任务。建设"效益一流"企业的目标是转变经济增长方式，实现手段是实现生产经营集约化、管理科学化，走内涵式发展道路，使企业整体工作效率高、科技水平高、管理体制现代化。

3. "创新一流"企业。科技是第一生产力，为实现安全生产和提高企业效益，创新是根本保证，没有科技作为保障，安全、质量、效益都很难达到。所以"创新一流"企业也是能源企业应长期追求的目标之一。

4. "节约一流"企业。在能源开采过程中，会消耗大量的不可再生的能源，同时要消耗大量的电力资源，如何实现资源的最佳开发和利用，节约资源，降低能耗也是能源企业的特点和任务之一，建设"节约一流"企业理所当然就成为能源企业应追求的目标之一。所谓"节约一流"企业就是要以不断提高能源回收率、提高资源综合利用率、推进节能降耗为主要目标，大力开展煤矿、矿区的循环经济工作，研究循环经济的模式和技术，综合利用废弃资源，推动企业可持续健康发展。

5. "和谐发展一流"企业。能源企业在开采过程中会带来地面塌陷、环境污染等外部性问题，容易与地方政府、社区、农民等利益相关者产生矛盾，同时企业内部由于工作环境和高危险性等因素也容易造成企业内部的不和谐，这是能源生产经营所带来的突出问题，这些问题和内外部环境处理不好，会直接影响企业的发展和战略目标的实现。所以能源企业应更关注如何和谐发展的问题，建设"和谐发展一流"企业就成为长远发展的必然要求。

目前，在能源企业内部，尚没有建立与上述"五个一流"相适应的统一的绩效考评体系，例如，某企业每个职能部门都有各自业务领域的绩效考评办法，总共有62个单项考评办法，有月度的、季度的、半年的、年度的，既增加了工作量，又不能形成"合力"，执行效果也不明显；各类主要指标也不能统一下达，计划性、时效性不强；重复考评、交叉检查的现象仍然存在，消耗了大量的人力、物力和时间，基层单位疲于应付，造成了极大的资源浪费；各类奖惩五花八门，不能有效、充分地发挥激励约束作用，员工主观能动性和工作积极性还不能得到充分调动。

管理大师德鲁克曾经说过"无法度量就无法管理"，强调了绩效评价对于企业管理的意义。与国外的企业相比，我国的能源企业在安全管理和技术创新上存在薄弱环节，造成了安全事故居高不下、人才流失等比较严重的现象。因此，按照"五个一流"建设的要求，重构适合我国能源企业内部对下属各个生产经营单位的绩效考评体系，对促进企业的经营和管理、提高战略管理水平、加强竞争力，具有深远的理论意义和现实意义。

（二）绩效考评的相关理论

基于"五个一流"的能源企业绩效考评体系涉及的理论基础较多，在这些理论中，目标管理理论和关键绩效指标理论与"五个一流企业"绩效考评模式的关系最为密切，成为"五个一流企业"绩效考评模式的重要理论支撑，本书称之为核心理论基础，同时，按照各种理论对"五个一流企业"绩效考评模式指导作用的方式，分为一般理论基础和直接理论基础。一般理论基础主要涉及委托代理理论、利益相关者理论，直接理论基础主要涉及系统思考理论、沃尔评分法理论、平衡计分卡理论。

(三) 基于"五个一流"的绩效考评体系构建

建立绩效考评框架是实施绩效考评的关键，构建基于"五个一流"的绩效考评体系，要树立"五个一流企业"建设统领全局的理念，突出"五个一流企业"建设战略目标的重要性和核心地位，遵循"体系统一、指标统一、考评统一、奖惩统一"的四统一思想，拓展和丰富"五个一流企业"建设的内涵，建立适合"五个一流企业"建设的统一、协调、全面、规范的集团内部绩效考评体系，加强全员性、全额性和全程性考核与奖惩力度，以提高企业生产经营活动的执行力和全面控制力，增强企业的核心竞争力。绩效考评体系框架的构建必须遵循以下总体思想：以"五个一流企业"建设统领全局，做到考评体系统一确定、各类指标统一由集团下达、各项考评统一进行、各种奖惩统一兑现，经营绩效指标与管理过程指标相结合，分类分级下达绩效考评指标。

根据以上原则和总体思想，提出基于"五个一流"的绩效考评体系框架。在整个考评体系中，为充分体现建设"五个一流企业"的最终目标，将考评体系分为5个子体系，即安全、质量效益、创新、资源节约、和谐发展。在各个子体系内，为充分考虑结果与过程有机结合的原则，再设置以考核结果为主的、定量的经营绩效指标和考核过程的、定性的管理指标，以达到全员、全过程、全方位的考评。在各个子体系按照经营绩效和管理绩效分别设置评价指标后，构成绩效评价的指标体系，考核指标要相互协调、相互适应，避免重复和矛盾。根据设置的考评指标，为评价各个基层单位的绩效，必须确定每个指标的考核标准（包括定量标准和定性标准），根据生产经营的实际，定期对照各个指标的评价标准，确定具体的绩效，再根据绩效进行相应的奖惩。

(四) 基于"五个一流"的绩效考评指标体系

绩效考评指标体系是指为实现"五个一流企业"战略目标，达到考评目的，按照系统论方法构建的由一系列反映经营各个方面绩效的相关指标组成的系统结构。只有构建科学的绩效考评指标体系，才能真实地反映经营单位的绩效，引导管理者的经营行为。

考评指标体系构建应注意：①绩效考评指标体系应充分反映集团对各个经营单位的各项要求，并与经营者考评目标保持一致；②绩效考评指标体系应能系统、相互联系地考评经营单位的绩效，要以构建系统完整的绩效考评指标体系为出发点，考虑各类指标在体系中的合理构成；③每一项绩效考评指标要有严格的定义和明确的针对性，指标之间要尽量避免重复或相互涵盖；④绩效考评指标体系要适中，在不影响考评结果的情况下，指标数量越少越好；⑤绩效考评指标有关数据的获取要力求简捷，实施的指标具有可行性与现实性；⑥管理绩效不能量化的方面就设计一些定性指标予以反映；⑦指标设计时要采用共性指标，忽略个性指标，以使指标能够进行同行业的纵向比较和不同行业的横向比较，直至国际可比。

指标体系的构建过程是一个从具体到抽象再到具体的辩证逻辑思维过程，是人们对现象总体数量特征的认识逐步深化、逐步求精、逐步完善、逐步系统化的过程。根据绩效考评总体框架，遵循"体系统一、指标统一、考评统一、奖惩统一"的原则，对"五个一流"中的每一型分别设置相应的评价指标子体系，再汇总形成统一的评价指标体系，在指标设置上为了体现结果与过程的有机结合，分为经营绩效指标和管理绩效指标两大部分，如表5-7所示。

表 5-7　　　　　　　　　　"五个一流"绩效评价体系的组成

一级指标	二级指标		
安全一流	经营绩效	发生死亡事故	
		重伤、轻伤及未遂事故	
		重大安全隐患	
		重大经济损失	
		瓦斯排放	
	管理绩效	风险预控管理	
		组织保障管理	
		人员不安全行为管理	
		生产系统安全要素管理	
		辅助管理	
效益一流	经营绩效	原煤产量	
		掘进进尺	
		能源质量	
		可控成本	
		万吨煤故障停机时间	
		流动资产周转率	
		资产损失率	
	管理绩效	基础工作	
		全面预算管理	
		成本（费用）控制	
		质量管理	
		财务管理	
		人力资源管理	
		班组建设	
		储装运管理	
节约一流	经营绩效	节能指标管理	
		污染减排指标	
		资源综合利用指标	
		资源回采率	
	管理绩效	节能降耗管理	组织体系建设
			技能基础管理
			法律法规规章制度健全
			主产品限额定额管理
		主要污染物减排、资源综合利用管理	减排目标、指标管理
			减排措施（项目）管理
			减排基础管理
		回采率	预算要素管理

续表

一级指标	二级指标	
创新一流	信息化建设	信息化管理体系建设
		网络系统建设
		信息化总体规划实施
	科技管理与创新	创新管理体系建设
		创新投入
		创新项目管理
		科技成果管理
		知识产权管理
和谐发展一流	政治建设	组织建设
		班子建设
		党员管理
		党风党纪
		效能监察
		案件查处
		民主管理
		团青工作
	精神文明建设	思想宣传
		企业文化
		党员管理
		文明创建
		综合治理
		信访工作
		普法工作

基于"五个一流"的能源企业内部考评指标体系由五个一级指标、60个二级指标构成。

（五）基于"五个一流"的绩效考评模型

基于"五个一流"能源企业绩效考评模型的建立使用德尔菲法、模糊综合评判方法、层次分析法、改进的层次分析法。

1. 德尔菲法。德尔菲法亦称为专家意见征询法，是一种向专家反复函询收集意见，预测的方法。德尔菲法集中了专家的经验与意见，并不断地反馈和修改，同时排除了人际关系干扰，具有很大优越性，能够得到比较满意的结果。

2. 模糊综合评判方法。模糊综合评价（或评判）是指运用模糊统计方法，综合考虑影响某事物的各个因素，来对该事物的优劣做出科学的评价的一种方法。在多数情况下，评价涉及模糊因素，用模糊数学的方法进行评价有较好的效果。该种方法提供了解决决策过程中模糊信息的定量处理问题的方法。政府投资于公共项目的环境绩效审计评价的指标体系所包含的因素很多，而且各因素之间往往还有层次之分。在这种情况下，采用多级综合评判的方法是很有效的。

3. 层次分析法。层次分析法（Analytic Hierarchy Process，AHP）又称 AHP 法，在能源系统分析、城市规划、科研成果评价的诸多领域都得到了广泛的应用。AHP 法是一种决策思维的方式，它把复杂的问题逐一分解为多个组成要素，并将这些要素按其内在联系进一步划分成有序的阶梯层结构，然后通过两两比较的方式逐一确定每一层次中不同因素的相对重要性，最后对各要素的相对重要性进行统一排序。这个过程与人们通常的决策思维过程非常一致，但同时又简化了负责问题的处理方法。AHP 法能够综合考虑决策中的定性因素与定量因素。它的显著特点有系统性强、适用范围广、简单易行等。该方法适合于社会系统、经济系统和大型系统工程的决策分析。

本章小结

绩效管理对于企业来说，是个系统工程，是指各级管理者为了达到组织目标共同参与的绩效计划制订、绩效辅导沟通、绩效考核评价、绩效结果应用、绩效目标提升的持续循环过程，绩效管理的目的是持续提升个人、部门和组织的绩效。

第一节主要知识点为绩效管理的目标与作用，绩效管理的一般流程，重点在于绩效管理体系的构成。

第二节主要内容是基于 KPI 的业绩评价体系，从 KPI 方法的意义入手，重点介绍 KPI 基础的绩效管理体系构成和 KPI 方法的应用流程，并全面介绍中级管理会计如何做好以 KPI 为基础的绩效管理报告，满足管理层和战略层的决策支持需要。

第三节重点讲述基于 EVA 的业绩评价体系。首先介绍了经济增加值 EVA 方法的意义和 EVA 基础的绩效管理体系构成，其次分析了 EVA 方法的应用流程，最后介绍了如何做好以 EVA 为基础的绩效管理报告。

第四节是案例分析，他山之石，可以攻玉，介绍了集团企业业绩评价体系的特征和最佳实践。

本章习题

一、思考题

1. 什么是绩效管理？绩效管理的目标和作用分别是什么？
2. 绩效管理的一般流程是什么？
3. 请简述绩效管理体系的构成。
4. 请回答 KPI 基础的绩效管理体系构成。
5. 请谈谈 EVA 方法的意义。
6. 试回答 EVA 基础的绩效管理体系构成。
7. EVA 方法的应用流程是什么？

8. 请阐述集团企业管控体系的特征。

二、单项选择题

1. （　　）不属于行为导向型考评方法。
   A. 强制分配法　　　B. 强迫选择法　　　C. 成对比较法　　　D. 直接指标法
2. （　　）比较适用于考评从事教学、科研工作的教师、专家。
   A. 成绩记录法　　　B. 短文法　　　C. 劳动定额法　　　D. 排列法
3. "日清日结法"的实施程序包括：①考评与激励；②设定目标；③控制。正确顺序为（　　）。
   A. ③①②　　　B. ①②③　　　C. ③②①　　　D. ②③①
4. （　　）不是由考评者的主观性带来的。
   A. 晕轮误差　　　B. 自我中心效应　　　C. 分布误差　　　D. 评价标准误差
5. 设计绩效考评指标体系的程序包括：①理论验证；②工作分析；③指标调查；④修改调整。其正确顺序是（　　）。
   A. ②③①④　　　B. ③①②④　　　C. ②①③④　　　D. ①②③④
6. 对考评指标标准进行多种要素综合计分，不宜选用（　　）。
   A. 简单相加法　　　B. 系数相乘法　　　C. 百分比系数法　　　D. 几何平均法
7. 关键绩效指标包括数量指标、质量指标、成本指标和（　　）。
   A. 时间指标　　　B. 时限指标　　　C. 利润指标　　　D. 收益率指标
8. 在设定关键绩效指标时，（　　）不适合用来解决工作产出项目过多的问题。
   A. 设置更为全面的指标体系
   B. 比较产出结果对组织的贡献率
   C. 删除与工作目标不符合的产出项目
   D. 合并同类项，将增值贡献率的产出归到一个更高的类别
9. 在360度考评中，主观性最强的维度是（　　）。
   A. 上级评价　　　B. 同级评价　　　C. 下级评价　　　D. 自我评价
10. 360度考评法是基于（　　）的一种考评方法。
    A. 性格特征　　　B. 胜任特征　　　C. 外貌特征　　　D. 品质特征

三、多项选择题

1. 结果评估的缺点包括（　　）。
   A. 需要较长的时间
   B. 相关经验少，评估技术不完善
   C. 多因多果，只能做定性方面的分析
   D. 多因多果，简单的数字对比意义不大
   E. 必须取得管理层的合作，否则无法拿到相关数据
2. 综合型绩效考评方法包括（　　）。
   A. 合成考评法　　　B. 直接指标法　　　C. 日清日结法　　　D. 关键事件法
   E. 图解式评价量表法

3. 绩效考评效标是指评价员工绩效的指标及标准，具体包括（   ）。
   A. 优越性效标　　　B. 特征性效标　　　C. 结果性效标　　　D. 行为性效标
   E. 一般性效标
4. 绩效考评方法在应用中可能出现的偏误有（   ）。
   A. 分布误差　　　　B. 自我中心效应　　C. 个人偏见　　　　D. 优先和近期效应
   E. 晕轮误差
5. 头脑风暴法应该遵循的基本原则包括（   ）。
   A. 鼓励别人改进想法　　　　　　　　B. 依靠个人的冷静思考
   C. 思想愈激进愈开放愈好　　　　　　D. 强调产生想法的数量
   E. 任何时候都不批评别人的想法
6. 战略导向的 KPI 体系的意义体现在（   ）。
   A. 具有战略导向的牵引作用
   B. 是企业实施战略规划的重要工具
   C. 能够最大限度地激发员工的斗志
   D. 能够调动全员的积极性、主动性和创造性
   E. 是激励和约束企业员工行为的一种新型机制
7. 设计绩效考评指标体系应遵循的基本原则包括（   ）。
   A. 简洁性原则　　　B. 明确性原则　　　C. 针对性原则　　　D. 科学性原则
   E. 经济性原则

参考文献

［1］刘军胜，《绩效考评工具评析》，《企业改革与管理》，2007 年第 11 期。

［2］高畅宏，《中小企业绩效考核问题诊断与分析》，《辽宁广播电视大学学报》，2008 年第 1 期。

［3］庞晓东，《天元集团企业文化建设问题研究》，中国石油大学（华东）2013 年。

［4］邓华，《如何建立有效的绩效管理体系》，《科技咨询导报》，2007 年第 7 期。

［5］杨胜奇，《辽河石油装备制造总企业员工绩效考核的研究》，大连理工大学 2012 年。

［6］马文亮，《中国农业银行邢台分行员工绩效考核研究》，河北大学 2013 年。

［7］金芙蓉，《连云港金希普传播有限企业员工绩效考核体系设计与应用》，南京理工大学 2010 年。

［8］陈建军，《江铃汽车股份有限公司车架厂员工绩效考核体系设计研究》，西北大学 2009 年。

［9］李淑勤，《隐规则对中小企业绩效考核影响初探》，《企业活力》，2007 年第 1 期。

［10］赵静杰、庞博，《知识型员工绩效评价模型研究》，《管理现代化》，2006 年第 2 期。

［11］王亚荣，《基于战略导向的高校教师绩效评估体系的研究》，《时代经贸》（中旬刊），2008 年第 58 期。

［12］代家龙，《胜利油田效能监察重点项目跟踪监督研究》，中国石油大学（华东）2013 年。

［13］焦国敏，《中石油海外勘探开发成本管理研究》，中国石油大学（华东）2013 年。

［14］罗爱民，《胜利油田海洋石油开采成本控制研究》，中国石油大学（华东）2013 年。

［15］刘升华，《陕西明德集团成本构成与控制研究》，中国石油大学（华东）2013 年。

［16］石俊，《提升核心竞争力视角下西王集团企业文化建设问题研究》，中国石油大学（华东）2013 年。

［17］吴建华，《对我国知识型员工绩效考核的思考》，《商场现代化》，2005 年第 21 期。

［18］陈敏、马东晓、易树平、乔胜普、向东，《基于工作分析的绩效考核体系研究》，《工业工程与管理》，2003 年第 5 期。

［19］Sohel Ahmad, Roger G. Schroeder. the impact of human resource management practices on operational performance: recognizing country and industry differences ［J］. Journal of operations Management, 2002 (1).

［20］Gerald A. Feirham Martin G. H. Wu. Public Reports, Information Acquisition by Investors, and Management Incentives ［J］. Review of Accounting Studies, 2000 (2).

第六章 风险管理

【学习目标】
- 了解风险管理体系的构建
- 掌握风险管理的五大基本流程
- 学会应用各种风险管理策略
- 掌握企业集团风险管理的方法

第一节 风险管理体系的构建

一、风险管理体系的构建原则

(一) 整体性原则

企业风险管理的构建要以企业的战略目标为指导,从整体上把握企业的风险管理,将各相关部门有效地进行融合,从组合风险的角度考虑风险。企业应确定公司的长、短、中期目标,之后根据目标进行事件确认、风险评估,制定相应的风险管理策略,然后构建相应的方针政策对风险实施管理,确保目标的实现。

(二) 合法合规原则

构建企业风险管理应遵循企业内外的法律、法规的环境约束。这些约束内容本身是构建企业风险管理时的刚性要求,企业在构建风险管理时不可能超越这些需求,而应认真研究这些要求。

(三) 成本效益原则

企业任何项目的实施都要付出成本,风险管理的建立也是如此。因此,企业在进行风险管理构建时,要对风险管理具体措施的成本及其收益进行比较,权衡成本与收益,要以切实可行为目标,合理择用方法与体系。一般来说,企业应该针对那些在企业风险经营中,发挥作用大、影响范围广的关键风险进行管理。对那些仅在局部发挥作用、影响特定范围的一般风险,不必花费大量的人力、物力、财力去管理,而应分出重点与一般,关键与非关键,分出轻重缓急来构建企业风险管理的内容体系。

(四) 全面整合原则

企业风险管理的构建不可能摆脱企业内部环境的现实。例如,企业风险管理的文化、战略目标、企业管理层和各级员工的风险偏好、内部控制建设现状、ERP及企业信息化状况、企业管理水平等诸多现实问题。企业风险管理的构建必须与这些关键因素进行全面整合,在构建时充分考虑这些因素,而不能抛弃这些因素不管,否则,企业的风险管理构建注定是失败的。例如,企业风险管理作为企业管理活动的一个组成部分,就必须要与企业的发展战略相整合,只有两者相符,企业的风险管理才会有效。尤其值得关注的是,不同的企业,其战略选择不同,对面临的同一风险也会采取不同的应对措施。再如,企业在进行风险管理构建的过程中,应把风险管理工作与企业的其他管理工作相结合,将风险管理与企业的各项工作相融合,将风险管理渗透入企业管理和业务流程中,结合企业组织架构的三个层级可以形成风险管理控制的三道防线:以相关职能部门和业务单位为第一道防线;以风险管理部门和董事会风险管理委员会为第二道防线;以内部审计部门和董事会审计委员会为第三道防线。

(五) 考虑损失的可能性原则

在确定性的风险决策中,企业各种损失发生的概率是可以知道的,而在不确定性的风险决策中是不知道这些信息的。因此,决策中的信息越充分,决策准确程度越高。对于风险管理决策者而言,确定性风险决策最为安全可靠。然而,有时人们对这种可能性或概率的理解会发生偏差,因为损失是否会发生的可能性并没有如损失确实发生时的损失程度那么重要。这并不是说企业在应对风险时,特定风险可能性可以被忽略,恰恰相反,即使是潜在的损失程度表明必须对某个风险采取什么措施时,这个风险损失的可能性对风险管理策略也起到决定性作用。这个原则强调了针对特定的风险,在考虑采取何种应对措施时必须把损失的可能性或概率作为一个重要的因素来考虑。

(六) 制衡性原则

风险管理应当在治理结构、机构设置及权责分配、业务流程等方面最好能相互制约、相互监督,同时兼顾运营效率。企业应当根据国家有关法律法规的规定,明确董事会、监事会和经理层的职责权限、任职条件、议事规则和工作程序,确保决策、执行和监督相互分离,形成制衡。企业应当综合考虑企业的性质、发展战略、文化理念和管理要求等因素,合理设置内部职能部门,明确各机构的职责权限、避免职能交叉、缺失或权责过于集中,形成各司其职、各负其责、相互制约、相互协调的工作机制。

二、企业风险管理中的组织架构构建

(一) 企业风险管理组织架构中的三道防线

企业的风险管理是从企业的战略层到操作层的整体过程,通过建立企业风险管理的组织架构可以明确企业各层级的不同风险管理目标和功能,是企业战略和风险管理计划制定、落实与执行的有力保障。不同的企业面临着不同的风险,企业需要根据自身的特点建立适合的风险管理组织架构。通常来看,企业的风险管理组织架构一般由战略层、支持层和业务层组成。一般企业的风险管理组织架构如图 6-1 所示。

从图 6-1 中可以看出,三道防线之间有着紧密的联系,具体而言,第一道防线在风险管理中起着基础作用,接受第二道防线的领导和第三道防线的监督;第二道防线在风险管理中处于核心领导地位;第三道防线的监控作用保障第二道防线的科学决策和第一道防线的有

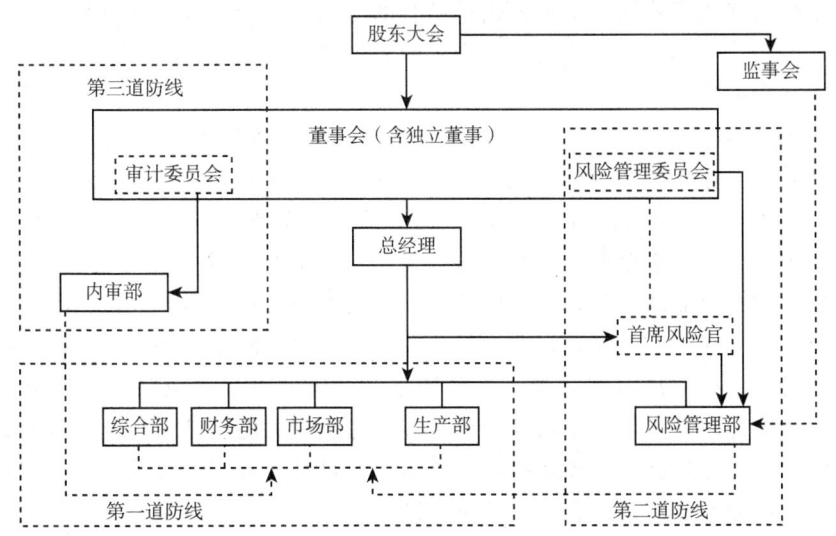

图 6-1 企业风险管理组织架构图

效实施；第二道防线中的风险管理委员会与第三道防线中的审计委员会相互支撑，从而实现公司治理架构下董事会在风险管理中的关键作用。

1. 风险管理的第一道防线：业务单位与相关职能部门。业务单位是企业经营的基本单位，包含了企业中的大部分资产和业务，有其特定的战略、目标、市场、客户和产品。业务单位在日常经营中直接面对各类风险，只有充分了解自身、竞争对手、客户及所面临的机遇和风险，才能为企业降低生产成本、提高产品质量，同时为企业创造更多利润、服务客户，为股东挣得更多的回报。身处第一线的业务及相关职能部门的管理层要负责管理所选定的经营模式中的许多固有风险。由于业务单位与相关职能部门是防范风险的第一道防线，同时也是企业风险管理的最前线，企业必须把风险管理的手段和内控程序融入业务单位的业务流程中，建立好企业风险防范的第一道防线。

企业建立第一道防线，就需要业务单位和相关职能部门就其运营风险、市场风险、财务风险、战略风险等做系统化的识别、衡量、分析、管理和监控。要建立好第一道防线，企业业务单位和相关职能部门需要做好如下工作：

（1）了解企业战略目标，根据战略目标调节企业风险排序、风险容忍度和风险战略等，使其符合企业的战略方针；

（2）识别风险类别，衡量和评估风险，查明风险的来源；

（3）决定转移、避免、接受或降低风险策略；

（4）向主要经理分派风险管理职责；

（5）构建和实施与风险策略相关的内部控制，同时把评估风险与内控措施的结果做记录和存档，并不断对内控措施的有效性进行测试和更新；

（6）对风险管理的实施结果以及控制活动的信息等及时进行沟通与汇报。

风险管理部门与业务部门之间是立法者与守法者之间的关系。风险管理部门制定风险管理政策和策略，在业务部门指定专门岗位负责风险的管理，业务部门按照风险政策和策略进行日常业务运作，只要业务部门不违反任何风险管理政策，他们就有充分的自由。此外，还可以采取将立法与守法模式和咨询模式进行结合的做法，比如，风险管理部门制定风险管理政策和策略并参与业务部门的风险管理，内部审计则扩大只关注财务报告相关风险的职能，对企业风险实行全面监督。

2. 风险管理的第二道防线：风险管理职能部门。风险管理的第二道防线是在业务单位风险防范的基础之上建立一个更高层级的风险管理防线，主要包括风险管理部门、投资审批委员会、信贷审批委员会等职能管理部门。具备条件的企业，董事会可下设风险管理委员会，风险管理委员会由董事会正式授权监管风险活动，确保首席风险官适当履行风险责任。风险管理职能部门是企业风险管理框架中的一个选设部门，可以由企业的某个职能部门或独立运作的单位组成。在企业的经营过程中有些固有的特定风险是业务部门无法管理的，或者是无法有效地管理，按照风险组合观，这些特定的风险就可以由风险管理职能部门负责管理。风险管理职能部门的目标是使得同一个或多个风险相关的管理工作发展成为企业的一项核心能力。同时，当业务部门考虑承担某些风险，而自身又缺乏相关知识和专门技能时，风险管理职能部门就会与业务部门合作，给予帮助。

所以，风险管理职能部门的责任是领导和协助企业内部各单位在风险管理方面的工作，主要职责包括：

（1）编制规章制度；
（2）对各业务单位的风险进行组合管理；
（3）度量风险和评估风险的界限；
（4）建立风险信息系统和预警系统，厘定关键风险指标；
（5）负责风险信息披露、沟通、协调员工培训和学习的工作；
（6）按风险与回报的分析，为各业务单位分配经济资本金。

与业务部门相比较，风险管理职能部门克服了狭隘的部门利益，从企业的整体利益角度考察项目和活动的风险，如销售部门可能单纯地追求销售额，忽略销售信用风险，而风险管理部门就可以从整体上把握，关注应收账款回收的可能性。同时风险管理部门还可以综合平衡各部门风险，针对企业不同发展阶段面临的各种风险，根据一定的原则，将风险分配到不同部门，对每个部门的风险进行风险上限控制。

3. 风险管理的第三道防线：内部审计职能部门。第三道防线是企业风险管理的最后一道防线，涉及的是一个独立于业务单位的部门，即内部审计部门，它是审计委员会的全职执行机构，通过周期或临时审查业务部门和职能单位的具体运作来监察它们对营运政策及程序的遵守情况，以改善企业的经营和增加企业价值为目的。内部审计部门通过系统的方法，评价和改进企业的风险管理、控制治理流程效益，帮助企业实现经营目标。根据内部审计师协会对内部审计的相关规定，内部审计应承担的核心工作包括：

（1）为企业风险管理流程提供保障；
（2）确保风险得到正确的评估；
（3）评估风险管理流程；
（4）评估关键风险的报告工作；
（5）检查对关键风险的管理工作。

通过对核心角色的定位理解，内部审计部门要起到防线的作用，要具备以下功能：

（1）财务监督功能。包括审计财务报表，监督企业内部管理和制度的执行。

(2) 经营诊断的功能。通过管理审计以及效率和效益审计，检查和诊断经营和管理过程中的偏差和失误。

(3) 咨询顾问的功能。即进行企业风险管理和发展策略方面的咨询，调查领导关心的热点问题，管理薄弱环节。

内部审计部门通过识别和评价风险的充分性、评价已有风险衡量的恰当性以及评估风险防范措施的有效性三方面参与企业风险管理。企业的内部审计工作一般是对各业务部门和风险管理职能部门的风险管理活动进行再监督，不需亲自参与每项风险的评估和控制。

企业通过设立风险管理的三道防线，能将企业从经营到管理面临的风险尽量控制在可承受范围内，并能及时针对风险的不同类型作出调整，同时确保风险管理的工作能落实到具体层面。

(二) 企业风险管理组织架构中的主要角色定位

1. 独立董事角色定位。独立董事（Independent Director）是指独立于公司股东且不在企业内部任职，与企业或企业经营管理者没有重要的业务联系或专业联系，并对企业事务做出独立判断的董事。也有观点认为，独立董事应该界定为只在上市公司担任独立董事，除此之外不再担任该公司任何其他职务，并与上市公司及其大股东之间不存在妨碍其独立做出客观判断的利害关系。独立董事对所任职的公司来说，地位是独立的，既不代表主要出资人，也不代表公司管理层。

独立董事在风险管理中的作用主要表现为：①独立董事具备的丰富经历和广阔视角，能为企业增加识别风险的能力；②独立董事更多的独立性，可减少内部人控制的不确定性。

2. 董事会角色定位。董事会（Board of directors）是依照有关法律、行政法规和政策规定，按企业章程设立并由全体董事组成的业务执行机关，负责企业和业务经营活动的指挥与管理，对企业股东大会负责并报告工作。董事会由股东（大）会选举产生，是股东（大）会的执行机构，就全面风险管理工作的有效性对股东大会负责。其在企业风险管理中的职责主要表现为：

(1) 创造良好的风险控制环境。控制环境的好坏会影响企业风险管理活动的结果，要创造良好的控制环境要求董事会能传达积极稳健的管理哲学和经营风格，同时以身则，以正直、诚实的道德规范，督导企业风险管理文化的培育。

同时，董事会还负责建设风险管理组织体系，通过设立风险管理委员会和审计委员会两个专门机构，承担风险管理与评估以及内外部审计的工作。还需要安排首席执行官与首席风险官的人选，确保他们有能力执行风险管理政策。

(2) 确定风险管理的总体目标、风险偏好、风险承受度。企业战略决定企业的走向，董事会是企业决策的制定者，需要根据对竞争环境及自身实力的判断，制定符合企业发展的战略，并据此确定其风险管理的总体目标、风险偏好以及风险承受度，统领全局。

董事会的风险偏好可能会随着企业发展阶段和竞争环境的变化而变化，需要在充分考虑企业风险管理总体目标、风险偏好及风险承受度后，批准企业的风险管理决策和重大风险管理解决方案。

(3) 掌握企业外部环境的变动。董事会担当的是统领全局的责任，应充分了解外部环境的变动，如国家的方针政策、行业发展态势以及国际政治经济形势的变动等情况，同时结合企业自身的发展状况做出有效的风险决策。

（4）批准与风险管理相关的决策、解决方案。董事会应在企业管理、业务知识、防范危机、国际形势、战略发展等领域具有丰富的经验和专业知识，利用相关的知识对以下内容做出相应的批复：①重大决策、重大风险、重大事件和重要业务流程的判断标准或判断机制；②重大决策的风险评估报告；③内部审计部门提交的风险管理监督评价审计报告；④风险管理组织机构设置及其职责方案；⑤风险管理措施，纠正和处理任何组织或个人超越风险管理制度做出的风险性决定的行为等。

（5）监督风险管理的实施。董事会应与高级管理层讨论企业风险管理的进展情况，应确保及时获知有关企业的重大风险、管理层的行动措施和企业风险承受能力等信息。董事会监督的有效性，依赖于董事会预先参与政策制定、风险评估和战略制定等活动，并确保管理层具备相应的能力，能够及时实施风险应对措施。

（6）审议并向股东大会提交企业全面风险管理年度工作报告。由董事会审议并向股东（大）会提交企业全面风险管理年度工作报告，并将这项工作作为董事会在风险管理方面的首要职责，这是从制度体系上明确董事会在企业全面风险管理中的重要职责，使董事会的责任更加明确化、具体化。

总结以上职责内容，本书认为，其实董事会主要明确三项职责：第一是把握企业发展方向；第二是选对人；第三是控制主要风险，体现为判断风险、控制风险并承担风险决策的责任。

3. 风险管理委员会角色定位。具备条件的企业，董事会下可以设置风险管理委员会，也就是说，企业风险管理委员会是根据企业的规模条件等非强制性要求设立的。风险管理委员会作为风险管理决策的最高机构，直接决定企业风险管理的方向和成败。董事会往往从成员中挑选熟悉企业重要管理、业务流程，具备风险管理监管知识或经验、具备一定法律知识的成员成立风险管理委员会，负责企业整体的风险管理事务，并定期向董事会汇报。该委员会的召集人应由不兼任总经理的董事长担任，董事长兼任总经理的，可以由外部董事或者独立董事担任。从现实来看，其主要职责包括：

（1）提交全面风险管理年度报告；

（2）审议风险管理策略和重大风险管理解决方案；

（3）审议重大决策、重大风险、重大事件和重要业务流程的判断标准或判断机制，以及重大决策的风险评估报告；

（4）对企业风险及管理状况和风险管理能力及水平进行评价，提出完善企业风险管理和内部控制的建议；

（5）审议内部审计部门提交的风险管理监督评价审计综合报告，对已出现的风险提出化解措施；

（6）审议风险管理组织机构设置及其职责方案；

（7）风险管理委员会在必要情况下，可以独立聘请外部中介机构为其决策提供专业服务；

（8）办理董事会授权的有关全面风险管理的其他事项。

4. 首席风险官角色定位。首席风险官负责管理企业的日常风险，一般由具有 10 年以上工作经验的高级执行人员担任。其职位的设立是基于风险管理的重要性，也是为了更好地贯彻风险管理委员会的决策，推动企业风险管理流程和架构的应用和执行。首席风险官一般直接对风险管理委员会负责，并汇报工作。作为企业风险管理的直接支持者，首席风险官并不拥有直接管理特定风险的责任，而是凭借风险管理委员会、首席执行官、董事会的授权，以顾问和协作角色开展工作。其具体职责主要有：

（1）设置风险管理组织机构。首席风险官的首要工作就是需要结合企业管理模式，提出风险管理机构的设置方案，界定部门职责权限，描述岗位的设置及岗位职责等。同时，就企业风险管理愿景与高级管理层进一步协商，确保风险管理的方向和日常风险管理工作的落实。

（2）建立与企业自身相适应的风险管理框架。只有与企业自身状况相结合的风险管理框架，才能适用于企业。首席风险官的职责就是确保建立的风险管理框架是适合于企业的，能够协助管理层整合风险管理流程和业务管理流程；建立风险管理容忍度标准，获得首席执行官和风险管理委员会的批准；在企业运营过程中，及时发现风险管理的盲区等，并能及时解决；创建良好的风险管理环境和风险管理文化氛围；确定风险管理部门的角色，整合和评估业务部门提供的风险管理业绩和潜在的风险信息，形成风险管理报告。

（3）持续改进企业风险管理能力。首席风险官需要定期对企业内部的风险管理政策、流程、实施情况、风险管理体系等进行识别和评估，对企业风险管理的薄弱环节和缺陷进行修改和完善，促进业务部门和其他职能部门的合作，共同维护和改进企业的风险管理能力。

（4）就风险管理工作计划和结果向董事会汇报。首席风险官需要针对企业风险管理的执行情况等定期向风险管理委员会和首席执行官汇报，以便高层管理人员能将风险程度和风险管理业绩做有机整合。

5. 风险管理部门角色定位。位处第二道防线的风险管理部门，是企业设立的专职部门，该部门对总经理或其委托的高级管理人员负责。主要负责企业各业务和职能部门运营流程的风险监控，监督各部门对企业规章制度的执行情况，并向总经理和风险管理委员会汇报检查监督结果。其职责主要包括：

（1）研究提出全面风险管理工作报告；

（2）研究提出跨职能部门的重大决策、重大风险、重大事件和重要业务流程的判断标准或判断机制；

（3）研究提出跨职能部门的重大决策风险评估报告；

（4）研究提出风险管理策略和跨职能部门的重大风险管理解决方案，并负责该方案的组织实施和对该风险的日常监控；

（5）协助业务部门拟定其风险限额及其分配方式，并适时向首席执行官做风险管理报告；

（6）负责对全面风险管理有效性评估，研究提出全面风险管理的改进方案；

（7）负责组织建立风险管理信息系统，在业务和职能部门落实风险管理事项，内部审计部门监督执行结果并向风险管理部门报告；

（8）负责指导、监督有关职能部门，各业务单位以及全资、控股子企业开展全面风险管理工作；

（9）在业务开展过程中评价和监察业务部门的风险，以及业务部门使用的风险模型和

风险工具,发现存在的问题并提出解决建议;

(10) 提供与风险管理相关的咨询,协助业务部门解决实际风险问题;

(11) 组织企业内部各职能部门和业务部门识别、评估风险,就特定和关键风险,推荐相应的对策。

6. 审计委员会及内部审计部门角色定位:

(1) 审计委员会。审计委员会是董事会下设的一个专设机构,向董事会负责,它一般由3-5名独立董事组成。从企业整体来看,审计委员会的地位高于内部审计部门,并对之进行监督。审计委员会一般由熟悉财务和审计等方面董事成员组成,他们往往关注企业的公开财务报告风险,参与讨论管理层提出的风险评估和管理的各项政策,了解和询问企业风险评估的流程,从全新的视角考察研究新风险和潜在风险。

(2) 内部审计部门。国资委8号令《中央企业内部审计管理暂行办法》规定:内部审计机构对本企业及其子企业的内部控制健全性、合理性和有效性进行检查、评价和意见反馈,对企业有关业务的经营风险进行评估和意见反馈。企业内部审计机构应对违反国家法律法规和企业内部管理制度的行为及时报告,并提出处理意见;对发现的内部控制管理漏洞,及时提出修改意见。审计委员会下设内部审计部门,内部审计部门对审计委员会负责。内部审计部门在风险管理方面,主要负责研究提出全面风险管理监督评价体系,制定监督评价相关制度,开展监督与评价,出具监督评价审计报告。同时,内部审计部门还可以通过将风险管理评价作为审计工作的一部分,以检查、评价风险管理过程的适当性和有效性,并提出改进建议。

内部审计参与企业风险管理有一定的优势,但同时由于其独立性不足,要求审计委员会还必须借助外部审计力量,降低企业的风险。同时需要注意的是,根据国际内部审计师协会(IIA)及COSO报告的规定,不建议内部审计部门领导企业风险管理的工作,企业风险管理最终还是要由公司最高管理层来推动。

第二节 风险管理文化的构建

企业文化是企业在长期的实践活动中所形成的并且为企业成员普遍认可和遵循的具有企业特色的价值观念、经营理念、团体意识、工作作风、企业精神、行为规范和思维方式的总和,它渗透于企业的一切经营活动中,是推动企业持续发展的不竭动力。在知识经济时代,企业文化已经成为企业核心竞争力的主要构成部分,同时为企业的市场拓展开辟了途径,是企业发展规模经济,实现可持续发展必不可少的条件。而企业风险管理文化是企业文化的核心组成部分,是企业对待风险及风险管理的基本理念和管理哲学,也是企业可持续发展的思想保障和理念基础之一。构建良好的风险管理文化,与构建全面风险管理体系,执行风险管理流程是同等重要的。企业的所有生产经营活动、所有的控制行为最终都是由人来实施操作,如果员工对企业的风险管理没有正确的认识,再好的体系也难免出现风险事故。因此,构建企业风险管理文化有助于企业形成由内而外的强大支撑力,确保企业风险管理的有效实施。

一、风险管理文化构建的基本要求

企业风险管理文化的建设是一个系统的工程,由于影响风险文化建设的因素很多,企业需要在权衡各方因素的基础上,构建适合企业特色的风险文化。基本要求包括:

(一) 打造特色风险管理文化

风险管理文化应立足现状,面向市场、国际及未来发展,发挥固有文化基础优势,使风险管理文化适合国情,体现民族和本土特性,同时汲取世界文化,与本土文化交融,促进本土文化发展,适应国际竞争需要,打造自己的特色管理文化。当然,企业风险管理文化的塑造也要结合普遍发展的原则和监管部门的要求,突出企业风险管理和业务发展的特点,塑造出自身的特色风险管理文化。

(二) 构建风险管理文化要与企业改革相适应

改革是企业发展的动力,将风险管理文化与企业的改革相对应,更有利于企业的发展。企业改革需要全体员工的共同参与,积极引导员工切实增加紧迫感和使命感,将企业的整体利益和个人利益结合,调动员工争做企业改革的支持者和促进者。鼓励员工按照企业的高标准来约束自己,坚持用新标准、新思维、新视角、新策略对待企业改革发展,培育员工新的风险文化管理理念,拓展新思路,提供新动力,参考国际先进标准,不断创新和丰富风险管理文化内涵和功能,大力推动观念、作风实现根本性的转变,推动体制、机制、制度建设等的转变与突破。

(三) 构建风险管理文化要强化观念创新

观念创新是企业文化进步的体现,观念的创新带来企业的创新。在市场竞争日益激烈的环境中,企业能否生存和发展与企业观念的创新密切相关。在创新的同时,坚持以科学的发展观为指导,借鉴国际一流企业的先进理念,与现有的风险理念对比,对现有理念有选择地创新。

(四) 树立全员参与的风险管理理念

在企业经营过程中,风险无处不在,这就要求企业的风险管理要全方位、多角度。经济社会瞬息万变,风险也日趋多样化和复杂化,单靠某些部门、人员的参与不能保证企业风险管理的有效。因此,全员参与的风险管理理念是现代企业风险管理的重要思想。企业的高层负责衡量企业的总体风险,并对风险管理承担最终责任,风险管理委员会负责对企业风险管理的重大事项进行判断和决策,中层管理者负责推动风险管理,引导员工,强化自我意识的风险管理。

(五) 持续推进风险管理文化建设

环境的变化、观念的改变、动态的发展要求企业从全局把握风险,并不断进行调整。企业风险管理文化的建设要与企业的风险管理相匹配,因此对风险管理文化的建设也就是一项持续动态的系统工程。企业必须培养系统观、持续观,从全局把握企业的整体利益,这种观念需要在实际中不断积累。管理层首先要具备这种思考模式,继而对员工进行影响和指导。

(六) 高级管理层发挥主导与示范作用

企业风险管理文化建设,要求董事、监事、经理和其他高级管理人员在企业风险管理文化建设中起指导和示范作用,以自身的优秀品格和脚踏实地的工作作风,带动整个团队,营造一个积极向上、关注风险、认识风险、管理风险的良好企业风险管理文化。

二、风险管理理念

风险管理理念是企业在从战略制定到日常经营活动的过程中,对待风险的信念和态度。在企业的文化建设中,企业应根据文化的相对稳定性和融合性等,把塑造企业风险管理文化,树立风险管理理念融入企业文化建设中,把风险管理文化理念的塑造当做企业文化建设的重要方面,使风险管理意识成为员工的共同意识和行动指南。健全的风险管理理念一般包括如下特性:

(一) 一致性

一致性是指企业的风险管理目标要与其企业战略、业务发展目标相一致。风险管理不是孤立进行的,要与企业的发展战略相结合。风险管理与业务的发展是一致的,不能分隔开考虑,风险管理的规章制度也要考虑业务部门的可行性,业务部门的业务发展也要考虑风险因素。

(二) 全面性

全面性是指风险管理要覆盖企业运营的所有业务和所有环节的一切风险,即风险管理要能识别企业面临的所有风险,不同的岗位风险要有专门对应的岗位负责。同时,要采取"风险先行"的理念,在开发新产品,开展新业务之前必须对可能面临的风险进行评估,制定相应的风险管理方法和程序。

(三) 系统性

有效的风险管理不是靠单一的风险模型就可以实现风险控制的,风险管理是一个由不同的子系统组成的有机体系。一个企业的风险管理是否有效取决于风险管理体系本身,在很大程度上也取决于它所包含的各个子系统是否健全和有效运作,任何一个子系统的失灵都可能导致整个风险体系的失效。

(四) 独立性

独立性理念是要求在企业内部建立起职责清晰、权责明确的风险管理机制,风险管理人员以一种独立的态度来识别、评估风险、制定和实施风险管理策略。职责的明确划分是风险管理体系有效运作的前提。但是风险管理的独立性并不是对部门间交流与合作的排斥。

(五) 分散与集中相统一

分散与集中相统一是为了提高企业的风险管理效率和水平,不同层次、不同类型的风险管理由不同的部门负责，然后向首席风险官报告，由首席风险官对企业的整体风险进行把握。风险分散管理有利于企业在各个部门对风险加以控制，集中管理有利于从整体掌控风险，将风险策略与企业经营策略相统一。

（六）与企业制度结合

健全风险管理文化应当与企业的薪酬体系、人事安排等制度相结合，增强各层级管理人员尤其是高级管理人员的风险意识，防止企业盲目扩张、追求片面的业绩等行为的发生。制定对重点岗位的风险管理流程，结合企业制度及业务需要对各风险控制点的人员等建立培训制度，加强风险管理理念，培养风险管理人才，培育企业风险管理文化。

三、风险管理文化的培育

（一）建立风险管理文化

企业应注重建立具有风险意识的企业文化，促进企业风险管理水平、员工风险管理素质的提升，保障企业风险管理目标的实现。将风险管理的意识和手段融入企业的日常活动中，通过企业的全体员工尤其是各级管理人员和业务操作人员，努力传播企业风险管理文化，牢固树立风险无处不在、无时不在，严格防控纯粹风险、审慎处置机会风险、岗位风险管理责任重大等意识和理念。

（二）融入企业文化建设

风险管理的一个最"软"也是最重要的一个方面，是将风险整合到公司的文化和价值中。风险管理文化建设应融入企业文化建设全过程，企业应大力培育和塑造良好的风险管理文化，树立正确的风险管理理念，增强员工的风险管理意识，将风险管理意识转化为员工的共同认识和自觉行动，促进企业建立系统、规范、高效的风险管理机制。同时，企业应在内部各个层面营造风险管理文化氛围。董事会应高度重视风险管理文化的培育，总经理主要负责培育的日常工作，董事和企业高级管理人员要在培育风险管理文化中起表率作用，身体力行，带动员工参与企业风险文化建设。

（三）加强法制及道德教育

企业应加强对员工的法律素质教育，制定员工道德诚信准则，形成人人讲道德重诚信，合法合规经营的风险管理文化。对不遵守国家法律法规和企业规章制度、徇私舞弊、弄虚作假等违法或违反道德诚信准则的行为，应严肃查处。道德教育比规章制度更能长久地影响员工的行为，建设和树立诚信文化，要求高级管理层从自我做起，不断地通过实际行动来表达公司的道德观和关键价值理念，包括诚实地面对困境，共享信息，遵守承诺。

（四）加强风险管理培训

企业应建立重要管理及业务流程、风险控制点的管理人员和业务操作人员岗前风险管理培训制度。采取多种途径和形式，加强对风险管理理念、知识、流程、管控核心内容的培训，培养风险管理人才，培养风险管理文化。

由此，企业应注重建立良好的风险管理文化，把企业的风险管理文化融入企业文化，立足国情、全员参与、以人为本,在风险管理过程中形成集风险理念、风险价值观和风险防范的行为规范于一体的人文文化。

第三节 风险管理基本流程

风险管理基本流程包括以下主要工作:(1)收集风险管理初始信息;(2)进行风险评估;(3)制定风险管理策略;(4)提出和实施风险管理解决方案;(5)风险管理的监督与改进。

一、收集风险管理初始信息

风险管理基本流程的第一步,要广泛地、持续不断地收集与本企业风险和风险管理相关的内部、外部初始信息,包括历史数据和未来预测。应把收集初始信息的职责分工落实到各有关职能部门和业务单位。

收集初始信息要根据所分析的风险类型具体展开。例如:

1. 分析战略风险,企业应广泛收集国内外企业战略风险失控导致企业蒙受损失的案例,并至少收集与本企业相关的以下重要信息:

(1)国内外宏观经济政策以及经济运行情况、企业所在产业的状况、国家产业政策;
(2)科技进步、技术创新的有关内容;
(3)市场对该企业产品或服务的需求;
(4)与企业战略合作伙伴的关系,未来寻求战略合作伙伴的可能性;
(5)该企业主要客户、供应商及竞争对手的有关情况;
(6)与主要竞争对手相比,该企业实力与差距;
(7)本企业发展战略和规划、投融资计划、年度经营目标、经营战略,以及编制这些战略、规划、计划、目标的有关依据;
(8)该企业对外投融资流程中曾发生或易发生错误的业务流程或环节。

2. 分析财务风险,企业应广泛收集国内外企业财务风险失控导致危机的案例,并至少收集与本企业相关的以下重要信息:

(1)负债或负债率、偿债能力;
(2)现金流、应收账款及其占销售收入的比重、资金周转率;
(3)产品存货及其占销售成本的比重、应付账款及其占购货额的比重;
(4)制造成本和管理费用、财务费用、销售费用;
(5)盈利能力;
(6)成本核算、资金结算和现金管理业务中曾发生或易发生错误的业务流程或环节;
(7)与本企业相关的产业会计政策、会计估计、与国际会计制度的差异与调节(如退休金、递延税项等)等信息。

3. 分析市场风险,企业应广泛收集国内外企业忽视市场风险、缺乏应对措施导致企业蒙受损失的案例,并至少收集与本企业相关的以下重要信息:

(1)产品或服务的价格及供需变化;

(2) 能源、原材料、配件等物资供应的充足性、稳定性和价格变化;
(3) 主要客户、主要供应商的信用情况;
(4) 税收政策和利率、汇率、股票价格指数的变化;
(5) 潜在竞争者、竞争者及其主要产品、替代品情况。

4. 分析运营风险,企业应广泛收集国内外企业忽视运营风险、缺乏应对措施导致企业蒙受损失的案例,并至少收集与该企业、本行业相关的以下信息:
(1) 产品结构、新产品研发;
(2) 新市场开发、市场营销策略,包括产品或服务定价与销售渠道、市场营销环境等;
(3) 企业组织效能、管理现状、企业文化,高、中层管理人员和重要业务流程中专业人员的知识结构、专业经验;
(4) 期货等衍生产品业务中曾发生或易发生失误的流程和环节;
(5) 质量、安全、环保、信息安全等管理中曾发生或易发生失误的业务流程或环节;
(6) 因企业内、外部人员的道德因素致使企业遭受损失或业务控制系统失灵;
(7) 给企业造成损失的自然灾害以及除上述有关情形之外的其他纯粹风险;
(8) 对现有业务流程和信息系统操作运行情况的监管、运行评价及持续改进能力;
(9) 企业风险管理的现状和能力。

5. 分析法律风险方面,企业应广泛收集国内外企业忽视法律法规风险、缺乏应对措施导致企业蒙受损失的案例,并至少收集与该企业相关的以下信息:
(1) 国内外与该企业相关的政治、法律环境;
(2) 影响企业的新法律法规和政策;
(3) 员工的道德操守;
(4) 该企业签订的重大协议和有关贸易合同;
(5) 该企业发生重大法律纠纷案件的情况;
(6) 企业和竞争对手的知识产权情况。

企业还要对收集的初始信息进行必要的筛选、提炼、对比、分类、组合,以便进行风险评估。

二、进行风险评估

完成了风险管理初始信息收集之后,企业要对收集的风险管理初始信息和企业各项业务管理及其重要业务流程进行风险评估。

风险评估包括风险辨识、风险分析、风险评价三个步骤。

风险辨识是指查找企业各业务单元、各项重要经营活动及其重要业务流程中有无风险,有哪些风险。风险分析是对辨识出的风险及其特征进行明确的定义描述,分析和描述风险发生可能性的高低、风险发生的条件。风险评价是评估风险对企业实现目标的影响程度、风险的价值等。

进行风险辨识、分析、评价,应将定性与定量方法相结合。定性方法可采用问卷调查、集体讨论、专家咨询、情景分析、政策分析、行业标杆比较、管理层访谈、由专人主持的工作访谈和调查研究等。定量方法可采用统计推论方法等。进行风险定量评估时,应统一制定各风险的度量单位和风险度量模型,并通过测试等方法,确保评估系统的假设前提、参数、数据来源和定量评估程序的合理性和准确性。要根据环境的变化，定期对假设前提和参数进行复核和修改，并将定量评估系统的估算结果与实际效果对比，据此对有关参数进行调整和改进。

风险分析应包括风险之间的关系分析，以便发现各风险之间的自然对冲、风险事件发生的正负相关性等组合效应，从风险策略上对风险进行统一集中管理。

企业在评估多项风险时，应根据对风险发生可能性的高低和对目标的影响程度的评估，绘制风险坐标图，对各项风险进行比较，初步确定对各项风险管理的优先顺序和策略。

风险评估应由企业组织有关职能部门和业务单位实施，也可聘请有资质、信誉好、风险管理专业能力强的中介机构协助实施。

企业应对风险管理信息实行动态管理，定期或不定期实施风险辨识、分析、评价，以便对新的风险和原有风险的变化重新评估。

三、制定风险管理策略

风险管理基本流程的第三步是制定风险管理策略。风险管理策略，是指企业根据自身条件和外部环境，围绕企业发展战略，确定风险偏好、风险承受度、风险管理有效性标准，选择风险承担、风险规避、风险转移、风险转换、风险对冲、风险补偿、风险控制等适合的风险管理工具的总体策略，并确定风险管理所需人力和财力资源的配置原则。

企业在制定风险管理策略时，要根据风险的不同类型选择其适宜的风险管理策略。例如，一般认为，对战略、财务、运营、政治、法律等风险，可采取风险承担、风险规避、风险转换、风险控制等方法。对能够通过保险、期货、对冲等金融手段进行理财的风险，可以采用风险转移、风险对冲、风险补偿等方法。

制定风险管理策略的一个关键环节是企业应根据不同业务特点统一确定风险偏好和风险承受度，即明确企业愿意承担哪些风险，明确风险的最低限度和不能超过的最高限度，并据此确定风险的预警线及相应采取的对策。确定风险偏好和风险承受度，要正确认识和把握风险与收益的平衡，防止和纠正两种错误倾向：一是忽视风险，片面追求收益而不讲条件、范围，认为风险越大、收益越高的观念和做法；二是单纯为规避风险而放弃发展机遇。

在制定风险管理策略时，还应根据风险与收益相平衡的原则以及各风险在风险坐标图上的位置，进一步确定风险管理的优选顺序，明确风险管理成本的资金预算和控制风险的组织体系、人力资源、应对措施等总体安排。

对于已经制定和实施的风险管理策略，企业应定期总结和分析已制定的风险管理策略的有效性和合理性，结合实际不断修订和完善。其中，应重点检查依据风险偏好、风险承受度和风险控制预警线实施的结果是否有效，并提出定性或定量的有效性标准。

四、提出和实施风险管理解决方案

按照风险管理的基本流程，制定风险管理策略后的工作是制定实施风险管理解决方案，也就是执行前一阶段制定的风险管理解决策略，进一步落实风险管理工作。在这一阶段，企业应根据风险管理策略，针对各类风险或每一项重大风险制定风险管理解决方案。方案一般应包括风险解决的具体目标，所需的组织领导，所涉及的管理及业务流程，所需的条件、手段等资源，风险事件发生前、中、后所采取的具体应对措施以及风险管理工具（如关键风险指标管理、损失事件管理等）。

（一）风险管理解决方案的两种类型

从大的分类看，风险管理解决方案可以分为外部和内部解决方案。

1. 外部解决方案。外部解决方案一般指外包。企业经营活动外包是利用产业链专业分工，提高运营效率的必要措施。企业许多风险管理工作可以外包出去，如企业使用投资银行、信用评级公司、保险公司、律师事务所、会计师事务所、风险管理咨询公司等专业机构，将有关方面的工作外包，可以降低企业的风险，提高效率。外包可以使企业规避一些风险，但同时可能带来另一些风险，应当加以控制。

企业制定风险管理解决的外包方案，应注重成本与收益的平衡、外包工作的质量、自身商业秘密的保护以及防止自身对风险解决外包产生依赖性风险等，并制定相应的预防和控制措施。

2. 内部解决方案。内部解决方案是后面要阐述的风险管理体系的具体运用。在具体实施中，一般是以下几种手段的综合应用：风险管理策略；组织职能；内部控制（简称"内控"），包括政策、制度、程序；信息系统，包括报告体系；风险理财措施。

在上述内部解决方案中，企业制定风险解决的内控方案，应满足合规的要求，坚持经营战略与风险策略一致、风险控制与运营效率及效果相平衡的原则，针对重大风险所涉及的各管理及业务流程，制定涵盖各个环节的全流程控制措施；对其他风险所涉及的业务流程，要把关键环节作为控制点，采取相应的控制措施。

内部控制是通过有关企业流程的设计和一系列政策、制度、程序和措施，控制影响流程目标的各种风险的过程。内部控制是全面风险管理的重要组成部分，是全面风险管理的基础设施和必要举措。一般来说，内部控制系统针对的风险是可控纯粹风险，其控制对象是企业中的个人，其控制目的是规范员工的行为，其控制范围是企业的业务和管理流程。

企业制定内控措施，一般至少包括以下内容：

（1）建立内控岗位授权制度。对内控所涉及的各岗位明确规定授权的对象、条件、范围和额度等，任何组织和个人不得超越授权做出风险性决定。

（2）建立内控报告制度。明确规定报告人与接受报告人以及报告的时间、内容、频率、传递路线、负责处理报告的部门和人员等。

（3）建立内控批准制度。对内控所涉及的重要事项，明确规定批准的程序、条件、范围和额度、必备文件以及有权批准的部门和人员及其相应责任。

（4）建立内控责任制度。按照权利、义务和责任相统一的原则，明确规定各有关部门和业务单位、岗位、人员应负的责任和奖惩制度。

（5）建立内控审计检查制度。结合内控的有关要求、方法、标准与流程，明确规定审计检查的对象、内容、方式和负责审计检查的部门等。

（6）建立内控考核评价制度。具备条件的企业应把各业务单位风险管理执行情况与绩效薪酬挂钩。

（7）建立重大风险预警制度。对重大风险进行持续不断的监测，及时发布预测信息，制定应急预案，并根据情况变化调整控制措施。

（8）建立健全以总法律顾问制度为核心的企业法律顾问制度。大力加强企业法律风防范机制建设，形成由企业决策层主导、企业总法律顾问牵头、企业法律顾问提供业务保障、全体员工共同参与的法律风险责任体系。完善企业重大法律纠纷案件的备案管理制度。

（9）建立重要岗位权力制衡制度，明确规定不相容职责的分离。主要包括：授权批准、业务经办、会计记录、财产保管和稽核检查等职责。对内控所涉及的重要岗位可设置一岗双人、双责，相互制约；明确该岗位的上级部门或人员对其应采取的监控措施和应负的监督责任；将该岗位作为内部审计的重点等。

企业应当按照各有关部门和业务单位的职责分工，认真组织实施风险管理解决方案，确保各项措施落实到位。

（二）关键风险指标管理

关键风险指标管理是对引起风险事件发生的关键成因指标进行管理的方法。关键风险指标管理可以管理单项风险的多个关键成因，也可以管理影响企业主要目标的多个主要风险。例如，假设公司现在关心的主要目标是年度盈利指标，那么，影响年度盈利指标的风险因素有许多，包括年度销售额、原材料价格、制造成本、销售成本、投资收益、利息、应收账款等。

1. 关键风险指标管理的步骤。关键风险指标管理的步骤一般分为以下六步：

（1）分析风险成因，从中找出关键成因；例如，在前例中，经过数据分析，认定影响盈利的主要风险是信用风险，其代表性的风险事件是客户还款不及时，导致应收账款大量增加。

（2）将关键成因量化，确定其度量，分析确定导致风险事件发生（或极有可能发生）时该成因的具体数值。上例中，将应收账款进一步量化，得到月度坏账损失额、每日未回收的应收账款和客户结构变化率等三个量化指标，并得出预警值。

（3）以该具体数值为基础，以发出风险信息为目的，加上或减去一定数值后形成新的数值，该数值即为关键风险指标。

（4）建立风险预警系统，即当关键成因数值达到关键风险指标时，发出风险预警信息。

（5）制定出现风险预警信息时应采取的风险控制措施。

（6）跟踪监测关键成因的变化，一旦出现预警，即实施风险控制措施。

2. 关键风险指标分解。企业目标的实现要靠企业的各个职能部门和业务单位共同的努力，同样，企业的关键风险指标也要分解到企业的各个职能部门和业务单位。

但是，对于关键风险指标的分解要注意职能部门和业务单位之间的协调。关键是从企业整体出发和把风险控制在一定范围内。对一个具体单位而言，不可采用"最小化"的说法。比如，信用管理部门负责信用风险的管理，如果其强调最小化信用风险，紧缩信用，则会给负责扩大市场占有率和销量的市场和销售部门造成伤害，从而影响公司整体目标的实现。

对于关键风险指标的分解，要兼顾各职能部门和业务单位的诉求。一个可行的方法是在企业的总体领导和整体战略的指导下进行部门和业务单位间的协调。

（三）落实风险管理解决方案

（1）高度重视，要认识到风险管理是企业时刻不可放松的工作，是企业价值创造的根本源泉。

（2）风险管理是企业全员的分内工作，没有风险的岗位是不创造价值的岗位，没有理由存在。

（3）落实到组织，明确分工和责任，全员进行风险管理。

（4）为确保落实到位，要对风险管理解决方案的实施进行持续监控改进，并与绩效考核联系起来。

五、风险管理的监督与改进

风险管理基本流程的最后一个步骤是风险管理的监督与改进。企业应以重大风险、重大事件和重大决策、重要管理及业务流程为重点，对风险管理初始信息收集、风险评估、风险管理策略、关键控制活动及风险管理解决方案的实施情况进行监督，采用压力测试、返回测试、穿行测试以及风险控制自我评估等方法对风险管理的有效性进行检验，根据变化情况和存在的缺陷及时加以改进。

企业应建立贯穿于整个风险管理基本流程，连接各上下级、各部门和业务单位的风险管理。企业各有关部门和业务单位应定期对风险管理工作进行自查和检验，及时发现缺陷并改进，其检查、检验报告应及时报送企业风险管理职能部门。

企业风险管理职能部门应定期对各部门和业务单位风险管理工作实施情况和有效性进行检查和检验，要根据在制定风险策略时提出的有效性标准的要求对风险管理策略进行评估，对跨部门和业务单位的风险管理解决方案进行评价，提出调整或改进建议，出具评价和建议报告，及时报送企业总经理或其委托分管风险管理工作的高级管理人员。

企业内部审计部门应每年至少一次对包括风险管理职能部门在内的各有关部门和业务单位能否按照有关规定开展风险管理工作及其工作效果进行监督评价，监督评价报告应直接报送董事会或董事会下设的风险管理委员会和审计委员会。此项工作也可结合年度审计、任期审计或专项审计工作一并开展。

企业可聘请有资质、信誉好、风险管理专业能力强的中介机构对企业全面风险管理工作进行评价，出具风险管理评估和建议专项报告。报告一般应包括以下几方面的实施情况、存在的缺陷和改进建议：

（1）风险管理基本流程与风险管理策略；

（2）企业重大风险、重大事件和重要管理及业务流程的风险管理及内部控制系统的建设；

（3）风险管理组织体系与信息系统；

（4）全面风险管理总体目标。

第四节 风险管理策略

一、风险管理策略概述

（一）风险管理策略总体定位与作用

风险管理策略，指企业根据自身条件和外部环境，围绕企业发展战略，确定风险偏好、风险承受度、风险管理有效性标准,选择风险承担、风险规避、风险转移、风险转换、风险管理信息沟通渠道,确保信息沟通的及时、准确、完整,为风险管理监督与改进奠定基础。

制定对冲、风险补偿、风险控制等适合的风险管理工具的总体策略,并确定风险管理所需人力和财力资源的配置原则。

不难看到风险管理策略的总体定位:
(1) 风险管理策略是根据企业经营战略制定的全面风险管理的总体策略;
(2) 风险管理策略在整个风险管理体系中起着统领全局的作用;
(3) 风险管理策略在企业战略管理过程中起着承上启下的作用,制定与企业战略相一致的风险管理策略减少了企业战略错误的可能性。

风险管理策略的总体定位决定了风险管理策略的作用:
(1) 为企业的总体战略服务,保证企业经营目标的实现;
(2) 连接企业的整体经营战略和运营活动;
(3) 指导企业的一切风险管理活动;
(4) 分解为各领域的风险管理指导方针。

(二) 风险管理策略的组成部分

(1) 风险偏好和风险承受度。明确公司要承担什么风险,承担多少。
(2) 全面风险管理的有效性标准。明确怎样衡量风险管理工作成效。
(3) 风险管理的工具选择。明确怎样管理重大风险。
(4) 全面风险管理的资源配置。明确如何安排人力、财力、物资、外部资源等风险管理资源。

(三) 风险管理策略的工具

风险管理策略的工具共有七种:风险承担、风险规避、风险转移、风险转换、风险对冲、风险补偿和风险控制。在实施中,企业要注意策略性工具使用的技术,选择合适的手段。

1. 风险承担。风险承担也称风险保留、风险自留,是指企业对所面临的风险采取接受的态度,从而承担风险带来的后果。

企业面临的风险有很多,通常企业能够明确辨识的风险只占全部风险的少数。风险评估的工作结果对于企业是否采用风险承担影响很大。

对未能辨识出的风险,企业只能采用风险承担。

对于辨识出的风险,企业也可能由于以下几种原因采用风险承担:①缺乏能力进行主动管理,对这部分风险只能承担;②没有其他备选方案;③从成本效益考虑,这一方案是最适宜的方案。

对于企业的重大风险,即影响到企业目标实现的风险,企业一般不应采用风险承担。

2. 风险规避。风险规避是指企业回避、停止或退出蕴含某一风险的商业活动或商业环境,避免成为风险的所有人。例如:
(1) 退出某一市场以避免激烈竞争;
(2) 拒绝与信用不好的交易对手进行交易;

（3）外包某项对工人健康安全风险较高的工作；
（4）停止生产可能有客户安全隐患的产品；
（5）禁止各业务单位在金融市场进行投机；
（6）不准员工访问某些网站或下载某些内容。

3. 风险转移。风险转移是指企业通过合同将风险转移到第三方，企业对转移后的风险不再拥有所有权。转移风险不会降低其可能的严重程度，只是从一方转移到另一方。例如：

（1）保险：保险合同规定保险公司为预定的损失支付补偿，作为交换，在合同开始时，投保人要向保险公司支付保险费。

（2）非保险型的风险转移：将风险可能导致的财务风险损失负担转移给非保险机构。例如，服务保证书等。

（3）风险证券化：即通过证券化保险风险形成的保险连接型证券（ILS）。这种债券的利息支付和本金偿还取决于某个风险事件的发生或严重程度。

4. 风险转换。风险转换指企业通过战略调整等手段将企业面临的风险转换成另一风险。风险转换的手段包括战略调整和衍生产品等。

风险转换一般不会直接降低企业总的风险，其简单形式就是在减少某一风险的同时，增加另一风险。例如，通过放松交易客户信用标准，增加了应收账款，但扩大了销售。

企业可以通过风险转换在两个或多个风险之间进行调整，以达到最佳效果。

风险转换可以在低成本或者无成本的情况下达到目的。

5. 风险对冲。风险对冲是指采取各种手段，引入多个风险因素或承担多个风险，使得这些风险能够互相对冲，也就是使这些风险的影响互相抵消。

常见的例子有资产组合使用、多种外币结算的使用和战略上的多种经营等。

在金融资产管理中，对冲也包括使用衍生产品，如利用期货进行套期保值。

在企业的风险中，有些风险具有自然对冲的性质，应当加以利用。例如，不同行业的经济周期风险对冲。

风险对冲必须涉及风险组合，而不是对单一风险；对于单一风险，只能进行风险规避、风险控制。

6. 风险补偿。风险补偿是指企业对风险可能造成的损失采取适当的措施进行补偿。风险补偿表现在企业主动承担风险，并采取措施以补偿可能的损失。

风险补偿的形式有财务补偿、人力补偿、物资补偿等。

财务补偿是损失融资，包括企业自身的风险准备金或应急资本等。例如，某公司历史上一直购买灾害保险，但经过数据分析，认为保险公司历年的赔付不足以平衡相应的保险费用支出，而不再续保；同时，为了应付可能发生的灾害性事件，公司与银行签订应急资本协议，规定在灾害发生时，由银行提供资本以保证公司的持续经营。

7. 风险控制。风险控制是指控制风险事件发生的动因、环境、条件等，来达到减轻风险事件发生时的损失或降低风险事件发生的概率的目的。

通常影响某一风险的因素有很多。风险控制可以通过控制这些因素中的一个或多个来达到目的。控制风险事件发生的概率的例子如室内使用不易燃地毯、山上禁止吸烟等；控制风险事件发生后的损失的例子如修建水坝防洪、设立质量检查防止次品出厂等。

风险控制对象一般是可控风险，包括多数运营风险，如质量、安全和环境风险，以及法律风险中的合规性风险。

传统的风险应对策略只有风险规避、风险承担、风险控制和风险转移，其目的在于风险减低和风险预防。传统风险管理基于风险是负面影响的看法，将每个风险分开管理，管理手段局限在内部控制和风险转移。传统风险管理只注意到流程中的风险和灾害性风险，没有与整体战略结合，忽视了战略管理手段。

一般情况下，对战略、财务、运营和法律风险，可采取风险承担、风险规避、风险转换、风险控制等方法。对能够通过保险、期货、对冲等金融手段进行管理的风险，可以采用风险转移、风险对冲、风险补偿等方法。

（四）确定风险偏好和风险承受度

风险偏好和风险承受度是风险管理策略的重要组成部分。确定风险偏好和风险承受度，要正确认识和把握风险与收益的平衡，防止和纠正忽视风险，片面追求收益而不讲条件、范围，认为风险越大、收益越高的观念和做法；同时，也要防止单纯为规避风险而放弃发展机遇。

确定企业整体风险偏好要考虑以下因素：

（1）风险个体：对每一风险都可以确定风险偏好和风险承受度。

（2）相互关系：既要考虑同一风险在各个业务单位或子公司之间的分配，又要考虑不同风险之间的关系。

（3）整体形状：一个企业的整体风险偏好和风险承受度是基于针对每一风险的风险偏好和风险承受度。

（4）行业因素：同一风险在不同行业风险偏好不同。

一般来讲，风险偏好和风险承受度是针对公司的重大风险制定的，对企业的非重大风险的风险偏好和风险承受度不一定要十分明确，甚至可以先不提出。

企业的风险偏好依赖于企业风险评估的结果。由于企业的风险不断变化，企业需要持续进行风险评估，并调整自己的风险偏好。

重大风险的风险偏好是企业的重大决策，应由董事会决定。

（五）风险度量

1. 关键在于量化。风险承受度的表述需要对所针对的风险进行量化描述。风险偏好可以定性，但风险承受度一定要定量。如果不能量化，仅靠直觉的观察或感觉很可能出错，不容易在整个企业统一思想，不能够准确计算成本与收益的关系，也不容易管理，不容易同绩效考核联系起来。很多风险管理手段如风险理财必须有风险的量化描述。

2. 风险度量模型。风险度量模型是指度量风险的方法。确定合适的企业风险度量模型是建立风险管理策略的需要。企业应该采取统一的风险度量模型，对所采取的风险度量方法取得共识；但不一定在整个企业使用唯一的风险度量方法，允许对不同的风险采取不同的度量方法。

3. 常用的风险度量方法。常用的风险度量方法包括：最大可能损失；概率值，即损失发生的概率或可能性；期望值，包括统计期望值和效用期望值；波动性；方差或均方差；在险值，又称VAR，等等。下面简要介绍其中的一些方法。

（1）最大可能损失。最大可能损失指风险事件发生后可能造成的最大损失。用最大可能损失来定义风险承受度是最差情形的思考逻辑。企业一般在无法判断发生概率或无须判断概率的时候，使用最大可能损失作为风险的衡量。

（2）概率值。概率值是指风险事件发生的概率或造成损失的概率。在可能的结果只有好坏、对错、是否、输赢、生死等简单情况下，常常使用概率值。在实践中，统计意义上的频率和主观概率的判断都是可以用的，但是要分清不同的场合。有时，人们的主观判断会由于心理上的原因造成失误；同时，在许多场合使用频率作为概率值是没有意义的，特别是在缺少数据或者一次性的决策场合。

（3）期望值。期望值通常指的是数学期望，即概率加权平均值：所有事件中，每一事件发生的概率乘以该事件的影响的乘积，然后将这些乘积相加得到和。常用的期望值有统计期望值和效用期望值。

（4）在险值。在险值又称VAR，是指在正常的市场条件下，在给定的时间段中和给定的置信区间内，预期可能发生的最大损失。在险值具有通用、直观、灵活的特点，为《巴塞尔协议》所采用。在险值的局限性是适用的风险范围小，对数据要求严格，计算困难，对肥尾效应无能为力。

4. 概率方法与直观方法。以上例子都是建立在概率统计基础上的度量，此外，不依赖于概率统计结果的度量是人们直观的判断，如专家意见。

当统计数据不足或需要度量结果包括人们的偏好时，可以使用直观的度量方法，如层次分析法（AHP）等。

很多情况下，统计和直观的方法会综合使用。例如，首先使用专家意见来缩小范围，取得初始数据，然后使用统计的度量方法。

5. 选择适当的度量。对不同种类的风险要使用不同的度量模型。对外部风险的度量包括市场指标、景气指数等。对内部运营风险的度量包括各种质量指标、执行效果、安全指数等。要找到一种普遍性的风险度量是很困难的，也没有必要，因为人们有不同的目的和偏好。

6. 风险量化的困难。方法误差：企业情况很复杂，致使建立的风险度量不能够准确反映企业的实际情况；

数据：很多情况下，企业的有关风险数据不足，质量不好；

信息系统：企业的信息传递不够理想，导致需要的信息未能及时传递；

整合管理：由于数据和管理水平的限制，不能与现存的管理连接，因而不能有效应用结果。

（六）风险管理的有效性标准

风险管理的有效性标准是衡量企业风险管理是否有效的标准。风险管理有效性标准的作用是帮助企业了解：

（1）企业现在的风险是否在风险承受度范围之内，即风险是否优化；

（2）企业风险状况的变化是否是所要求的，即风险的变化是否优化。

量化的企业风险管理的有效性标准与企业风险承受度有相同的度量基础。

确立风险管理有效性标准的原则如下：

（1）风险管理的有效性标准要针对企业的重大风险，能够反映企业重大风险管理的现状；

（2）风险管理有效性标准应当对照全面风险管理的总体目标，在所有五个方面保证企业的运营效果；

（3）风险管理有效性标准应当在企业的风险评估中应用，并根据风险的变化随时调整；

（4）风险管理有效性标准应当用于衡量全面风险管理体系的运行效果。

（七）风险管理的资源配置

风险管理的资源包括人才、组织设置、政策、设备、物资、信息、经验、知识、技术、信息系统、资金等。

由于全面风险管理覆盖面广，资源的使用一般是多方面的、综合性的。企业应当统筹兼顾，将资源用于管理需要优先管理的重大风险。

企业可以使用内部和外部的资源。许多资源可以从外部获得，如信息、知识、技术等。但要注意，有些资源是不能够从外部得到的，如经验，只能靠内部积累。

（八）确定风险管理的优先顺序

企业应根据风险与收益相平衡的原则以及各风险在风险坐标图上的位置，进一步确定风险管理的优选顺序，明确风险管理成本的资金预算和控制风险的组织体系、人力资源、应对措施等总体安排。

1. 风险管理的优先顺序。风险管理的优先顺序决定企业优先管理哪些风险，对哪些风险管理进行资源优先配置。

风险管理的优先顺序体现了企业的风险偏好。因此，要找到一种普适性的方法来确定风险管理的优先顺序是很困难的。

一个很重要的原则是风险与收益相平衡的原则，在风险评估结果的基础上，全面考虑风险与收益。

要特别重视对企业有影响的重大风险，要首先解决"颠覆性"风险问题，保证企业持续发展。

2. 确定风险管理的优先顺序应考虑的因素。根据风险与收益平衡原则，确定风险管理的优先顺序可以考虑以下几个因素：（1）风险事件发生的可能性和影响；（2）风险管理的难度；（3）风险的价值或管理风险可能带来的收益；（4）合规的需要；（5）对企业技术、人力、资金的需求；（6）利益相关者的要求。

二、风险理财措施

风险管理体系的一个重要部分是风险理财措施。在这里先介绍风险理财的基本概念。

（一）风险理财的一般概念

风险理财是用金融手段管理风险。例如：

（1）公司为了转移自然灾害可能造成的损失而购买巨灾保险；

（2）公司在对外贸易中产生了大量的外币远期支付或应收账款，为了对冲可能的汇率变化造成的损失，公司使用外币套期保值，以降低汇率波动的风险；

（3）公司为了应对原材料价格的波动风险，在金属市场上运用期货进行套期保值；

（4）公司为了应对可能的突发事件造成的资本需求，与银行签订应急资本合同。

以上这些措施都属于风险理财措施。

1. 风险理财的历史发展。最初的风险理财只是准备金，然后有了保险、期货等金融市场方法。

20世纪80年代财产保险和责任保险承保能力的不足，迫使许多公司开始考虑传统保险的替代品，如自保或专属保险公司、对财务损失的应急借款协议等。

从20世纪80年代开始，随着金融混业经营的发展，金融和保险之间的联系变得越来越密切，特别是90年代以来，投资银行等其他金融机构也通过新的融资安排提供急需的保险。

20世纪90年代对巨灾保险的需求导致了保险的期货和期权的发展。人们开始在投资组合中使用结构化证券，比如利率指数化的债券，大量新型的风险理财产品进入市场。

全球经济一体化的发展，全球产业链的再分工，发达国家的产业升级加速，使得大量的、非金融跨国公司进入金融领域。传统产业与金融业的融合，造成新一轮的规模更大的"混业经营"，传统产业链中的许多风险金融化，衍生产品蓬勃发展。

2. 风险理财的必要性。风险理财是全面风险管理的重要组成部分。

对于可控的风险，所有的风险控制措施，除了规避风险在特定范围内完全有效外，其余均无法保证不会发生。因此，即使对于可控风险，如果存在重大损失的可能，只有风险控制而无风险理财，仍然不能提供合理的保证，使人安心。

风险理财还可以针对不可控的风险。

风险理财的发展迅速，形式灵活，授盖的风险面广，有很多创新，日益成为企业经营中不可回避的重要内容。

3. 风险理财的特点：

（1）风险理财的手段既不改变风险事件发生的可能性，也不改变风险事件可能引起的直接损失程度。

（2）风险理财需要判断风险的定价，因此量化的标准较高，即不仅需要风险事件的可能性和损失的分布，更需要量化风险本身的价值。

（3）风险理财的应用范围一般不包括声誉等难以衡量其价值的风险，也难以消除战略失误造成的损失。

（4）风险理财手段技术强，许多风险理财工具本身有着比较复杂的风险特性，使用不当容易造成重大损失。

4. 风险理财与公司理财。风险理财过去被认为是公司财务管理的一部分，现在则认为其在很多情况下超出了公司财务管理的范畴，具体表现在：（1）风险理财注重风险因素对现金流的影响；（2）风险理财影响公司资本结构，注意以最低成本获得现金流；（3）风险理财成为公司战略的有机部分，其风险经营的结果直接影响公司整体价值的提升。

5. 风险理财创造价值。传统的风险理财是损失理财，即为可能发生的损失融资，补偿风险造成的财务损失，如购买保险。传统的风险理财的目的是降低公司承担的风险。

与损失理财相反，公司可能通过使用金融工具来承担额外的风险，改善公司的财务状况，创造价值。例如，一家公司在公司应收账款的限度之内，加大一般客户的交易份额，并对其收取较高的信用费用。又如，一家矿产公司在市场上通过期货的方式出卖产品，增加收入的稳定性，提高回报。

因此，风险理财对机会的利用是整个经营战略的有机组成部分和战略举措。

（二）风险理财的策略与方案

前面已经提到风险管理策略的七大工具：风险承担、风险规避、风险转移、风险转换、风险对冲、风险补偿、风险控制。风险理财是运用金融手段来实施这些策略的。选择风险理财策略的原则和要求如下：

（1）与公司整体风险管理策略一致。选择风险理财的策略，要与公司整体风险管理策略通盘考虑。应根据公司风险管理整体策略确定的风险偏好和承受度确定风险理财的目标，并量化风险的特性及其价值。要考虑到诸如对公司的资产负债率等方面的影响，以及对诸如"零容忍度"的具体安排等问题。

（2）与公司所面对风险的性质相匹配。公司面对的外部和内部各种类型的风险，这些风险性质差异很大，适宜使用的风险管理手段都不尽相同。要采用与公司所面对风险的性质相匹配的风险理财手段。

（3）选择风险理财工具的要求。风险理财工具有多种，如准备金、保险、应急资本、期货、期权、其他衍生产品等，企业在选择这些风险理财工具时，要考虑如下几点：合规的要求；可操作性；法律法规环境；企业的熟悉程度；风险理财工具的风险特征；不同的风险理财手段可能适用同一风险。

（4）成本与收益的平衡。公司进行风险管理时要注意风险管理的成本与收益的平衡，同样，选择风险理财策略时，也要考虑这一原则。风险理财的基础是对风险的定价。相对于其他的风险手段，风险理财的成本与收益比较容易计算，但是要注意纠正忽视风险价值的心理。

企业在选择风险理财的策略与方案时，涉及对金融衍生产品的选择。

1. 金融衍生产品的概念和类型。衍生产品是其价值决定于一种或多种基础资产或指数的金融合约。常用衍生产品包括：远期合约、互换交易、期货、期权等。

（1）远期合约。远期合约指合约双方同意在未来日期按照固定价格交换金融资产的合约。承诺以当前约定的条件在未来进行交易的合约，会指明买卖的商品或金融工具种类、价格及交割结算的日期。远期合约是必须履行的协议，不像可选择不行使权利（即放弃交割）的期权。远期合约与期货不同，其合约条件是为买卖双方量身定制的，通过场外交易（OTC）达成，而后者则是在交易所买卖的标准化合约。远期合约规定了将来交换的资产、交换的日期、交换的价格和数量，合约条款因合约双方的需要不同而不同。远期合约主要有远期利率协议、远期外汇合约、远期股票合约。

远期合约是现金交易，买方和卖方达成协议在未来的某一特定日期交割一定质量和数量的商品。价格可以预先确定或在交割时确定。

远期合约是场外交易，如同即期交易一样，交易双方都存在风险。因此，远期合约通常不在交易所内交易。

在远期市场中经常用到两个术语：如果即期价格低于远期价格，市场状况被描述为正向市场或溢价。如果即期价格高于远期价格，市场状况被描述为反向市场或差价。

(2) 互换交易。互换交易主要指对相同货币的债务和不同货币的债务通过金融中介进行互换的一种行为。金融互换曾被西方金融界誉为20世纪80年代以来最重要的金融创新。从1982年始创后,得到迅速的发展。目前,许多大型的跨国银行和投资银行机构都提供互换交易服务。其中最大的互换交易市场是伦敦和纽约的国际金融市场。

互换的种类包括:

①利率互换:是指双方同意在未来的一定期限内根据同种货币的同样的名义本金交换现金流,其中一方的现金流根据浮动利率计算出来,而另一方的现金流根据固定利率计算。

②货币互换:是指将一种货币的本金和固定利息与另一货币的等价本金和固定利息进行交换。

③商品互换:是一种特殊类型的金融交易,交易双方为了管理商品价格风险,同意交换与商品价格有关的现金流。它包括固定价格及浮动价格的商品价格互换和商品价格与利率的互换。

④其他互换:包括股权互换、信用互换、气候互换和期权互换等。

(3) 期货。期货是指在约定的将来某个日期按约定的条件(包括价格、交割地点、交割方式)买入或卖出一定标准数量的某种资产。期货合约是期货交易的买卖对象或标的物,它是由期货交易所统一制定的、规定在某一特定的时间和地点交割一定数量和质量商品的标准化合约。期货价格则是通过公开竞价而达成的。

通常期货集中在期货交易所进行买卖,但也有部分期货合约可通过柜台交易进行买卖。期货是一种衍生性金融商品,按现货标的物的种类,期货可分为商品期货与金融期货两大类。

期货合约的主要类型有:

商品期货,是指标的为实物商品的期货;

外汇期货,其标的物是外汇,如美元、欧元、英镑、日元等;

利率期货,是标的资产价格依赖于利率水平的期货合约,如长期国债、短期国债、商业汇票和欧洲美元期货;

股票指数期货,其标的物是股价指数。

(4) 期权。期权是在规定的一段时间内,可以以规定的价格购买或者出卖某种规定的资产的权利。期权是在期货的基础上产生的一种金融工具。这种金融衍生工具的最大魅力在于,可以使期权的买方将风险锁定在一定的范围之内。从其本质上讲,期权是在金融领域中将权利和义务分开进行定价,使得权利的受让人在规定时间内对于是否进行交易,行使其权利,而义务方必须履行。在期权交易时,购买期权的合约方称作买方,而出售合约的一方称作卖方;买方即是权利的受让人,而卖方是必须履行买方行使权利的义务人。

按交易主体划分,期权可分为买方期权和卖方期权两类:

①买方期权,是指赋予期权持有人在期权有效期内按履约价格买进(但不负有必须买进的义务)规定的资产的权利。

②卖方期权,是指期权持有人在期权有效期内按履约价格卖出(但不负有必须卖出的责任)规定的资产权利。

③期权合约,指以金融衍生产品作为行权品种的交易合约,也是在特定时间内以特定价格买卖一定数量交易品种的权利。期权合约的内容一般包括:

- 标的资产：是指期权能够买入或者卖出的规定资产。
- 执行价格：是指行权时，可以以此价格买入或卖出规定资产的价格。
- 到期日：期权有效期截止的时间。
- 行权方式：如果在到期日之前的任何时间以及到期日都能执行，则这种期权称为美式期权。如果只能在到期日执行，则称为欧式期权。
- 期权价格：是指为获得该期权，期权持有人付出的代价。

2. 运用衍生产品进行风险管理的主要思路：（1）增加自己愿意承担的风险；（2）消除或减少自己不愿承担的风险；（3）转换不同的风险。

3. 衍生产品的特点。

（1）优点：准确性；时效；使用方便；成本优势；灵活性；对于管理金融市场等市场风险有不可替代的作用。

（2）缺点：衍生产品的杠杆作用很大，因而风险很大，如用来投机可能会造成巨大损失。

4. 运用衍生产品进行风险管理需具备的条件：（1）满足合规要求；（2）与公司的业务和发展战略保持一致；（3）建立完善的内部控制措施，包括授权、计划、报告、监督、决策等流程和规范；（4）采用能够准确反映风险状况的风险计量方法，明确头寸、损失、风险限额；（5）完善的信息沟通机制，保证头寸、损失、风险敞口的报告及时可靠；（6）合格的操作人员。

以上阐述的是风险理财的基本概念，下面将介绍两类主要的风险理财措施：损失事件管理与套期保值。

（三）损失事件管理

损失事件管理是指对可能给企业造成重大损失的风险事件的事前、事后管理方法。损失的内容包括企业的资金、声誉、技术、品牌、人才等。

1. 损失融资。损失融资是为风险事件造成的财物损失融资，是从风险理财的角度进行损失事件的事后管理，是损失事件管理中最有共性也是最重要的部分。

企业损失分为预期损失和非预期损失，因此损失事件融资也相应分为预期损失融资和非预期损失融资。

预期损失融资一般作为运营资本的一部分，非预期损失融资则属于风险资本的范畴。

2. 风险资本。风险资本即除经营所需的资本之外，公司还需要额外的资本用于补偿风险造成的财务损失。传统的风险资本表现形式是风险准备金。风险资本是使一家公司破产的概率低于某一给定水平所需的资金，因此取决于公司的风险偏好。

例如，一家公司每年最低运营资本是5亿元，但是有5%的可能性需要7.5亿元维持运营，有1%的可能性需要10亿元才能维持运营。换句话说，如果风险资本为2.5亿元，那么这家公司的生存概率就是95%，而5亿元的风险资本对应的则是99%的生存概率。

3. 应急资本。应急资本是风险资本的表现形式之一。

应急资本是一个金融合约，规定在某一个时间段内、某个特定事件发生的情况下公司有权从应急资本提供方处募集股本或贷款（或资产负债表上的其他实收资本项目），并为此按时间向资本提供方缴纳权力费，这里的特定事件称为触发事件。

应急资本费用、利息和额度在合同签订时约定。

应急资本最简单的形式是公司为满足特定条件下的经营需要而从银行获得的信贷额度，一般通过与银行签订协议加以明确，比如信用证、循环信用工具等。

应急资本具有如下特点：

（1）应急资本的提供方并不承担特定事件发生的风险，而只是在事件发生并造成损失后提供用于弥补损失、持续经营的资金。事后公司要向资本提供者归还这部分资金，并支付相应的利息。

（2）应急资本是一个综合运用保险和资本市场技术设计和定价的产品。与保险不同，应急资本不涉及风险的转移，是企业风险补偿策略的一种方式。

（3）应急资本是一个在一定条件下的融资选择权，公司可以不使用这个权利。

（4）应急资本可以提供经营持续性的保证。

4. 保险。保险是一种金融合约。保险合同规定保险公司为预定的损失支付补偿（也就是为损失进行融资），作为交换，在合同开始时，购买保险合同的一方要向保险公司支付保险费。

保险合同降低了购买保险一方的风险，因为它把损失的风险转移给了保险公司。而保险公司则是通过损失的分散化来降低自己的风险。例如，保险公司可以通过出售大量的涉及多种类型损失的保险合同来降低自己的风险。

保险是风险转移的传统手段，即投保人通过保险把风险可能导致的财务损失负担转移给保险公司。

5. 专业自保。专业自保公司又称专属保险公司，是非保险公司的附属机构，为母公司提供保险，并由其母公司筹集保险费，建立损失储备金。几乎所有的大型跨国公司都有专业自保公司。

专业自保的特点是：由被保险人所有和控制；要承保其母公司的风险，但可以通过租借的方式承保其他公司的保险；不在保险市场上开展业务。

（四）套期保值

1. 套期保值与投机。套期保值是指为冲抵风险而买卖相应的衍生产品的行为；与套期保值相反的是投机行为。

套期保值的目的是降低风险；投机的目的是承担额外的风险以盈利。

套期保值的结果是降低了风险；投机的结果是增加了风险。

一般来说，不能从衍生产品的交易本身判断该交易是否为套期保值或投机，要考虑它的头寸。

2. 期货套期保值：

（1）期货价格与现货价格。绝大多数期货合约不会在到期日用标的物兑现。期货价格表现的是市场对标的物的远期预期价格。

"基差"的概念用来表示标的物的现货价格与所用合约的期货价格之差。基差在期货合约到期日为零，在此之前可正可负。一般而言，离到期日越近，基差就越小。

（2）期货套期保值。期货的套期保值也称为期货对冲，是指为配合现货市场上的交易，而在期货市场上做与现货市场商品相同或相近但交易部位相反的买卖行为，以便将现货市场价格波动的风险在期货市场上抵消。

期货的套期保值交易之所以有利于回避价格风险，其基本原理就在于某一特定商品的期货价格和现货价格受相同的经济因素影响和制约。

利用期货套期保值有两种方式：

①空头期货套期保值：如果某公司要在未来某时间出售资产，则可以通过持有该资产期货合约的空头来对冲风险，如果到期日资产价格下降，现货出售资产亏了，但期货的空头获利。如果到期日资产价格上升，现货出售获利（相对合约签订日期），但期货的空头亏了。

②多头套期保值：如果要在未来某时买入某种资产，则可采用持有该资产期货合约的多头来对冲风险。

（3）期货投机的风险。期货投机，是指基于对市场价格走势的预期，为了盈利在期货市场上进行的买卖行为。

由于远期市场价格的波动性，与套期保值相反，期货的投机会增加风险。

例如，假设原油市场现价每桶70美元，而公司判断原油在半年后会大跌至每桶50美元。因此公司卖出10万桶半年后交割的原油期货，卖出价格每桶80美元。如果市场发展如公司预期，则公司将盈利300万美元。但半年后，原油价格涨为每桶100美元，公司因此亏损200万美元。假设半年后，原油价格涨为每桶200美元，则公司将亏损1200万美元。

3. 期权套期保值。期权作为对冲的工具可以起到与保险相似的作用。期权也可以作为投机的工具，但风险更大。

综上所述，运用风险理财措施要明确以下几点：（1）风险理财是全面风险管理的重要组成部分，在对许多风险的管理上，有着不可替代的地位和作用；（2）风险理财形式多样，应用灵活，时效性强，具有许多其他手段不可比拟的优点；（3）风险理财技术性强，需要专门的人才、知识、组织结构、程序和法律环境；（4）风险理财手段的不当使用，包括策略错误和内控失灵，可能带来巨大的损失。因此风险理财本身的风险管理尤为重要。

三、风险管理信息系统

企业的管理信息系统在风险管理中发挥着至关重要的作用。

企业应将信息技术应用于风险管理的各项工作，建立涵盖风险管理基本流程和内部控制系统各环节的风险管理信息系统，包括信息的采集、存储、加工、分析、测试、传递、报告、披露等。

企业应采取措施确保向风险管理信息系统输入的业务数据和风险量化值的一致性、准确性、及时性、可用性和完整性。对输入信息系统的数据，未经批准，不得更改。

风险管理信息系统应能够对各种风险进行计量和定量分析、定量测试；能够实时反映风险矩阵和排序频谱、重大风险和重要业务流程的监控状态；能够对超过风险预警上限的重大风险实施信息报告；能够满足风险管理内部信息报告制度和企业对外信息披露管理制度的要求。

风险管理信息系统应实现信息在各职能部门、业务单位之间的集成与共享，既能满足单项业务风险管理的要求，也能满足企业整体和跨职能部门、业务单位的风险管理综合要求。

企业应确保风险管理信息系统的稳定运行和安全，并根据实际需要不断改进、完善或更新。

已建立或基本建立企业管理信息系统的企业，应补充、调整、更新已有的管理流程和管理程序，建立完善的风险管理信息系统；尚未建立企业管理信息系统的，应将风险管理与企业各项管理业务流程、管理软件统一规划、统一设计、统一实施、同步运行。

第五节 企业集团的风险管理

一、对子公司风险管理目标及风险识别

集团对子公司进行风险管理的目标主要是实现集团整体的发展战略、保证母公司投资的安全完整、提高子公司的经营效率和效果、确保子公司经营的合法与合规、确保合并财务报表的真实可靠。集团在实现对子公司的风险管理时，应结合COSO的《企业内部控制——整合框架》及《企业风险管理——整合框架》（ERM），将对子公司风险管理的目标进行细化，并识别其不确定性和风险，采取相应的控制措施。

（一）对子公司控制的风险管理目标

1. 集团战略目标。集团战略是创造一种独特的、有利的公司定位，决定公司应开展的营运活动，决定如何设计各项活动以及各项活动之间如何联系，并在竞争中对各项活动做出取舍，从而在公司的各项运营活动间建立和加强联系。集团战略可分为总体战略、经营单位战略和职能战略。集团制定总体战略，应考虑集团的宗旨和目标，选择可竞争的经营领域，合理配置集团经营所必需的资源，决定集团整体的业务组合和核心业务，促使各经营业务相互支持协调。从集团经营发展方向到子公司之间的协调以及资源的充分利用到整个集团的价值观念、企业文化的建立，都是集团整体战略的重要内容。

2. 子公司经营方面的风险管理目标。在经营方面，集团对子公司的风险管理目标是与子公司有效率、有效果地使用其资源相关的目标。集团对子公司经营的风险管理，在于子公司有效的经营和经营理念的实现。有效的经营则依赖于树立正确的经营目标、制定恰当的方针和政策，避免因浪费、舞弊、管理不当、错误、欺诈及其他违法事件而遭受损失。

除了上述两个层次的目标外，还应该追求子公司合法合规性、对子公司资产安全完整和财务报表相关的风险管理目标。

（二）对子公司风险管理中的风险识别

1. 主要风险表现。集团母公司应结合对子公司风险管理的目标，分析识别影响目标实现的不确定事项。集团对子公司的风险管理至少应该关注以下四个方面的风险：（1）影响集团战略目标实现的风险；（2）与子公司经营效率和效果相关的风险；（3）与子公司合法合规经营相关的风险；（4）与财务报告可靠性相关的风险。

集团应当开展风险评估，准确识别与实现子公司风险管理目标相关的内部风险和外部风险，并确定相应的风险承受度。采用定性和定量的方法，按照风险发生的可能性及其影响程

度，对识别的风险进行分析和排序，确定关注重点和优先控制的风险。

2. 目标与风险识别。根据集团对子公司风险管理的目标与风险识别，需要结合相关业务流程，对基本的风险管理目标进行细化，并考虑细化目标实现过程中存在的风险，对其进行有效控制。目标之所以要细化，在于对实现目标的程序进行分解，只要实现目标的各个步骤和程序实现了自己的子目标，管理子目标中存在的相关风险，整体目标就可以实现，整体目标存在的风险也就得以控制。目标细化可以借鉴 COSO《企业风险管理——整合框架》（ERM）的基本要素和逻辑来展开。现以对子公司财务报告可靠性风险管理目标的细化为例进行说明，其他目标可结合该思路进行细化。

对子公司财务报告可靠性的风险进行管理，集团公司应该结合公司财务制度、子公司财务报告流程、财务部门报告编制的职责分工将风险管理目标细化。为了保证母子公司合并财务报告的可靠性，可以将这一整体目标分解为两个分目标：（1）母公司本级的财务报告可靠；（2）子公司向母公司报告的个别财务报告可靠，应该对该目标进一步细化。

子公司财务报告目标可能受制于内部环境、目标制定、事项识别、风险评估、风险反应、控制活动、信息和沟通、监控等八个要素。母公司为了保证子公司编报的财务报告真实可靠，一方面要制定母、子公司统一的会计政策和合并政策；另一方面要指导、监督子公司健全关于财务报告风险控制的制度和措施。在对子公司的财务报告进行风险管理活动中，集团公司主要面临的风险就是子公司财务报告存在重大的错报和漏报。

在对该风险的控制中，集团公司应该进一步明确控制该风险的依据、控制措施、控制所形成的证据、控制的时间频率、控制负责的部门等具体工作。

3. 风险管理目标细化与风险识别示例。集团母公司对子公司进行风险管理时，需要结合相关业务流程，对基本的风险管理目标进行细化，并考虑细化目标实现过程中存在的风险，对其进行有效控制。目标之所以要细化，在于对实现目标的程序进行分解，只要实现目标的各个步骤和程序实现了自己的子目标，管理好子目标中存在的相关风险，整体目标就可以实现，整体目标存在的风险也就得以控制。目标细化可以借鉴 COSO《企业风险管理——整合框架》的基本要素和逻辑来展开。现以对子公司财务报告可靠性相关的风险管理目标的细化为例进行说明，其他目标可结合该思路进行细化。

为确保子公司财务报告可靠性，母公司应该结合集团公司财务制度、子公司财务报告流程、财务部门报告编制的职责分工将控制目标细化。为了保证母子公司合并财务报告的可靠性，可以将这一整体目标分解为两个分目标：（1）母公司本级的财务报告可靠；（2）子公司向母公司报告的个别财务报告可靠。

根据 COSO《企业风险管理——整合框架》，子公司财务报告目标的构成要素也包括内部环境、目标制定、事项识别、风险评估、风险反应、控制活动、信息和沟通、监控八个要素。为了保证子公司编报的财务报告真实可靠，集团一方面要制定母、子公司统一的会计政策和合并政策；另一方面要指导、监督子公司健全关于财务报告风险控制的制度和措施。在对子公司的财务报告进行风险控制中，母公司主要面临的风险就是子公司财务报告存在重大的错报和漏报。

在对该风险的应对中，母公司应该进一步明确控制该风险的依据、风险管理措施、风险管理负责的部门等具体工作。具体目标细化、风险分析与控制程序见表 6-1：

表 6-1　　　　　　　　　　　目标细化、风险分析与控制程序

总体目标	目标细化	风险识别评估	依据	控制措施	负责部门
母、子公司合并财务报告的可靠性目标	确保子公司编报财务报告的可靠性	报告信息错报、漏报	《企业会计准则》，证券监督管理机构信息披露相关规定，内部会计制度	利用财务信息系统勾稽报表，上报的财务报告必须经过公司领导审批；须经注册会计师审计	母公司财务部门或投资管理部
	确保正确的合并程序	抵消不彻底，合并差错	内部会计合并程序及规定	报表内部审核及外部审计	母公司财务部与CPA
	确保母公司本级财务报告的可靠性	根据COSO《企业风险管理——整合框架》在母公司本级建立风险控制程序进行控制			

二、组织机构和委派人员的风险管理

（一）对子公司风险管理中组织机构设置

对子公司组织机构的设置，母公司应考虑集权和分权的程度。财务型模式属于高度分权的控制模式，通常在母公司设置单一的资产管理部集中管理与子公司相关的各种事项；业务型模式下对子公司的管理相对集权，对子公司的管理通常归属于母公司的不同业务部门，母公司的各业务部门对子公司的对应业务部门进行指导和监督。但由于控股子公司在法律上具有法人地位，与母公司之间不存在行政上的隶属关系，而只是资产上的联结关系。母公司对子公司不能直接行使行政指挥权力，不管是财务型控制模式，还是业务型控制模式，抑或是战略型控制模式，对子公司的控制都必须通过股东会和董事会的决策来发挥其影响作用。

对子公司控制组织机构的设置，除了要考虑集权和分权的因素外，还需要考虑其对子公司的管理职责，机构设置应根据职责需要来设置。

母公司对子公司的管理职责，主要体现在以下几个方面，参见表6-2。

表 6-2　　　　　　　　　　　　母公司对子公司的管理职责

职　责	具体内容
投资管理	对子公司在本行业的投资提出建议；参与子公司与本行业相关的招商引资及对外投资项目；对子公司在本行业的重大投资项目进行管理；对子公司建设性投资活动进行管理，包括投资可行性论证、立项审批、项目过程监督及项目评价
计划与预算管理	对子公司行业进行调查研究，组织制定中长期业务发展规划；组织制定子公司年度经营计划（营销计划、生产计划、科研与新业务开发计划、投资计划等），并对计划执行情况进行跟踪监控；制定下属子公司年度、季度预算，并对预算执行情况进行监控和分析；制定下属子公司经营业绩考核办法，制定子公司绩效考核指标，并对子公司经营业绩进行考核
重大合同管理	对下属子公司固定资产购置合同进行管理
经营分析	子公司经营者的考核和任免

财务型控制模式、战略型控制模式和业务型控制模式下，集团总部因集权、分权程度的差异，承担的对子公司管理职责的大小也有差异。

1. 财务型控制模式下母公司管理机构的设置。财务型控制模式下，母、子公司高度分权，子公司业务的相关性较低且相对独立；母公司不介入子公司的业务经营；在人员委派管

理方面，母公司仅管理高层管理人员；母公司通常以收购、投资、撤资等方式作出对子公司的战略退出或进入的决策并监控关键的财务指标，对投资报酬指标进行监控。在这一模式下，母公司通常设置战略管理部或投资管理部，对子公司投资进行评价和管理。战略管理部或投资管理部经母公司董事会授权管理子公司的相关事务。

在这种模式下，母公司内对子公司控制机构设置通常如图6-2所示：

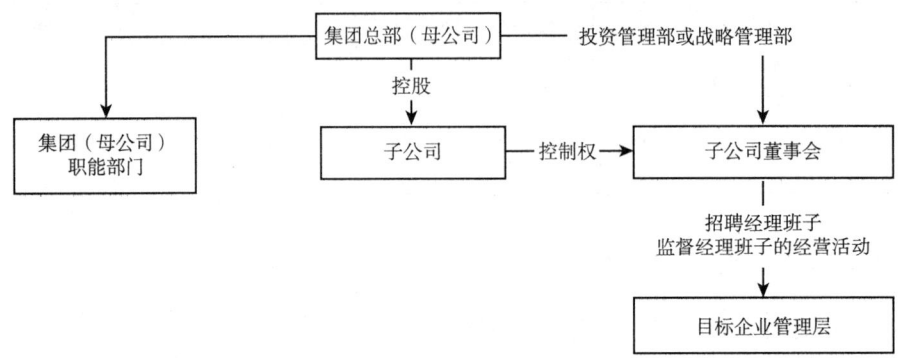

图6-2 财务型集团公司内对子公司机构设置

如图6-2所示，财务型子公司内部控制模式下，母公司对子公司的管理主要通过母公司授权，由投资管理部或战略管理部来实现。

集团总部（母公司）投资管理部或战略管理部的关键职责主要有：

（1）战略：集团整体战略的制定，各子公司经营战略的协助制定和战略方案的审定。集团投资战略的制定，包括各子公司投资组合决策、投资项目筛选标准制定、投资项目决策、投资项目建议和可行性研究等审定。

（2）股权：集团股权实施统一管理，不论控股、参股、委派董事管理统一归口投资部，包括日常联络及考核董事会事务管理也由投资部负责（受子公司董事会委托）。

2. 业务型控制模式下母公司管理机构的设置。业务型控制模式较使用于单一或基本单一的业务情形，属于高度集权的子公司管理模式。在这种模式下，母公司对子公司的管理渗透在子公司战略制定、投资计划制订、经营预算与计划的制订、人事及其他经营决策事项等。母公司对子公司控制机构设置对应于母公司的相应职能部门，各相应职能部门受托从事对子公司的管理，并通过股权的形式行使其对子公司的控制。具体机构设置如图6-3所示：

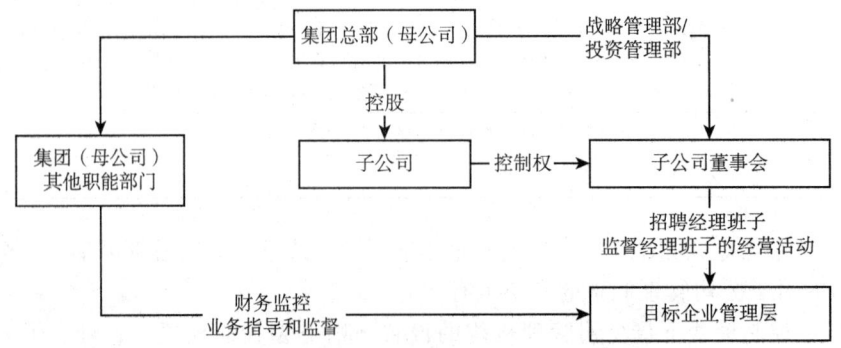

图6-3 业务型集团公司内对子公司机构设置

如图 6-3 所示，集团母公司通过各职能部门行使对子公司的管理，各部门的关键职责如下：

（1）战略管理部或投资管理部：集团整体战略的制定，各子公司经营战略的协助制定和战略方案的审定。集团投资战略的制定，包括各子公司投资组合决策、投资项目筛选标准制定、投资项目决策、投资项目建议和可行性研究等审定。集团股权实施统一管理，不论控股、参股、委派董事管理统一归口投资部，包括日常联络及考核董事会事务管理也由投资部负责（受子公司董事会委托）。

（2）财务资产部：股票、债券等公募和私募融资决策、银行贷款决策以及抵押担保贷款决策等；资金实行集团资金统一调度，集团成立资金调度中心；制定统一的资产处理政策、处理程序，所有公司资产的处置由资产部归口管理，与财务中心共同审核；制定统一的预算制度，集团年度总体预算由集团管理委员会审定。

（3）人事部门：母、子公司高级人才的开发归口人力资源部，常规人事手续管理受子公司董事会委托进行集中管理，委派董事、监事、高级管理人员选拔、推荐、任免及最终考核管理，中级管理人员的选拔、人才储备。

（4）重大合同管理：业务审核和法律部门需要对子公司的重大合同进行管理、审核和监督，以防范子公司因合同问题而给母公司带来重大风险。

以上对高度分权、高度集权两个极端的子公司控制模式下母公司控制机构的设置、职责划分进行了简单阐述，其实在实务中，母公司对子公司的控制因分权程度的差异会存在许多中间状态，如战略型子公司控制模式。母公司控制机构的设置应考虑分权程度和母公司对子公司重点要控制的事项而设置相应的部门。

（二）外派人员的管理

母公司对子公司的管理，必须通过子公司的股东会和董事会的决策来发挥作用。子公司股东会和董事会的决策是由股东和董事等具体人员作出，所以，对母公司来讲，向子公司股东会和董事会等组织机构派出能够代表母公司利益的人员，并对其实施严格有效的管理，是实现母公司利益的关键。

我国《公司法》中，对母、子公司的责、权、利管理没有明确的规定，国外母公司对子公司的权利主要体现在资产控制权、人事决定权、财务监督权和收益享有权四个方面。其中人事决定权由产权决定，产权放到哪里，人事权就跟到哪里。一般是母公司向子公司派出董事。母公司如何实现对子公司的控制，对派出人员的管理是关键。

1. 外派股东代表、董事的管理。如何通过对派出董事的管理实现集团总部（母公司）的管理意图，是公司治理的核心问题之一。集团总部（母公司）派出的董事应代表集团的利益，通过对他们的有效管理，实现集团的管理意图。子公司内部控制指引第九条规定，母公司应当建立健全委派董事制度。对子公司设有董事会的（或者类似权力机构，以下简称董事会），母公司应当向其派出董事（或权力机构代表，以下简称董事），通过子公司董事会行使出资人权利。

对外派董事的管理，主要应明确对子公司产权管理的方式、集团如何派出董事、董事的任用方式和职责等。

（1）子公司产权管理方式。母公司应当建立健全股东代表委派制度，母公司应通过委派的股东代表行使出资人权利，委派的股东代表应代表母公司利益行使表决权，并对母公司负责。

现代企业制度要求，集团对下属控股企业的管理只能通过股权管理的方式来实现。母公司对子公司的股权管理方式，虽然各公司不尽相同，但一般的做法是：

①建立专职从事子公司股权管理的职能部门，审查子公司的投资、贷款、债务担保等项目，考核子公司的经营业绩，既考核子公司的经营情况（包括资产经营情况），也考核子公司对母公司的贡献。

②向子公司选派高层经营管理人员，各事业部长兼任其所管理的子公司董事长与董事等。

③严格控制子公司资产经营活动。子公司的资本增减、下设子公司和向其他公司投资、重要建设改造、年度预决算、重大合同的签订、董事变动等，须向母公司事前报告。

④通过专业化分工把子公司经营活动纳入母公司经营活动中。一般是母公司控制全部产品或部分产品的销售，控制与通融子公司的资金。

（2）董事委派方式及作用。集团如何派出董事、外派董事的任用方式由集团公司章程规定，经集团董事会决定。

子公司董事会的构成及董事的职责应符合有关法律及法规的要求，主要包括《公司法》《上市公司治理准则》《关于在上市公司建立独立董事制度的指导意见》《集团海外上市企业上市地证券监管机构对公司治理结构的要求》等。其职责主要是：①担任子公司的法人代表，按照《公司法》的规定，负责子公司董事会的工作；②向集团汇报子公司的重大经营事项，并经集团授权，对子公司董事会的重大表决事项提出表决意见。指引中规定，委派董事应当依据委派制度向母公司报告子公司经营管理有关事项。对于重大风险事项或重大决策信息，委派董事应当于参与决策前及时上报母公司，法律法规另有规定的从其规定。重大风险事项包括但不限于：大额担保、对高风险行业的投资、业务重组、证券非公开发行等。重大决策信息包括但不限于：重大对外投资；企业合并、重组等。

集团通过在子公司中的控股地位，间接控制子公司的董事会构成，派出有关人员。在集团控股子公司的董事会构成中，主要包括集团派出董事、其他股东代表和中小投资者代表三部分，其中集团派出董事占据主导地位，也是母公司管理意图得以实现的基础，从而发挥外派董事的作用。参见图6-4。

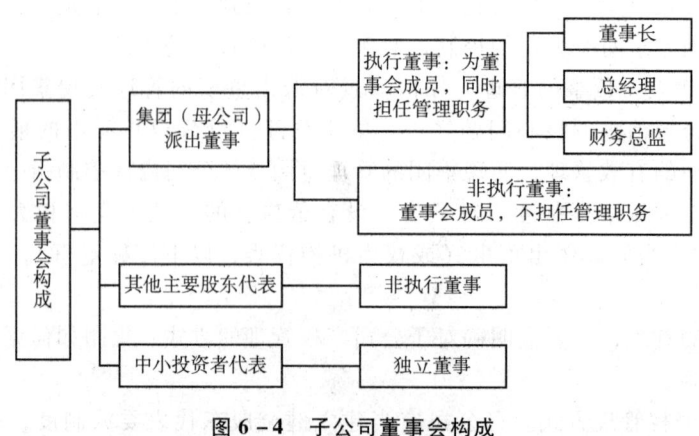

图6-4 子公司董事会构成

母公司派出的董事,既可以是执行董事,也可以是非执行董事,这表明子公司的董事长及高层管理人员都可以由母公司派出的董事兼任。其他股东代表一般只能是非执行董事,中小投资者更谈不上对公司的控制,可见,母公司对子公司的控制能力十分强大,母公司外派董事发挥着对子公司控制的重要作用。

母公司应通过规章制度,约束其派出董事的行为,规定其权限;设计出指示和回报工作的流程,使日常控制顺畅;应制定责权分明的考核、奖惩制度并兑现。子公司应通过制定《公司章程》《公司章程细则》等法律文件,明确股东大会、董事会、监事会、经理层的权利和义务,形成有效的约束和制衡机制。

母公司根据有关规章制度等法律文件的规定,对外派董事任期履职情况进行考核,不能代表母公司利益履行相关文件规定职责的,由母公司总经理提议,经董事会集体决定是否通过子公司股东大会将其解聘。

2. 外派总经理、财务总监的管理。母公司应当建立外派总经理管理制度,根据公司章程规定,向子公司董事会提名子公司总经理人选。

总经理由集团总经理提名,经集团董事会集体决定。

其职责主要包括:(1)履行公司法规定的总经理的职责,主持子公司的经营;(2)经常性地向集团汇报子公司的经营情况;(3)经集团授权,对子公司董事会的重大表决事项提出表决意见。

在总经理任期,母公司相关机构应对其履职情况进行监督和考核。子公司总经理未能履行其职责并对企业利益造成重大损害的,母公司有权向子公司董事会提出罢免建议。子公司总经理任期期满,应予解聘或按照法定程序连任。

母公司向子公司委派财务人员,根据内部控制模式选择与集权程度的强弱选择派出总会计师(财务总监)、财务经理、财务人员从事子公司的财务管理工作,向母公司直接负责。子公司内控指引第十一条规定,母公司可以建立总会计师委派管理制度,根据公司章程的规定,向子公司提名总会计师人选。可以要求总会计师定期向母公司报告子公司的资产运行和财务状况。委派的总会计师可以实行定期轮岗制度。

总会计师(财务总监)应由集团人力资源部会同财务部提名,经总经理确认,由集团总部(母公司)董事会决定产生。

主要职责一般包括:负责子公司的财务管理;与集团总部计划财务部门保持经常性的协调和沟通,及时向集团汇报子公司的财务状况,及时发现并控制财务风险;经集团授权,对子公司董事会的重大表决事项提出表决意见。

总会计师任期内,母公司应对其履职情况进行考核,未能代表母公司利益履职的,母公司可以提议解聘。任期满后,一般应考虑轮岗。

3. 母公司对外派人员的考核管理。母公司对外派董事、财务总监、总经理以及监事的考核,是公司对子公司风险管理措施的重要内容,也是保证对子公司进行风险管理的其他措施得以有效执行的保证。

子公司内控指引第十三条规定,母公司应当建立健全对子公司委派股东代表、董事、监事、选任高层管理人员(包括总经理、总会计师等人员)的履职管理、绩效考核与薪酬激励制度,明确履职方式和权利义务,充分发挥其积极性,维护母公司的利益。

明确对外派董事、监事、财务总监和总经理的控制目标,是制定风险管理内容和措施的方向。

（1）风险管理的目标。对子公司的控制目标是实现子公司与母公司目标的一致性。目标的一致性是指母公司的外派人员按照母公司的意志做出决策并从事经营，符合母公司集团的整体利益。对母公司外派人员的控制，就是要规范其行为使其与母公司的目标相协调，代表母公司的利益，实现集团的整体目标。

（2）风险管理的内容和措施：

①明确考核原则和激励措施。对子公司外派人员的考核应坚持实事求是的指导思想，坚持公平、公正、合理的原则。具体应体现以下几个方面：

第一，责权利明确原则。在考核外派人员时，应以明确的责权利划分为基础，在人员外派时，针对外派岗位应制定明确的岗位职责、权利和奖惩办法。

第二，公平、公正的原则。

第三，考核指标量化原则。母公司在对公司外派人员进行考核时，考核内容应该有量化的指标，使得考核标准具体，易操作。

第四，考核与激励相结合的原则。对子公司外派人员的考核，应按照责权利相统一的要求，建立经营业绩同激励约束机制相结合的考核制度。

对子公司外派人员的考核不同于对一般人员的考核，外派人员是子公司的高管人员，他们的目标、责任与义务比一般人员重大，他们对个人自身价值的追求、满足感、物质利益的要求也比较高，除物质奖励外，他们更希望个人价值的实现，对非物质奖励的重视程度更高。所以，对外派董事、监事、总经理、财务总监的激励措施不仅应包括股权激励、年度业绩奖金等物质奖励措施，更应包括个人职位提升、精神嘉奖等非物质奖励措施。

②合理制定考核目标。对子公司外派人员进行考核，应制定明确、合理的考核目标。该目标应结合母公司整体战略、资产使用效率和效果、经营业绩、法律法规的遵循等对子公司控制的目标来制定，即考核外派人员对母公司意图在子公司的贯彻程度。考核目标的制定，实质上就是将对子公司控制目标的细化、明确，甚至量化。

具体应该从以下几个方面考虑：

第一，考核外派董事在贯彻总公司战略意图方面的情况如何。

第二，考核总经理的经营业绩，比如子公司资产报酬率、净资产报酬率、市场份额等指标，将指标体系化，赋予重要程度权值，进行综合评价。

第三，外派财务总监的考核目标主要是会计政策执行情况、财务报告是否及时、真实公允地披露了子公司的财务状况、经营成果和现金流量情况等。

第四，重大违规、违法行为的考核指标也应纳入外派高管的考核目标中。

对外派董事长、总经理等高管人员考核目标的确定，可以结合国资委对高管人员的绩效考核方法，考虑使用平衡计分卡、EVA等先进的工具。平衡计分卡强调，传统的财务会计模式只能衡量过去发生的事项（落后的结果因素），但无法评估企业前瞻性的投资（领先的驱动因素），因此，必须改用一个将组织的愿景转变为一组由四项维度组成的绩效指标架构来评价组织的绩效。此四项指标分别是：财务、顾客、企业内部流程、学习与成长。

EVA不仅仅是一种衡量经济增加值的方式，它更重要的是在衡量企业业绩时，必须考虑到股东资本的成本。EVA实质是股东考核企业经营水平，进行投资决策时的最好工具，同时也是企业经营者加强公司战略、财务管理、衡量员工业绩、设定奖罚机制的最佳武器。

母公司可以使用 EVA 评价子公司董事长和总经理的业绩，使母、子公司的利益趋向一致。

③公平兑现考核结果。考核结果公平兑现是激励机制发挥作用的根本保障，如果激励措施不按考核结果兑现，激励的效果将不复存在。保证考核结果公平兑现的前提是，激励措施在制定时，要进行充分讨论，保证激励措施本身体现权责利的原则，体现业绩与奖励的相称，考虑考核目标完成的难易程度等；一旦激励措施经过讨论公布，在奖励兑现阶段，宜严格按照预先的激励制度、考核目标进行，随意调整考核目标及激励手段和方法，都会传递有失公平的信息，影响激励的效果。

三、对业务的风险管理

由于母公司对子公司管控模式不同，对子公司控制的目标将存在差异，进而影响对子公司控制的内容、程度和措施，在此，我们以集权型集团为例子研究母公司对子公司风险管理应包括的内容和措施。

我们首先来分析在集权型的管控模式下，母公司对子公司的经营层面需要涉及的领域和可以采取的风险管理措施。

1. 对子公司战略和年度计划的管理。"企业战略"是企业管理中从军事领域引进的词汇，是企业中各种战略的总称，其中包括发展战略、竞争战略、营销战略、技术开发战略等。这些战略的基本属性是相同的，都是对企业整体性、长期性、基本性的谋略，不同的只是谋划角度。

因此，企业战略是企业发展最核心的部分，对于任何母、子公司关系来说，不论集权型还是分权型，母公司对子公司的战略管理通常都采取集权的管理方式，即子公司基本上没有战略制定权，均集中于母公司，母公司负责集团整体战略制定、战略实施监督、战略实施效果评估以及子公司在集团整体战略中的定位等。而子公司只是战略的实施机构。

企业年度计划是基于战略目标制订的年度发展计划，在集权型管理模式下，子公司的年度计划通常也需要由母公司审核批准，以确保子公司遵循母公司制定的战略目标进行发展。

（1）风险管理的目标。从风险管理的角度，战略和年度发展计划控制的目标是明确母、子公司的管理权限，界定母、子公司战略管理的责任，用制度化、程序化来监督、评估战略实施效果，从而达到集团公司战略发展的协同性、资源配置的有效性，以及企业年度发展与战略目标的一致性，最终实现母、子公司整体价值最大化的目标。

（2）风险管理的内容和措施。母公司对子公司战略的管理内容应贯穿于子公司战略的全过程，主要包括：子公司战略方向的确定、战略目标的设定、战略方案的设计、战略实施的监督以及战略的评估等。

母公司对子公司战略的管理通常包括：在母公司设立明确的部门或岗位职能、通过授权审批进行控制。

①设立战略管理机构。母公司应设定相关的部门或岗位以研究制定母公司的总体战略规划和子公司的战略定位、战略目标、战略方向等，并指导子公司战略的实施，对战略的执行结果进行评估。很多大型企业集团的母公司会设立专门的战略管理委员会，由主管经营、人力资源、投资、资产、财务等部门的领导组成，委员会设置常设机构为战略管理部（或叫战略规划部等）具体研究企业集团战略的总体规划和相关子公司的战略定位和发展方向，必要时，有的企业集团的母公司会聘请外部专业的咨询机构制定集团的整体战略规划和子公

司的战略定位。母公司战略管理部需要对母公司战略管理委员会制订的战略目标和实施计划进行进一步分解，如制订配套的资源配置计划、战略实施控制计划以及战略实施信息反馈、跟踪效果评估计划等，并相应指导子公司战略的执行。

②子公司在授权范围内制订相应的战略方案或战略实施计划。母公司明确集团总体战略规划和子公司的战略定位（目标）后，通常通过子公司股东大会明确子公司的战略方案和实施计划，甚至明确写入子公司的章程中。母公司既可以亲自制订子公司的战略方案和实施计划，也可以授权子公司的管理层在母公司的指导下和授权范围内制订战略方案和计划，由母公司审核同意后执行。

③对战略实施效果进行评估。母公司应该对战略管理建立信息反馈和评估机制，对战略的实施计划和实施效果等进行定期评估，及时发现实施中偏离战略目标的内容，合理纠正偏差，并根据市场环境的变化或企业经营方针的调整等，及时调整战略实施计划并指导子企业的具体执行。

2. 共同资源的维护：

（1）风险管理的目标。为了增强企业的核心竞争能力和集中资源优势，母公司通常会通过集中管理子公司的资金、集中品牌维护和相关渠道资源的方式进行集团化管理，而这些如品牌资源、企业资金实力、银行信用等，也是企业集团最重要的资源。母公司与子公司因为不是同一法人实体，对相关的资源通常会采取授权的方式允许子公司在授权范围内使用。而如果一旦某一子公司对这些资源的使用不当形成损失，对母公司产生的损失将不仅仅是母公司对该子公司的投资损失，还包括母公司整体的企业形象、融资能力、品牌知名度等更广范围内的损失，因此，母公司对子公司使用母公司统一的资源应该进行集中控制，严格控制风险。

对母公司共同资源的风险管理目标应为共同资源的安全、确保实现资源的使用效率和效果，促进公司实现发展战略。

（2）风险管理的内容和措施。母公司对子公司使用母公司共同的资源，由于涉及母公司更广泛的利益，因此，应该进行更加严格的控制。风险管理的内容包括：母、子公司的资金、母公司的综合融资能力、母公司的品牌资源、母公司的社会形象等。

①对于资金和融资能力的管理。集权型的企业通常会采取设立财务公司、内部银行或内部资金结算中心的方式，进行资金集中结算，子公司的资金除了留出日常运营的资金外，其余一律由母公司统一管理，集中调度资金头寸，统一调配富余资金，达到资金使用的最大化和融资成本的最小化。

使用统收统支或内部结算中心的方式集中度最大，但只适用于母公司对全资子公司之间，适用面较窄且要求非常高。采用财务公司的方式适合于集团内子公司的股权结构为多元化，且母公司对子公司具有控制能力的情况。财务公司通常由集团内部成员企业认购股份的非银行金融机构，能够为集团内成员企业提供金融服务。财务公司由于同为集团内部成员企业持股，通过复杂的股权结构，母公司即使对财务公司仅少量出资，也能够保持控制地位，能够节约母公司的资金成本。同时，财务公司只为集团内成员企业提供存款和贷款以及其他相关的金融服务，风险能够控制在合理范围内，且能够围绕集团的发展战略进行资金的调配，最大限度地集中集团资金资源，节约整体融资成本。财务公司通常采用市场化的运作手段，具有灵活的操作方式，适用于成熟且股权关系多元化的大型企业集团。

企业集团在资金集中管理的基础上，可以以雄厚的资金实力向银行申请总体授信额度或担保额度甚至统一发行企业债，这样能够更充分发挥集团的集合优势，进一步拓展外部融资额度，降低融资成本。

②对品牌和企业形象的管理。母公司通常会采用授权的方式授权相关子公司在经营范围内使用母公司的品牌，或者直接以品牌作价作为对子公司的出资。由于品牌是给拥有者带来溢价、产生增值的一种无形的资产，它的载体是用以和其他竞争者的产品或劳务相区分的名称、术语、象征、记号或者设计及其组合，增值的源泉来自消费者心目中形成的关于其载体的印象，因此，是企业形象中最关键的内容，企业对品牌的维护应该采取集权的措施。包括：母公司应该进行统一的品牌宣传和广告活动，统一维护品牌的形象。展现企业整体形象和品牌影响的场合应由母公司统一组织进行，或授权子公司在母公司监督下进行；对可能影响品牌的因素要严格控制，如产品的质量标准、售后服务的标准、安全生产的标准等；在授权子公司对品牌的使用时，应严格审查子公司的相关品牌质量管理体系是否符合母公司的要求，并做好监督管理工作。包括定期检查子公司的产品质量和售后服务体系，定期检查子公司是否在授权范围内使用品牌等。

3. 重大事项管理。除了对战略和共同资源的集权型控制外，母公司对子公司还需要在以下重大事项上进行管理，管理的集中化程度可以随着企业对集权的需要不同而有所差异，但管理内容通常是相同的。

（1）风险管理的目标。母公司对子公司重大事项的风险管理目标为维护母公司的资产安全，并确保获得合理的经营效果，特别是如果子公司处于母公司的相关产业链条的重要环节时，母、子公司的重大生产经营事项都需要母公司进行必要的管理控制，以符合母公司的经营需求。

（2）风险管理的内容和措施。母公司对子公司重大事项的风险管理内容包括两类，一类是重大金额以上的某类业务，需要母公司进行控制，另一类是具有重要性质的事项，不分金额大小，均需要母公司进行控制。这两类事项包括的内容如下：

第一类重大金额需要控制的事项，包括年度发展计划之外的重大事项、重大的对外投资（固定资产、无形资产、股权）、对外重大融资事项（发行债券以外的重大融资）、重大资产处置、重大经营业务、重大对外捐赠事项等。

第一类事项只有当具有重大金额时，才可能对母公司产生风险，需要母公司采取控制措施以减小风险。母公司需要关心的问题是如何界定重大金额，以及根据不同的金额应采取何种控制措施。

①重要性金额的确定。母公司会根据相关的重要性金额确定相关的控制措施，当然有些集权程度相当高的母公司对于不论多大金额的第一类事项都需要进行严格控制，这就相当于重要性金额为零，但是这种情况还是比较少的。对于大多数母公司来说，还是会通过合理地确定重要性金额，采取不同的控制手段。

因为子公司的规模大小、经营方式和对母公司的重要性程度不一样，确定重要性金额是一件复杂的事情，通常确定重要性金额的方法有两种，一种是绝对额，另一种是相对额，也有的采取绝对额和相对额孰低的原则。

采用绝对额时，通常考虑事情的性质而不考虑子公司的规模，即不论多大规模或经营情况的子公司，只要发生这类金额以上的事项，就需要由母公司进行控制。母公司在权衡重要性金额的大小时,考虑的是母公司可能因此而产生的风险的大小,以及母公司对此类风险的承受能力。这类事项包括重大对外融资(发行债券以外的重大融资)、对外投资(包括固定资产、无形资产、股权)、重大资产处置等。

采用相对额时,母公司通常会采用子公司净资产、总资产或销售收入的某一比例确定重要性金额,母公司在考虑确定相对额时,主要考虑因素是子公司对相关事项或业务风险的承受能力以及子公司自身对该事项的管理能力。如重大的经营合同、重大的对外捐赠等,需要根据企业的销售收入或利润的某一比例确定重要性金额,超过该金额时,需要母公司进行控制。

②风险管理措施。对于重要金额以上的事项,母公司会采取授权审批、预算控制、过程监管等手段严格管理,也有的母公司会对重要金额再区分层次,最重要金额需要报母公司严格审批,母公司在充分审核风险的程度和企业的实际情况后对企业进行批复,而相对重要的金额采取备案制度,即母公司了解企业的进展情况,并进行相应的追踪了解,根据实际情况掌握风险即可。

第二类具有重要性质的事项,包括发行债券、企业并购重组事项、对外担保和互保事项、关联交易事项、利润分配和亏损弥补方案等。

由于第二类事项基本上都对企业具有重要的影响,因此母公司需要进行严格的控制,母公司通常会采取授权审批的方式严格审核第二类事项的风险,必要时母公司会亲自参与第二类事项的制定过程。

对于控股的子公司(有限责任公司或股份有限公司),可以采取将相关事项明确写入公司章程,要求子公司在经营中遇到该类事项,必须提交董事会审议的方式行使母公司的控制权力。

对于全资的子公司,母公司既可以通过董事会管理,也可以直接授权母公司的相关业务部门对子公司的第二类事项进行管理。

关于重大事项管理的控制方式参见表6-3。

表6-3　　　　　　　　　　重大事项管理的控制方式分类

分类	特点	控制内容	控制措施
第一类事项	重大金额以上需要母公司控制	年度发展计划之外的重大事项、重大的对外投资(固定资产、无形资产、股权)、对外重大融资事项(发行债券以外的重大融资)、重大资产处置、重大经营业务、重大对外捐赠事项	(1)重要性金额的确定(绝对额、相对额、绝对额和相对额孰低); (2)授权审批、预算控制、过程监管 (3)核准制和备案制
第二类事项	不分金额大小均需要母公司控制	发行债券、企业并购重组事项、对外担保和互保事项、关联交易事项、利润分配和亏损弥补方案	控股子公司:通过董事会或相关权力机构发表意见; 全资子公司:既可以通过董事会,也可以授权母公司相关管理部门直接参与控制或审批

四、母公司对合并财务报告的风险管理

1. 对合并财务报告的风险管理目标。母公司除了需要单独披露母公司的财务报告外,还需要编制合并财务报告，以反映母、子公司的整体经营状况、财务成果和现金流量。根据《企业会计准则——长期股权投资》，母公司对于纳入合并财务报告的控股子公司的长期股权投资采用成本法核算，因此，子公司的经营损益不能直接反映在母公司的财务报告中，母、子公司的整体运营状况、资产质量等也不能反映在母公司的财务报告中。因此，母公司的财务报告使用者会更关注母公司编制的合并财务报告的情况。

母公司对合并财务报告风险管理目标包括以下两个方面：一是合并财务报告及相关信息的真实完整；二是满足外部法律法规的监管要求，即保证财务信息披露的合法合规。

（1）合并财务报告及相关信息的真实完整。母公司对合并财务报告及相关信息的真实完整需要承担责任。合并财务报告主要由母公司和子公司的个体财务报告以及母、子公司之间的关联交易和关联往来的抵消组成。母公司对合并报告及相关财务信息的真实完整负责，需要对以下三方面进行管理：

①合并范围的完整。母公司必须合理保证所有应纳入合并范围的子公司已经完全纳入合并范围，没有出现遗漏，也不应将合并范围外的企业纳入合并范围。

②母、子公司会计政策的统一。母公司应该制定统一的母、子公司会计政策，如果子公司因地域的原因和其他监管要求，财务报告编制的基础与母公司不一致的，母公司需要对子公司的财务报告按照母公司的政策进行调整编制。

③合理保证子公司会计信息的真实完整。由于子公司为独立法人实体，单独出具财务报告，子公司的管理层对出具的财务报告负责，母公司应进行必要的审核以合理保证子公司会计信息的真实完整。如子公司的会计报表被外部审计机构出具了保留意见的审计报告，母公司在编制合并财务报表时需要对保留事项进行调整以确保合并财务报告的真实完整。

④确保母、子公司内部交易和往来准确抵消。

（2）满足外部法律法规的监管要求。母公司的合并财务报告除了满足合并财务报告信息使用者的需求外，还需要满足外部法律法规的监管要求，如母公司为上市公司的，需要满足上市公司信息披露的监管要求。因此，母公司需要将相关外部监管对合并财务报告的要求落实到编制合并财务报告的各个环节中，以满足合法合规的控制目标。

2. 风险管理的内容和措施。除合理确定合并范围为母公司自身确定的风险管理事项外，其他风险管理内容都需要针对子公司展开。

（1）会计政策和估计。为了合理保证合并财务报告信息的可比性，母公司需要统一母、子公司的会计政策和会计估计。母公司通常需要根据母、子公司的实际业务特点，在国家允许的会计政策范围内制定母、子公司统一的会计政策和会计估计，以确保会计信息的可比性。如涉及会计人员专业判断的内容，需要母公司统一专业判断的参考因素，合理把握子公司的专业判断标准与母公司的一致。

如母、子公司处于不同的会计制度环境中，如子公司为境外企业，按照境外的会计制度编制了财务报告的，母公司需要依据母公司的会计期间、会计政策和会计估计对子公司的财务报告进行调整，以确保最终合并财务报告信息的真实完整。

（2）内部往来和交易的管理。母公司还应该对母、子公司的内部往来和内部交易加强管理，以合理保证在编制合并报表的抵消分录时，抵消事项的完整性和真实性。母公司通常应采取以下措施：

①确定内部往来和交易的核算政策和标准。母公司需要对母、子公司以及子公司之间的

内部往来事项的核算政策进行统一制定,以确保内部往来和内部交易能够在同一会计期间以匹配的金额体现在交易的双方,以确保在编制合并报表的内部抵消时不会出现差异;

②定期核对母、子公司之间的内部往来和内部交易,以确保账务系统的一致性;

③合理编制合并抵消分录。母公司需要依据会计政策编制内部抵消分录,对编制的内部抵消分录应建立备查簿进行管理,以保证跨年度的内部抵消事项能够得到及时的记录和正确的抵消。

(3) 对子公司财务报告信息质量的复核。除了要求子公司的管理层对财务报告信息质量的真实完整性负责外,母公司对子公司的财务报告信息质量还需要进行必要的复核以确保子公司提交的财务报告信息质量符合要求。

通常,为了保证母、子公司的财务报告信息能够以统一的标准披露,母公司会统一委托外部中介审计机构对子公司的财务报告进行审核。

本章小结

风险管理从诞生以来,经历了内部牵制等七个发展阶段。其中影响较大的是美国COSO委员会2004年颁布的《企业风险管理框架》和2019年更新版的《企业风险管理框架》。在我国政府部门颁布的一系列有关内部控制和风险管理的政策法规中,影响最大、最具权威性的是2008年财政部等五部委颁发的《企业内部控制基本规范》以及2010年财政部等五部委颁布的《企业内部控制配套指引》。

《管理会计应用指引》中对企业风险管理的定义,是指企业对风险进行有效评估、预警、应对,为企业风险管理目标的实现提供合理保证的过程和方法。企业风险管理并不能替代内部控制,企业应当建立健全内部控制制度,并作为风险管理的工作基础。企业一般按照风险管理目标的设立、风险识别、风险分析、风险监测与预警、风险应对、风险管理沟通、风险管理考核、风险管理有效性评价等程序进行。管理会计师可以使用风险管理策略等方法分析、评价、管理风险。

本章习题

1. A公司是一家钢铁生产公司,经过多年的经营发展已拥有一定规模。由于公司涉及的项目大多风险比较大,所以公司建立了规范的法人治理结构,公司的董事长没有兼任公司的总经理,董事会下设了风险管理委员会,委员会召集人由熟悉企业重要管理及业务流程的执行董事王某担任,并由其对全面风险管理工作的有效性向董事会负责。设立专职部门履行全面风险管理的职责,该部门需要对董事会负责。

风险管理委员会批准了公司的以下几项风险管理措施:

(1) 为了防止公司生产造成空气污染以及环境破坏遭受损失,决定采用国际最先进的半封闭式矿热电炉的烟尘治理办法,即采用干法袋式除尘器措施。

(2) 为了应付可能发生的灾害性事件,公司与银行签订了应急资本协议,规定在灾害发生时，由银行提供资本以保证公司的持续经营。

（3）因为公司的产品一部分销往海外，而且很大一部分是采用赊销的方式，所以款项的收回和收入确认一定会受到汇率的影响，为防止汇率波动影响公司最后的利润。公司财务部使用相关衍生品进行套期保值。

要求：（1）根据资料，指出 A 公司风险组织体系建设中的不当之处。

（2）根据资料，判断各项风险管理措施分别应对的是哪几种风险，具体采用哪种风险管理策略。

2. 服装行业是我国出口构成的重要产品，因此服装行业对宏观经济的波动反应明显，国内外经济形势都会通过消费来影响服装行业。而且服装行业竞争较为充分，行业集中度不高。由于市场供大于求，加上行业市场的整体低迷，产品同质化问题的不断加深，市场竞争日趋激烈，行业整体盈利水平明显下滑。

B 公司是一家从事外贸型服装加工的企业。B 公司产品 60% 出口，40% 通过国内大型超市销售。2008 年发生金融危机后，国外市场受经济波动影响，订单大幅减少，企业资金压力巨大。近年国外经济虽有一定好转，但前景仍不明朗。相比之下，在国内几家大型超市的销售还算不错。公司与超市约定的账期一般为一个月。但经常发生拖后情况，有时长达 3 个月还拿不到货款，进一步加剧了公司的资金问题。为此，公司与当地银行签署协议，该银行承诺在 B 公司遇到紧急资金需求时在约定额度内优先给予贷款。

B 公司面料全部从意大利进口，意大利近年来通货膨胀严重，几家主要面料供应商经营也面临问题，供货时常中断。

要求：（1）简要分析 B 公司遭受风险的类型。

（2）简要分析 B 公司为应对资金问题采取的措施类型，并分析其特点。

参考文献

[1] 财政部，《管理会计应用指引》，2018 年。

[2] 中国注册会计师协会，注册会计师全国统一考试辅导教材《公司战略与风险管理》，2019 年。

[3] 秦荣生，《企业内部控制与风险管理》，经济科学出版社，2012 年版。

第七章 管理会计信息化

【学习目标】

- 了解和掌握信息系统建设过程
- 了解信息系统开发各个阶段的主要内容
- 了解管理会计信息系统应用框架
- 了解管理会计信息系统的特点
- 了解商务智能的概念和应用
- 了解数据仓库、在线数据分析（OLAP）、数据挖掘和大数据技术的应用

管理会计的本质是为管理层和决策层进行决策提供数据支持和分析依据，其核心工作是数据处理和分析。基于此，管理会计的应用离不开信息系统的支持。可以说，管理会计信息化的程度决定了管理会计的应用程度。作为一名管理会计人员，必须熟悉管理会计信息系统的建设过程，了解和掌握管理会计信息化的相关技术及其特点。

本章将着重讲述管理会计信息系统的建设过程以及管理会计信息系统应用的相关技术，尤其是商务智能（BI）技术的应用。管理会计信息化的核心是建立工具模型，多维度地对相关数据进行分析，这正是商务智能技术的核心应用所在。

第一节 管理会计信息系统建设

管理会计信息化，是指以财务和业务数据为基础，借助计算机、网络通信等现代信息技术手段，对信息进行获取、加工、整理、分析和报告等操作处理，为企业有效开展管理会计活动提供全面、及时、准确的信息支持。管理会计信息化的核心工作是建立管理会计信息系统，搭建集中的数据平台，对财务和非财务数据进行加工处理。

管理会计信息系统用于向企业内部管理者提供相关的会计决策支持信息，会计信息的质量直接取决于建立信息系统的开发活动。管理会计人员作为系统的使用者和直接管理者，参与系统的开发活动，有助于系统开发专业人员明确其问题和需求，从而确保开发出的系统更符合企业的需求和相关规定。系统的开发如同企业产品的生产，必须经过规划、设计、授权和过程控制。管理会计人员应该高度重视和关注信息系统开发过程的完整性。

企业通常有三种获得信息系统的方式：①购买软件供应商的商品化软件；②通过正式的系统开发活动，由企业内部自行开发；③依据企业需求和项目要求，委托外部专业机构进行定制开发。管理会计信息系统的获取方式目前主要是企业内部自行开发和委托外部定制开发

两种,这主要源于管理会计信息系统的非标准化特点。管理会计信息系统面向企业内部管理,不同的企业管理需求不同,管理会计的活动内容和过程不同,因此管理会计信息系统的需求也不同,很难形成统一的标准管理会计信息系统,因此管理会计信息系统以自行开发和定制开发居多。这种开发方式的优势在于系统与企业独特的业务操作高度协调,避免了通用商品化软件功能的冗余和不灵活等缺陷;缺陷在于开发成本高,建设周期比较长,风险大。

虽然管理会计信息系统的功能和结构可能因企业不同而不同,但是系统的建设原理和开发过程是相似的,系统的开发都必须遵循科学的开发管理过程。

一、系统开发生命周期和开发方法论

(一)系统开发生命周期

广义上讲,任何系统均有其产生、发展、成熟和消亡或更新换代的过程,该过程被称为系统的生命周期。任何系统的开发过程也基本上经历相同的系统开发生命周期,这一过程主要包括系统规划、系统分析、系统设计、系统实施以及系统运行和维护等阶段,如图7-1所示。

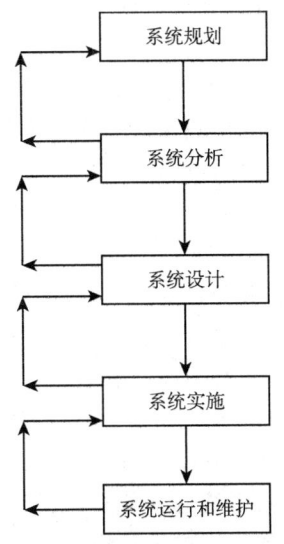

图7-1 系统开发生命周期

1. 系统规划阶段。系统规划主要是对系统的环境、目标、现行系统的状况进行初步调研,明确现行系统存在的问题,根据企业的目标和发展战略,对新系统的建设需求做出分析和预测,同时依据系统建设的约束条件,研究建立新系统的必要性和可能性,提出拟建新系统的备选方案。对这些方案进行可行性分析,形成系统建设可行性分析报告。

2. 系统分析阶段。系统分析阶段主要是在系统可行性研究的基础上,对现行系统进行详细调查和全面分析,描述现行系统的业务流程,指出现行系统的局限性和不足之处,确定新系统的基本目标和逻辑功能要求,即提出新系统的逻辑模型。因此,该阶段又称为逻辑设计阶段,是整个系统建设的关键阶段,也是信息系统建设与一般工程项目的重要区别所在。系统分析阶段主要形成系统分析报告或需求说明书,它是系统建设的必备文件,是下一个阶段的工作依据。因此,需求说明书既要通俗,又要准确。用户通过需求说明书可以了解未来系统的功能，判断是不是所要求的系统。需求说明书一旦讨论通过，就是系统设计的依据，也是将来验收系统的依据。

3. 系统设计阶段。简单地说，系统分析阶段的任务是回答系统"做什么"的问题，而系统设计阶段要回答的问题是"怎么做"。该阶段的任务是根据系统分析报告中规定的功能要求，考虑实际条件，具体设计实现逻辑模型的技术方案，也就是设计新系统的物理模型。这个阶段又称为物理设计阶段，可分为总体设计（概要设计）和详细设计两个子阶段，最终形成系统概要设计报告和详细设计报告。

4. 系统实施阶段。系统实施阶段是将设计的系统付诸实施的阶段。这一阶段的任务包括计算机等设备的购置、安装和调试，程序的编写和调试，人员培训，数据文件转换，系统调试与转换等。这个阶段的特点是几个互相联系、互相制约的任务同时展开，必须精心安排、合理组织。系统实施是按实施计划分阶段完成的，每个阶段应写出实施进展报告。最终形成一系列的文档和报告，如程序说明文档、系统测试报告、用户手册、系统运行手册、用户培训手册等。

5. 系统运行和维护阶段。系统投入运行后，需要经常进行维护和评价，记录系统运行的情况，根据一定的规则对系统进行必要的修改，评价系统的工作质量和经济效益。该阶段的主要工作包括实施后检查、系统维护和周期性系统调查。实施后检查是在信息系统实施后不久执行的一项检测。通过实施后检查来决定用户需求是否得到了满足，开发成果是否有效，开发成果是否符合组织的系统开发标准。系统维护是对存在的应用程序进行改进（如修补、更正、提高等）。系统维护开支能占系统整个生命周期的 50% –70%。周期性系统检查是系统投入运行后，定期对系统进行检测，以评估系统运行的效果和必要的改进。

（二） 系统开发方法

系统开发方法是由系统开发人员和项目管理人员使用的、用于开发和维护信息系统软件的一种正式的、精确的系统开发过程，它包括一系列的活动、方法、实践经验和自动化工具。信息系统开发方法很多，常见的开发方法有结构化系统开发方法、原型法、面向对象法等。

1. 结构化系统开发方法。结构化系统开发方法又称生命周期法，是迄今为止最传统、应用最广泛的一种信息系统开发方法。它是用系统的思想和系统工程的方法，按照用户至上的原则结构化、模块化，自顶向下对系统进行分析与设计。

结构化系统开发方法的主要步骤是：首先，将整个信息系统的开发过程划分为若干个相对独立的阶段（系统规划、系统分析、系统设计和系统实施等）；其次，在系统规划、系统分析和系统设计阶段坚持自顶向下地对系统进行结构化划分，从顶层的管理业务入手，逐步深入最底层，这样将一个复杂的系统逐级向下分解为尽可能独立的子系统、模块、子模块等。这样，用户不但对系统具有一个完整的整体性概念，而且随着逐级向下扩展，对具体的、局部的组成部分也会有深刻的印象，用户容易理解，就能够评价和提出意见。而在系统实施阶段，则坚持自底向上逐步实施，即组织人员从最底层的模块做起（编程），然后按照系统设计的结构，将模块一个个拼接到一起进行调试，自底向上、逐步地构成整个系统。采取这种开发方法，可以严格区分工作阶段，每一阶段能够及时总结、发现问题、及时反馈和纠正，避免造成浪费和混乱，但同时这种方法开发周期长，开发工作量大，不能充分了解用户的需求和可能发生的变化。

2. 原型法。原型法是开发和实现计算机应用系统的另一种通用方法，用于用户需求难以预先确定的情况。其动机是针对结构化系统开发方法缺乏弹性的缺陷，为了有效缩短开发周期，降低开发风险。

原型法的核心思想是在投入大量的人力、物力之前，在限定的时间内，用最经济的方法开发出一个可实际运行的系统模型，用户在运行使用整个原型的基础上，通过对其评价，提出改进意见，对原型进行修改，统一使用，评价过程反复进行，使原型逐步完善，直到完全满足用户的需求为止。这一思想基于的假设是面对一个真正的系统（原型），用户更容易表达清楚它们的看法和需求。

原型法的主要开发过程是：

（1）确定用户的基本需求。首先，由用户提出对新系统的基本需求，如功能、界面的基本形式、所需要的数据、应用范围、运行环境等，开发者依据这些信息估算开发该系统所需的费用，并建立简明的系统模型。

（2）构造初始原型。系统开发人员在明确了对系统基本要求和功能的基础上，依据计算机模型，以尽可能快的速度和尽可能多的开发工具来建造一个结构仿真模型，即快速原型构架。这一步骤要尽可能使用一些软件工具和原型制造工具，以辅助进行系统开发。

（3）运行、评价、修改原型。快速原型框架建造成后，将交给用户投入试运行，各类人员对其进行试用、检查分析效果。由于构造原型中强调的是快速，省略了许多细节，一定存在许多不合理的部分。所以，在试用中要充分进行开发人员和用户之间的沟通，尤其是要对用户提出的不满意的地方进行认真细致的反复修改、完善，直到满意为止。

（4）形成最终的信息系统。如果用户和开发者对原型比较满意，则将其作为正式原型。经过双方继续进行细致的工作，把开发原型过程中的许多细节问题逐个补充、完善、求精，最后形成一个适用的管理信息系统。

原型法的开发过程如图7-2所示。

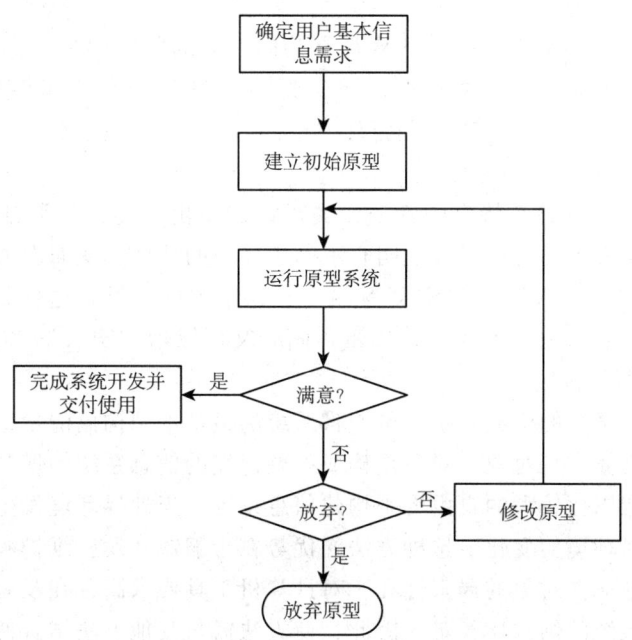

图7-2 原型法开发过程

原型法开发周期短、费用相对少，适用于处理过程明确、涉及面窄的小型和简单的系统；不适合大型、复杂系统的开发；开发过程管理要求高，整个开发过程要经过"修改—评价—再修改"的多次反复过程。在单一管理会计工具应用过程中，比较适合采用原型法的开发方法。

3. 面向对象法。面向对象法是一种把面向对象的思想应用于软件开发过程中，指导开发活动的系统方法，简称OO（Object-Oriented）方法，是建立在"对象"概念基础上的方法学。

对象是现实世界的一个实体，如张三、李四这些"人"的个体就是一个对象。任何一个对象都具有三大特征：①任何一个对象都有用于区别于其他对象的名字，如张三。②任何一个对象都有一组状态来描述其一些特征，如性别：男；身高：1.75米等。③任何一个对象都有一组操作，每一个操作决定对象的一种功能或行为，如教师授课、财务记账等。

面向对象法认为客观世界的问题都是由客观世界中的实体及其相互之间的关系构成的。将客观世界中的实体抽象为问题空间中的对象，由于需要解决的问题不同，所以面向的对象也就不同，因此对象是不固定的。每种对象都有各自的内部状态和运动规律，不同对象之间的相互作用和联系就构成了各种不同的系统。当设计和实现一个客观系统时，如能在满足需求的条件下，将系统设计成由一些不可变的（相对固定）部分组成的最小集合，然后借助这些集合自底向上构建出模块化、可重用的、维护性好的系统，那么这个设计就是最好的。这就如同搭积木一样，首先是将积木设计成方的、圆的等不同形状，然后将这些个体对象逐步搭建，最后得到自己期望的模型。

面向对象的方法以对象为中心，其具有以下几个特点：

（1）封装性。面向对象方法中，程序和数据是封装在一起的，对象作为一个实体，其操作隐藏在方法中，其状态由对象的"属性"来描述，并且只能通过对象中的"方法"来改变，外界无法得知。封装性是面向对象方法的基础，因此，面向对象的方法实质就是"对象+属性+方法"的设计模式。

（2）抽象性。面向对象方法中，把从具有共同性质的实体中抽象出的事物本质特征概念，称为"类"，对象是类的一个实例，类中封装了对象共有的属性和方法。如可以把"人"定义成一个"类"，"人"这个类拥有"身高""体重"等属性，同时也拥有"行走""吃饭"等行为方法。

（3）继承性。继承性是类特有的性质，类可以派生出子类，子类自动继承父类的属性与方法，因此，在定义子类时，只须说明它不同于父类的特性，从而大大提高了软件的可重用性。如"男人"和"女人"可以定义为"人"这个类的子类，这样就会自动继承"人"这个类所拥有的属性和方法，如身高、体重，同时又可以给"男人"和"女人"定义更多不同于"人"这个类的特性。

面向对象法是从系统的构成入手，希望将系统的最基本结构搞清楚，从现实世界中抽象出系统组成的基本实体——对象。对象是构成所要开发的信息系统的最基本要素。如果将对象描述清楚了，就能以比较大的自由度来构建信息系统。当外界环境发生变化时，可以通过重新组合对象来应对环境的变化。这种方法的优势在于缩短开发、维护和测试的时间，降低费用，提高灵活性。面向对象的局限性在于对计算机工具要求高，在没有进行全面的系统性调查分析前，把握系统的结构比较难，因此，此方法需与其他方法结合使用，多用于系统分析和设计阶段。

二、管理会计信息系统开发原则

(一) 信息系统开发的基本原则

在深入讨论管理会计信息系统开发之前，首先了解一下在所有的信息系统开发中都应该遵循的基本原则。这些原则是通过大量的信息系统开发实践总结出来的。遵循这些基本原则有助于提高信息系统开发的成功率。这些基本原则是：

1. 系统开发人员和用户都参与到系统开发项目中来

信息系统的最终使用者是提出需求的用户。从信息系统技术专家的角度和从使用者的角度看信息系统，往往存在着很大的差别。任何一个信息系统的技术专家都很难完整地了解和把握用户需求。对用户需求理解的欠缺，往往会导致开发出来的信息系统在需求满足上存在缺陷。因此，必须加强技术专家和信息系统用户之间的沟通，让信息技术专家和信息系统用户都参与信息系统的开发过程中来。一方面技术专家可以随时了解用户的需求，不断完善自己的系统；另一方面，用户也可以对信息技术的特点了解更多，对系统的需求可以提得更准确有效。管理会计的应用本身是面向全组织的，因此管理会计信息系统的开发应该是一个全员项目，不仅仅是管理会计人员，还必须包括企业决策者、管理者和业务人员都参与进来才具备系统开发的基础，同时，由于管理会计信息系统与企业许多已有的信息系统存在交互性，因此相关财务系统和业务系统的建设者也应参与进来。

2. 使用"提出问题—解决方案"的方法

信息系统建设的目的就是为了解决问题。因此，遵循"提出问题—解决方案"的方法是最有效达到信息系统建设目的的方法。在信息系统建设的过程中，首先要研究和深入理解当前存在的问题并描述清楚这些问题，然后再定义对解决这些问题的方法的需求，也就是要达到的目标。针对解决方案的需求，提出若干个可行的候选方案，然后从中选择一个最能满足需求的符合实际情况的合理方案，在设计方案的基础上实现方案，并评估方案的实施效果。遵循这一原则，可以避免花费更多的时间或成本去解决那些不应该解决的问题或花费了时间和成本却没有真正地解决出现的问题。管理会计信息系统的应用本身就是为管理层和决策层解决问题提供参考依据的，因此清晰地提出管理会计问题是系统建设成败的关键因素之一。

3. 创建阶段和活动

无论采取哪种开发方法，所有的信息系统开发都应该分阶段、分活动进行。虽然不同的信息系统开发企业、不同的专家、不同的信息系统开发人员对阶段的具体范围和数量以及阶段中活动的涉及范围和数量有不同的认识，但是，按照系统开发生命周期方法对系统开发分阶段和活动进行，是大家的共识。管理会计信息系统的建设是一项长期的工程，是一项全员全系统的工程，更应该做好分阶段和分活动的规划工作。

4. 建立标准

无论是信息系统本身，还是信息系统的开发过程，都应该遵循和保存相应的标准，从而使得信息系统的开发和使用可以处于一个相对稳定的环境中，不至于因为某一个人员的变动，而影响整个信息系统的开发或使用。而且这些标准都应该归档，归档的标准应该是全面和完整的，包含系统分析、设计和实施的全过程的所有内容。标准的建设不仅仅是在管理会计信息系统建设之中，在建设之前就需要建立一定的标准，如数据的标准、系统接口的标准等，因为管理会计信息系统在很多时候不是一个独立的系统，而是依赖于其他系统的派生信息系统。

5. 认识到信息系统的开发是一项投资

信息系统的开发是一个投资项目，即使投资者没有意识到信息系统是一个投资项目，系统开发人员也应该按照投资项目一样来管理信息系统的开发。因此，作为一个投资项目必须考虑两个非常重要的管理问题，即成本效果分析和风险管理。应该建立合适的成本效果分析模型和相应的指标体系来评估信息系统的建设效果，同时应该按照项目风险管理的方法来管理信息系统的开发。

6. 采用结构分解技术

在开发大型的信息系统时，应该将系统分解成若干个子系统，然后将每个子系统再分解成若干个模块。这样，一是可以把难以解决的复杂问题分解成容易解决的简单问题，以便一个个问题进行解决；二是可以将一个大系统分解成多个小系统来开发，每个小系统交由不同的人员来完成，提高信息系统开发的效率。对于企业来说，完整的管理会计信息系统建设就是一个大型的信息系统开发，更需要坚持结构分解的原则。

7. 充分考虑系统的可扩展性

对于企业用户来说，由于经营环境的不断变化，因此他们的业务流程和管理方式也在不断地改变以适应已经变化的环境。这时，企业用户所使用的信息系统也应该可以迅速满足这种变化的需求。因此充分考虑系统的可扩展性是信息系统开发时一个重要的设计原则。企业的环境是不断变化的，管理目标和手段也是不断发展的，不同于业务系统的是，管理会计系统往往是多变的，因此管理会计信息系统的灵活性和可扩展性尤为重要。

（二）管理会计信息系统开发的一般原则

管理会计信息系统是财务与业务融合的体现，是为企业有效开展管理会计活动提供全面、及时、准确信息支持的集成系统。因此，管理会计信息系统的数据来源存在多样化和丰富性，不仅来源于财务系统，还来源于各类的业务系统；不仅来源于内部系统，还来源于大量的外部系统。可以说，本质上管理会计信息系统是一个大集成、大统一的数据处理系统，虽然在不同的组织中，管理会计信息系统的存在形式不一定相同，有些可能作为一个独立的管理信息系统或决策支持系统存在，有些可能作为 ERP 系统的独立模块存在，有些可能作为无处不在的内嵌模块穿插在企业的业务系统或者管理系统中。但是，无论哪种系统存在的形式，管理会计信息系统的建设都应该遵循以上所阐述的系统开发基本原则。除此之外，从应用的角度，管理会计信息系统还应注重以下几点：

1. 战略导向原则：管理会计信息系统是为管理会计活动服务的，是为管理决策提供支持的，企业的管理战略和决策是管理会计信息系统的建设基石，战略决定着信息需求，决定着系统的建设。

2. 系统集成原则：管理会计信息系统是为整个管理层提供全面信息支持和服务，因此系统的功能模块必须集成到企业的整体信息系统中，与财务和业务信息系统紧密结合，以实现信息的集中统一管理及财务和业务信息到管理会计信息的自动生成。

3. 数据共享原则：管理会计信息系统的数据来源于企业业务系统和财务系统，主要任务是对来自不同系统的数据按照管理目标要求进行加工处理，因此企业建设管理会计信息系统应实现系统间的无缝对接，通过统一的规则和标准，实现数据的一次采集，全程共享，避免产生信息孤岛。

4. 灵活扩展原则：管理会计信息系统具有多样性和复杂性，这就要求管理会计信息系统的建设应具备灵活扩展性，通过及时补充有关参数或功能模块，对环境、业务、产品、组织和流程等的变化及时做出响应，满足企业内部管理需要。

5. 规则可配置原则：不同的管理目标决定了不一样的管理会计信息系统，再加上数据来源的多样性，与多种系统的数据交换，使得管理会计信息系统的建设更为复杂。为了有效地实现管理会计信息系统的数据交换和处理机制，管理会计信息系统各功能模块应提供规则配置功能，实现其他信息系统与管理会计信息系统相关内容的映射和自定义配置。

三、管理会计信息系统建设过程

依据信息系统开发的一般过程，管理会计信息系统建设包括系统规划、系统分析、系统设计、系统实施、系统维护与评价等过程。

（一）系统规划

任何一个系统在建设之初，首先需要考虑的就是系统规划，即系统需要做什么。系统规划的目的是如何用最小的投入干最合适的事情，也即将资源有效分配到最需要的子系统中去，同时保证系统的开发与组织的战略规划相一致。

管理会计信息系统规划包括战略规划和项目规划。战略规划涉及宏观层面的系统资源分配，项目规划是在战略系统规划的框架内为应用程序分配资源，识别用户需求，对每个建议的可行性进行评估，安排项目的优先顺序和时间进度等。项目规划的工作主要包括系统调研和可行性研究。

1. 系统战略规划

战略规划的主要过程为：

（1）确定管理会计项目问题，即干什么，为什么，怎么干。首先需要清楚目前企业管理的问题和现状，是需要解决成本问题、预算问题还是绩效考核问题等。这些问题的根源在何处，如何解决。对需要解决的问题按优先级排序，规划解决问题的顺序和过程。

（2）成立指导委员会和项目建设团队。项目团队应由系统专业人员（系统分析师、系统工程师等）、管理会计专业人员（内外部专家）以及最终用户（各级管理层、业务人员等）组成。

（3）收集初始信息。了解目前组织中的管理会计应用现状（包括战略、系统、人员配备等）、系统应用目标、政策及约束条件等。

（4）分析和评价现存状况和识别约束。

（5）制定战略性的信息系统规划。

（6）确定系统开发的优先级和成本估算。

2. 系统调研

明确了系统战略规划后，就需要进一步识别用户的需求，对每一个建议的可行性进行评估，这就需要对系统进行深入的调研，分析现行系统的问题以及相关系统的运行情况，确定新系统的建设目标，预计系统可能产生的效果以及大致的计划安排。

因此，在系统规划过程中，一项重要的工作就是系统调研。系统调研也称系统调查，通常又称为系统可行性研究或可行性初步研究，其目的就是了解和初步评估待开发信息系统的可行性，并且为系统开发做出规划准备。

系统调研的目的是尽快地评估与决定预期信息系统的可能效用以及信息系统开发设计的可行性，主要的工作内容有：

（1）分析管理会计信息系统开发性质和功能范围，确定问题的性质和原因；初步把握系统需要达到的功能。

（2）确定所需处理问题涉及的范围。

（3）建立与使用者的合作关系。

（4）收集对开发系统设计有用的数据。

（5）提出解决问题的方法建议。

（6）评估系统开发计划方案的可行性，如全面预算管理系统的开发建议是否在技术层面和运行层面是可取的。

（7）设计系统分析详细计划，建立系统分析小组。

（8）系统开发项目整体计划。

3. 项目可行性研究

可行性研究的任务是明确应用系统开发的必要性和可行性。必要性来自开发任务的迫切性，可行性则取决于实现应用系统的资源和条件。

可行性研究的标准主要有三个方面：

（1）技术可行性：技术可行性是指现有的计算机硬件、软件、技术人员等是否可以解决组织面临的问题；所需的物质资源是否具备，能否得到。

（2）运行可行性：运行可行性是指组织现有的或者拟增加的人员和资源是否足以满足新开发系统的操作需求以及信息系统变更引起的相关人员行为方面的反应，如全面预算管理系统的推行在公司可能会产生什么样的影响。

（3）经济可行性：经济可行性包括效益和成本分析，明确系统经济上的合理性和可行性，以及如何能够充分利用组织的现有资源。

根据以上几方面的可行性分析，可以得出如下几种可能的结论：

（1）如果系统开发条件成熟，且有必要开发，就可以开始详细调查，继续进行系统分析。

（2）如果系统开发条件虽然不足，但有必要开发时，可以继续创造条件再开发或调整系统开发目标，如在已具备条件的部门先开发试点系统。

（3）如何开发条件不成熟、技术力量不足、经费困难等，尤其是在系统运行上条件还不成熟时，可考虑暂停系统分析工作，继续创造条件。

（4）如果根本没有必要开发新系统，则应立即停止开发工作。

（二）系统分析

系统分析是项目开发的最重要阶段，也是最难的阶段。系统分析过程总体上分为两步，首先是对现有系统进行详细调查，将业务或数据流程弄清楚；然后是研究分析用户需求，抓住主要问题，提出解决问题的思路，提出新系统拟采用的方案。系统分析更进一步可分为系统详细调查、组织功能分析、业务流程分析、数据流程分析、功能/数据分析和新系统方案提出等。

系统分析的主要工作内容有：

（1）详细、精确描述系统开发问题。

(2)设计不同的系统开发方案。
(3)确定与论证最佳的系统开发方案。
(4)描述最佳系统开发方案的各种逻辑说明。
(5)说明最佳系统开发方案的实体需求,如数据库规模与种类、处理要求等。
(6)编制系统设计和实施阶段的预算。

系统分析的过程主要包括系统详细调查,系统需求分析,提出解决方案,完成系统分析报告。

1. 系统详细调查。管理会计信息系统本质上是建立在业务系统和财务系统基础上的管理信息系统,其输出是为管理服务的管理报告,输入是各相关系统的数据。组织目前的业务和管理现状、信息系统现状直接决定了管理会计信息系统的建设方式和建设内容。因此,在设计和实施管理会计信息系统前,必须对组织进行详细的调查,在详细调查的过程中,通过有效的系统描述方法对系统进行充分地描述,进而帮助不同的使用者,如管理人员、会计人员、系统分析和设计人员理解系统的需求。

详细调查的内容主要包括:

(1)组织结构调查。组织结构是一个组织(企业、部门、科室等)的组成以及这些组成部分之间的隶属关系或管理与被管理关系,通常可用组织结构图表示。管理会计系统往往涉及各级组织和相关人员。因此,组织结构的调查对管理会计信息系统的建设尤为重要。在系统建设前,应详细了解各级组织的职能和有关人员的工作职责、决策内容、存在问题以及对系统的需求。这些组织和人员是系统的主要使用者,他们的需求决定了系统的功能,也是未来系统开发的方向、子系统划分的重要依据。

(2)业务处理流程和系统功能需求。根据组织的现状,详细了解组织的业务处理流程和各部门的业务功能的划分,为信息流和数据流的分析做准备,为将来的功能分析做准备。例如,全面预算的流程是怎样的?各部门的预算数据从哪里来?业务部门在预算系统中需要进行何种操作?会计部门在预算系统中的处理和控制?调查业务流程应顺应信息流动的过程逐步展开,包括各环节的业务处理、信息来源、处理方法、计算方法、信息流向等。

对业务流程的描述方式主要有文本法、表格法以及图形法等。最为常见的业务流程描述方法是业务流程图。

业务流程图通常用符号来进行描述。常见的业务流程图描述符号如图7-3所示:

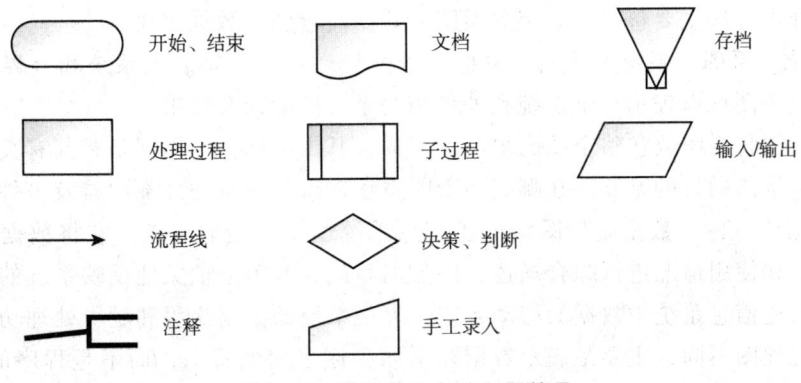

图7-3 常见的业务流程图符号

预算管理系统业务流程图示例如图 7-4 所示。

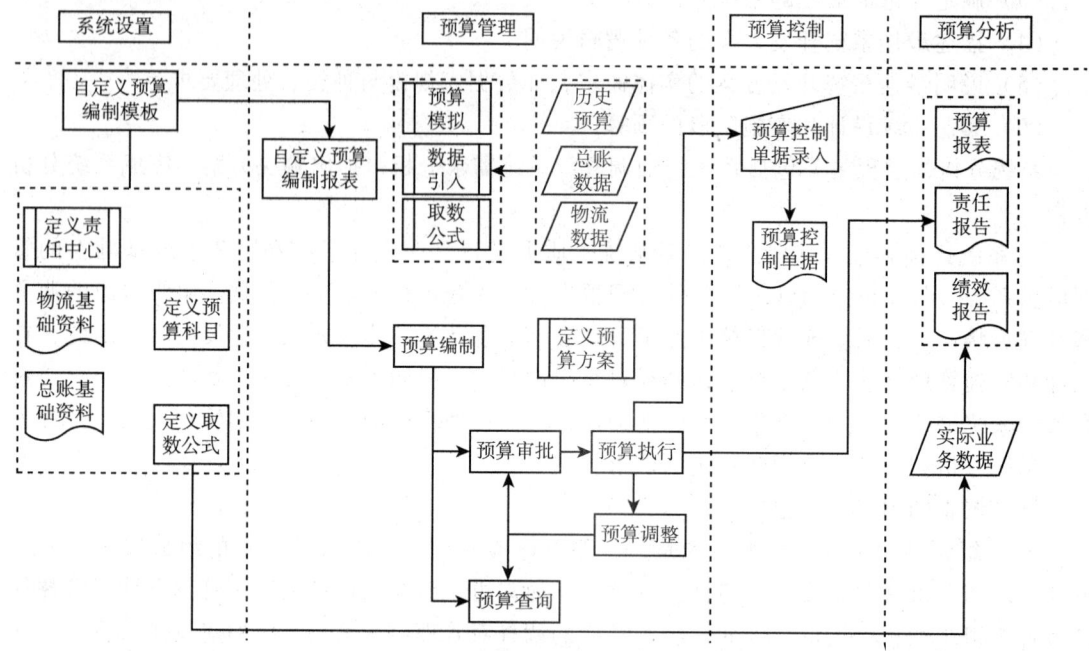

图 7-4　预算管理系统业务流程图示例

（3）数据流程的调查。根据前面所做的工作进行数据流程分析，将系统需求具体化，掌握功能与数据的关系（主要通过数据流程图进行描述）。

（4）数据分析和功能分析。以数据流程图为依据，建立数据字典。结合业务流程和数据流程进行功能分析，确定系统功能需求。

2. 系统需求分析。需求分析是系统开发中最重要也是最困难的阶段。通常采用结构化分析的方法来对系统进行需求分析。

结构化分析方法采用介于形式语言和自然语言之间的描述方式，通过一套分层次的数据流程图，辅以数据字典、处理逻辑说明等工具来描述系统。首先对系统数据流进行概略的描述，然后逐层细化对数据的处理功能，综合描述现行系统的数据处理过程，详细分析数据结构，建立系统的逻辑模型。

结构化分析方法主要包括：系统关系图、数据流程图、数据字典。

（1）系统关系图。系统关系图，也称背景图或环境图，是表示系统和外界环境之间的作用，系统关系图可以表示一个系统和外界相关系统的输入及输出。

系统关系图将系统放在整个图的中心，不描述其内部结构，周围是和其有关的系统、活动及环境，背景图的目的是专注在哪些会影响系统需求及限制的外部因素及事件。

（2）数据流程图。数据流程图是描述信息系统逻辑模型的工具。它将数据的存储、流动、处理加工和使用情况进行综合描述，以数据间的相互关系抽象地反映系统的全貌，用图形的方式来表述信息系统中数据的移动方式，表达系统的数据流程和逻辑处理功能。数据流程图和系统流程图不同，主要是表示数据在不同程序之间的移动，而不是程序的控制流程。常见的描述数据流程图的基本要素如表 7-1 所示。

表 7-1　　　　　　　　　　　　数据流程图常见的基本元素

元素名称	图形	说　　明
外部实体	□	描述系统数据的外部来源或去向、流程的开始或结束
数据处理过程	○	描述输入数据被转换成输出数据的逻辑处理过程
数据流	→	描述数据流动的方向
数据存储	▬	描述数据的存储形式

在数据流程图中，外部实体是指不受系统控制，在系统之外的组织、事物、人或系统。确定了系统的外部实体，实际上就确定了系统的边界。

数据流程图的数据流符号一般采用单向箭头，有时也采用双向箭头，表示数据的双向流动。数据流可以由某个外部实体产生，也可以来自某个数据存储。

数据处理符号是数据流程图最基本的符号。一个数据流程图至少有一个处理功能，任何一个数据处理过程都至少有一个输入数据流和一个输出数据流。数据处理过程是逐级分解的，一个处理过程可以由若干个子过程构成。

数据存储符号指出了数据保存的地方，是对数据存储的逻辑描述。数据流箭头指向存储符号表示存入数据，反之，则表示从存储中读取数据。

一般在绘制数据流程图前，先绘制背景图，描述系统和外界环境的交互作用。数据流程图可以将系统分区为几个较小的部分，并且强调各部分之间的数据移动。图 7-5 是一个收入循环的背景图。

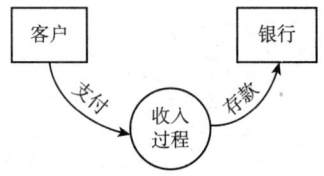

图 7-5　收入循环数据流程的背景图

将图 7-5 进行分解，可以得到第一层数据流程图，如图 7-6 所示。

该数据流程图的每一个数据处理过程可以继续逐层分解，形成第二层、第三层等数据流程图。

图 7-7 是一个典型的成本会计系统数据流程示意图。

数据流程图是一种典型的结构化分析工具。在利用数据流程图进行系统分析时，就是采用结构化分解方式，先将整个信息系统看成只有一个处理的顶层数据流图（即背景图），然后将系统细化分解为若干个子系统，得到第一层数据流图，再逐个对各子系统进行详细分析，使系统分解成易于理解和表达的处理。每分解一次，系统的处理数量会增多一些，每个

222　中级管理会计

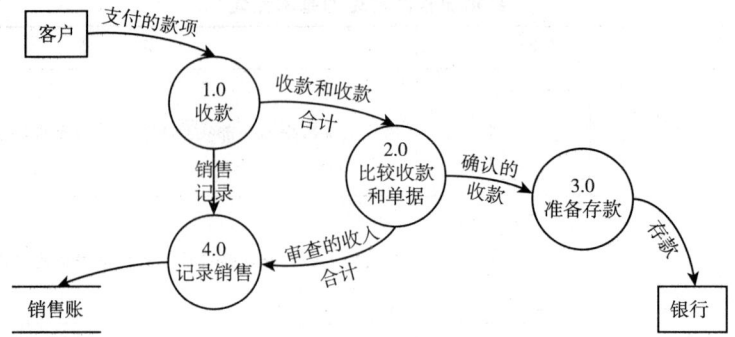

图7-6　收入循环的第一层数据流程

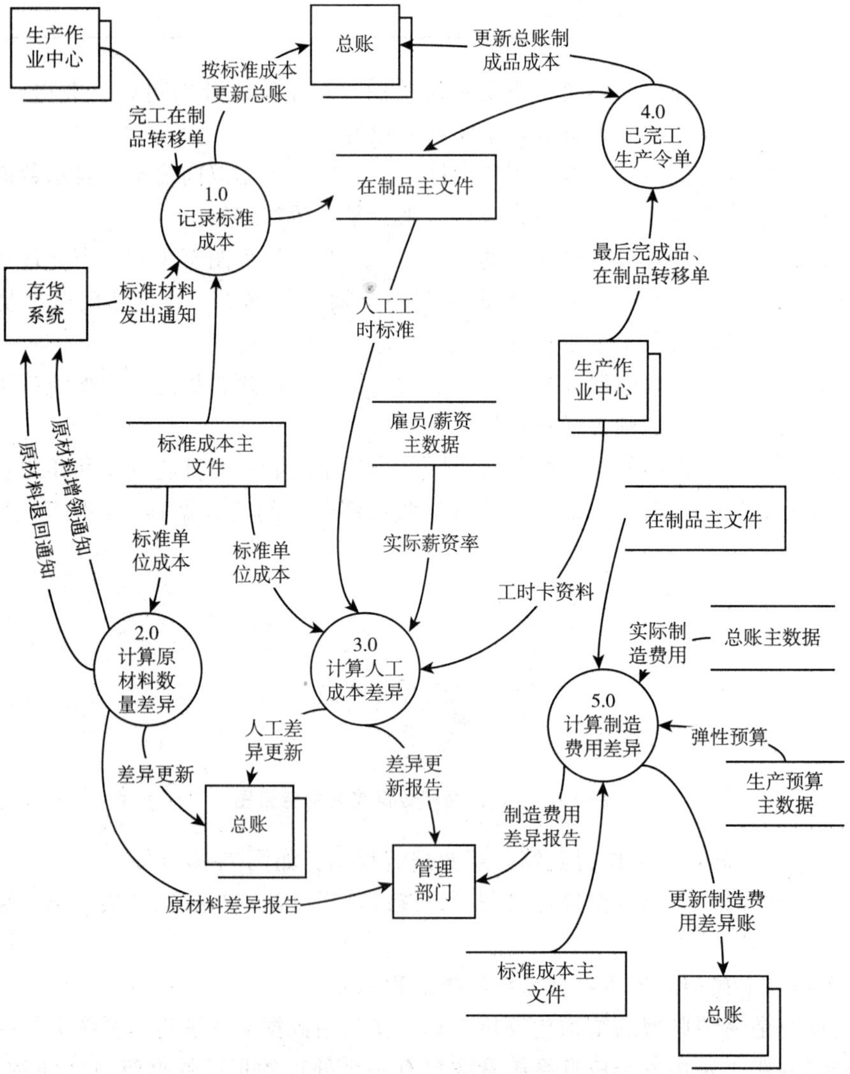

图7-7　典型的成本会计系统数据流程图

处理的功能就能更加具体。重复这种分解，直到所有的处理都足够简单，不必再分解为止。通过这种分解，可以充分展示系统所涉及的实体、过程、数据及其相互的关联关系。

（3）数据字典。数据流程图描述了系统的分解，即描述了系统由哪几部分组成，各部分之间的联系，但并没有说明系统中各个成分的含义。只有当数据流程图中的每一个成分都定义之后，才能完整、准确地描述一个系统。数据字典就是一种描述数据流程图中数据元素的方式，主要用来描述数据流程图中的数据元素、数据结构、数据流和数据存储的详细逻辑内容，外部实体和处理逻辑的某些数据特征，对数据流程图起到注解的作用，是结构化分析方法中的另一个工具。

数据字典最重要的作用是作为分析阶段的工具。任何字典最重要的用途都是供人查询对不了解的条目的解释。在结构化分析中，数据字典给数据流程图上的每个成分所作的定义和说明有助于改进分析员和用户的通信。用户借助数据字典可以很好地了解数据模型。

将所建立的数据流程图与相关的数据字典按一定的方式集中起来，就构成了信息系统的逻辑模型。

3. 提出解决方案。在对现有系统详细调查的基础上进行需求分析，制定新系统的逻辑方案和物理方案，是系统分析阶段的重要环节。

在系统分析阶段，系统调研报告为分析小组提供了有关现有系统的一些基础资料。系统分析小组需要进一步搜集、记录和分析更详细的资料，进而分析现有系统的内在逻辑，通过对现有系统组织结构和功能、数据和数据流程、业务流程等分析，明确现有系统的运行过程及相关问题。在此基础上，进一步分析新系统的目标，制定新系统的逻辑模型，如新系统的组织结构图、系统流程图、数据流程图和数据字典，进而初步构建新系统的功能模块。

4. 完成系统分析报告。系统分析是系统开发生命周期中以下其他环节的基础，这一阶段形成的成果是系统分析报告。系统分析报告又称系统说明书，是系统分析阶段的重要文档。它反映了这一阶段调查分析的全部情况，是下一步设计与实现系统的主要依据。同时也标志着系统分析阶段的结束。用户可以通过系统分析报告验证和认可新系统的开发策略和开发方案，而系统设计师则可以用来指导系统设计工作和作为以后系统设计的标准。此外，系统分析报告还可作为评价项目成功与否的标准。一份合格的系统分析报告不仅能充分展示前段调查的结果，而且要反映系统分析结果——新系统逻辑方案。系统分析报告应达到的基本要求是全面、系统、准确、详实、清晰地表达系统开发的目标、任务和系统功能。

（三）系统设计

系统设计是在系统分析并明确系统逻辑模型的基础上，根据实际的技术条件、经济条件和组织条件，确定系统的实施方案，即将系统的逻辑模型转化为系统的物理模型。系统设计阶段要回答系统"怎么做"的问题。系统设计主要包括概要设计和详细设计。

概要设计解决软件系统的模块划分和模块的层次结构以及数据库设计；详细设计解决每个模块的控制流程、内部算法和数据结构的设计。

系统设计的主要目的是为下一阶段的系统实现（如编程、调试、试运行等）制定蓝图。在系统设计阶段，主要的任务是在各种技术和实施方法中权衡利弊，精心设计，合理地使用各种资源，最终勾画出新系统的详细设计方案。这个阶段结束，要交付概要设计说明书和详细设计说明书，也可以合并在一起，称为设计说明书。

1. 概要设计。概要设计的主要任务是把需求分析得到的新系统逻辑转换为软件结构和数据结构。设计软件结构的具体任务是：将一个复杂系统按功能进行模块划分、建立模块的层次结构及调用关系、确定模块间的接口及人机界面等。数据结构设计包括数据特征的描述、确定数据的结构特性以及数据库的设计。显然，概要设计建立的是目标系统的逻辑模型，与计算机无关。

概要设计通常采用结构化设计方法，结构化设计方法的基本思想是模块化，是将一个系统分解为若干个彼此具有一定的独立性，同时也具有一定联系的组成部分，这些组成部分称为"模块"。结构化设计的主要任务就是建立"系统结构图"，用系统结构图描述系统的层次、分块结构。

概要设计主要包括：

（1）总体设计。总体设计从系统全局的角度，分析系统的总体结构、功能、处理流程，以及需要设计哪些模块和模块间的关系等。

（2）结构设计。结构设计借助系统结构图等形式说明系统元素（各层模块、子程序、公用程序等）的划分，概要说明每个系统元素的功能，分层次描述各元素之间的关系。

（3）接口设计。接口设计主要包括用户接口、外部接口和内部接口的设计。用户接口说明将向用户提供的命令和它们的语法结构，以及软件的回答信息。外部接口说明本系统与外部系统的所有接口及接口关系。内部接口说明本系统内各系统元素之间的接口关系。

（4）数据结构。数据结构设计是概要设计中的重要环节。在此阶段，需要给出本系统内所使用的每个数据结构的名称、标识符以及它们之中每个数据项、记录的标识、定义、长度等，同时要对系统所使用的每个数据结构中各个数据项的存储要求、访问方法、存取单位等进行设计。

概要设计除了以上主要的工作外，往往还包括一些其他的设计工作，如运行设计、出错处理设计等。

2. 详细设计。详细设计的目的在于对拟开发的系统进行详细的说明，既满足系统分析时所明确的系统需求，也同概要设计保持一致。

在详细设计阶段，要对系统所有的组成部分予以详尽的规定，包括编码设计、输出设计、数据库设计、输入设计、安全保密设计、处理过程设计，详细描述每个模块的功能、输入数据、使用文件及使用方式、输出内容及格式、模块实现的详细算法以及程序构成等。

详细设计的一个重要内容是编写各个程序模块的程序设计说明书。程序设计说明书是程序员编写程序的依据，简单、明了、准确地表达对程序的处理要求、处理内容和处理步骤。

详细设计形成的最终成果是详细设计说明书，在详细设计说明书中形成正式的描述。详细设计是系统功能、结构实现方法的最详细说明，是程序设计的依据。

（四）系统实施

系统实施是按照已经审批的系统设计报告来安装、测试和启用新系统的一整套程序。在系统实施阶段，开发人员将把系统设计所得的"设计图纸"转换成为应用软件系统，交付用户使用，解决系统"具体做"的问题。

系统实施的主要目的是：

（1）完成审批的系统设计文档中的系统设计。

（2）编写、测试程序和过程以及相应的文档。
（3）培训新系统的操作和维护人员。
（4）通过全面的系统测试，确定新系统是否满足使用者的需求。
（5）计划、控制和操纵新系统的切换、启用。

根据系统实施阶段的目标要求，系统实施阶段的主要工作有：

1. 硬件设备的购置、安装与连接。该项工作主要是根据系统设计的要求，购置相应的硬件设备以及搭建系统所需的网络环境。

2. 软件系统的购置、安装及调试。在许多情况下，新系统的开发是需要有相应的软件工具或应用软件包作支撑的，因此在新系统开发前，需要配置一定的软件工具和系统做基础。

3. 程序设计、调试与优化。程序设计也常常被称为软件开发。软件开发的目的是实现系统分析与设计中提到的管理模式和业务应用。在软件开发的过程中，需制定有效的软件开发规范，包括程序设计规范、程序编写规范、项目管理规范等。同时，需严格监控软件开发进度，恰当评估开发时间，制订一个可行的项目进度计划，实现规范化开发管理。

程序设计后，需要进行全面的系统测试。系统测试是保证系统软件质量的一项重要工作。实际上，在编写程序时，就一直在进行测试，修改程序中的错误。系统测试主要包括程序测试（单调）、子系统测试（分调）以及系统测试（联调或总调），最后还有用户验收的过程。系统测试的工作量很大，技术要求高，耗时较长。因此，必须事先做好测试的准备工作，编写测试计划，协调好测试人员及测试时间，做好测试记录，写出测试报告。

4. 人员培训。人员培训可以分为两类。一类是指在软件开发阶段对程序设计人员的培训，另一类是在系统切换和交付使用前对系统使用人员的培训。此处的人员培训指的是第二种情况。在系统投入运行前，必须系统地、充分地对使用人员进行详细的培训，制定有效的培训计划，并针对不同基础和角色的用户进行不同的使用培训，在必要时需进行相关的操作考试，以确保使用人员能够成为一个合格的系统使用者。

5. 系统切换。系统实施的最后一项任务是进行系统的切换，它包括基本数据的准备、数据的编码、系统的参数设置、初始数据的录入等多项工作。在系统正式交付使用之前，必须进行一段时间的试运行，以进一步发现及更正系统存在的问题。在系统切换和交付使用的过程中，每项工作都有很多人员参加，而且会涉及多个业务部门。

6. 编写项目完成报告

系统实施的最终成果是完成系统切换，编写项目完成报告。项目完成报告的主要内容有：

（1）新系统对用户需求的满足程度评价。
（2）系统开发各个阶段的预期和实际时间耗费。
（3）预期和实际的系统性能（如响应时间、成本、收益）。
（4）系统文档，提供了系统的整体描述。
（5）程序说明文档，包括源代码和其他相关文档。
（6）用户手册。
（7）系统运行手册。
（8）系统测试报告。
（9）用户培训项目和培训手册。

（10）系统操作人员培训项目和培训手册等。

（五）系统验收、评价与维护

为保证管理会计信息系统的实施质量，必须对系统进行验收。

在系统验收的过程中，应对系统的应用效果做出评价，一般管理会计信息系统应用的有效性可以从以下三个方面进行评价：

1. 技术的有效性。技术的有效性是评估管理会计信息系统所采用的技术，包括结构设计、开发工具、软件和硬件设备等是否是成熟的、主流的、有效的技术手段；系统的硬件、软件和数据是否具有高可靠性；系统是否能够灵活地适应运行环境、约束条件和应用需求的变化。系统的安全性、实用性和可维护性如何。

2. 经济的有效性。系统建设的投入产出比是衡量管理会计信息系统建设和应用经济有效性的重要指标。应有效评估在系统的应用过程中，系统的投入成本（硬件购置成本、软件开发成本、管理成本和维护成本等）是否可控，资金运转效率、经营成本、顾客满意度等是否得以改善。

3. 管理的有效性。管理目标的实现程度是评价管理会计信息系统应用有效性的最重要指标。在系统投入运行后，应综合评价系统的应用是否提升了企业管理和决策的效率及有效性，是否规范了管理的流程，健全了管理制度并得以严格执行，是否实现了管理会计数据的规范编码和统一管理，实现了数据的最大价值；是否提高了企业预算和预测的准确性及效用，加强了企业的成本控制过程，提升了企业的绩效评价水平。各级部门和人员的成本管控意识和管理水平是否得以加强等。

在系统运行的过程中，不可避免地面临着系统的维护和更新等工作。在管理会计信息系统的维护和更新过程中，应严格遵循系统建设的原则和流程，按照科学的系统开发过程来进行系统的维护工作。系统维护时，应严格填写系统维护申请表，对要采取的维护措施进行详细的说明和解释，经过严格的审批过程方可进行系统维护和更新。同时，在更新的过程中，应对现有系统的变动进行详细的描述和记录，对维护的变动程序进行严格的测试和试运行才可正式发布。

第二节　管理会计信息系统应用框架及系统特点

一、管理会计信息系统应用框架

管理会计信息系统的应用架构可以从三个维度来着手：系统流程、系统部件和系统功能，如图7-8所示。

（一）管理会计信息系统流程

管理会计信息系统主要由输入、处理和输出三个基础环节构成。

输入的是管理会计信息系统应用过程中所使用和生成的财务信息和非财务信息；管理会计系统的基础数据来源于ERP系统中的其他模块或组织的其他应用系统，与许多功能模块

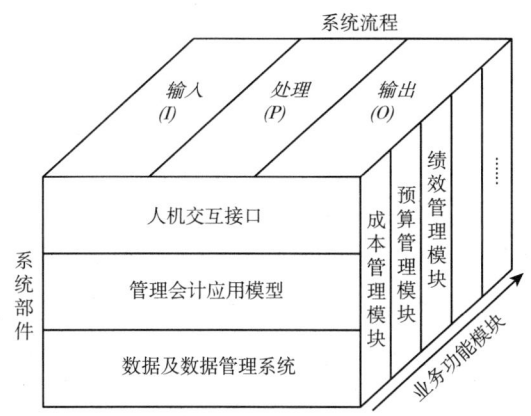

图 7-8 管理会计信息系统应用框架

之间存在数据接口，如财务模块接口、销售和分销模块接口、物料管理模块接口、生产计划模块接口和人力资源模块接口等。企业应逐步建立统一的标准化数据接口，实现数据的规范采集、统一管理，形成标准的信息资源库。企业可在《会计软件数据接口》标准的基础上借助 XML、XBRL 等技术标准来实现内部系统数据接口标准的建设。

处理是管理会计工具方法在系统中模型化的过程，主要体现在建立计算模型，实现数据加工处理的计算过程，辅助管理者实现组织的战略规划、成本管理、预算管理、绩效管理的运行过程。

输出是系统成果的呈现，主要是以成本报告、预算报告、经营分析报告、绩效管理报告和管理控制报告等管理会计报告的形式呈现。除了报告形式外，管理会计信息系统还可能通过数据接口，为其他系统直接提供管理会计数据结果，辅助其他系统使用者进行分析决策。

（二）管理会计信息系统部件

管理会计信息系统是为管理层和决策层提供决策支持服务的，其主要是利用财务和业务数据通过建立管理会计模型来为决策层提供管理报告。因此，基于管理会计信息系统的目标和特点，管理会计信息系统包括经典"三部件"，即数据库管理系统、模型库管理系统、问题处理及人机交互系统。

1. 数据及数据管理系统。本部分主要包括三块：数据库、数据库管理系统及数据处理工具，数据库中存储了在管理会计应用过程中需要使用的基础数据和运行结果所产生的各种有效信息。数据库的组织形式可以是传统的关系型数据库形式，也可以是数据仓库和数据集市形式，还可以是 Excel、XML 等数据文件格式形式或这几种形式的组合，具体的组织形式视企业的应用不同而不同。

2. 应用模型及模型管理系统。本部分主要负责管理会计模型的存储管理和运行管理。模型库中存放着管理会计工具方法形成的各种模型，是管理会计信息系统用来计算和加工数据的核心模块。

3. 问题处理及人机交互系统。本部分实现数据的输入输出转换（数值计算与数据处理）以及人机对话等。管理人员可以借助随机查询、系统或自定义报表、交互式仪表盘等多种方式来访问系统。

（三）管理会计系统功能模块

管理会计信息系统典型的功能模块包括成本管理模块、预算管理模块、绩效管理模块、投融资管理模块以及管理会计报告模块等。

二、管理会计信息系统主要特点

无论是成本管理、预算管理、绩效管理还是其他管理会计子系统，管理会计信息系统作为面向管理层的系统，服务于组织的管理会计活动。具有如下特点：

（一）多层次

管理会计活动本质是一项管理活动。管理会计信息系统本质是一种面向管理的信息系统。它的数据来源于业务层面（财务信息和业务信息），同时服务于组织的管理层面（管理层和决策层）。因此，管理会计信息系统是一个涉及多层次的系统。

（二）模型化

管理会计系统建设的主要工作在于管理会计活动模型化，即通过建立量化模型来模拟企业的商业模式和业务模式。不管是预算模型中的预算目标测算和分解模型、产销衔接模型、滚动预测模型，还是成本费用分配模型，以及管理报告中的业务分析模型，这些都需要管理会计信息系统具有强大的建模能力。

（三）主题性

管理会计系统包含成本、预算、绩效和控制等多个子系统，这些系统既相互独立，又相互关联。任何一个子系统又存在着多种管理方法和工具（在管理会计系统中体现为各种不同的处理模型）。这些方法和工具是为不同的管理目标服务的。而管理会计目标在不同的组织中又是不同的，不同的管理目标可以定义为不同的管理主题，管理会计系统本质也就是为不同的管理主题进行数据的采集、加工、存储和应用的过程。

（四）多视角

管理会计融合业务和财务，不管是从业务预算到财务预算的全面预算体系，还是从财务结果到业务动因的管理报告体系，以及涵盖资源、作业、产品等要素的作业成本体系，再到财务、客户、内部流程和学习成长四个方面的平衡计分卡框架，无不反映了管理会计的多视角特点。这些管理会计工具将涉及的业务方面内容进一步细化到产品视角、客户视角、区域视角、渠道视角、部门视角等。这些特点要求管理会计信息系统能够从不同视角来组织、存储、计算和展现这些数据。

（五）大数据

管理会计作为企业量化管理的工具，数据几乎就是一切。这些数据不仅包含成本数据、预算数据，还包含管理会计报告等其他数据；也不仅仅是财务口径的收入、成本、费用、利润等价值量数据，还包括大量产量、作业量、动因量、人工及工时量的实物量数据。这些数据年复一年积累，形成企业管理会计体系的数据平台，也是企业最权威的官方口径管理数据，更是企业未来大数据的核心。

（六）灵活性

管理会计是面向企业内部管理需要的。然而，随着企业的发展，内部管理的要求会随着环境、业务、产品、组织和流程的变化等发生改变，这要求管理会计体系也能顺时应变，进行灵活调整。

第三节 管理会计信息系统的技术支持

在现有的技术条件下，依据管理会计信息系统的特点，要成功构建全面的管理会计信息系统，应用最多的技术手段就是商务智能。

商务智能（Business Intelligence，BI）的概念最早是在 1996 年由加特纳集团（Gartner Group）提出的，加特纳集团将商务智能定义为：商务智能描述了一系列的概念和方法，通过应用基于事实的支持系统来辅助商业决策的制定。商务智能技术提供使企业迅速分析数据的技术和方法，包括收集、管理和分析数据，将这些数据转化为有用的信息，然后分发到企业各处。

商务智能的目的是将企业中现有的数据转换为对决策支持有用的信息和知识。它的数据既包括来自企业业务系统的订单、库存、交易账目、客户和供应商等内部数据，也包括来自企业所处行业和竞争对手的数据以及来自企业所处的其他外部环境中的数据。

商务智能的关键是从许多来自不同的企业运作系统的数据中提取出有用的数据并进行清理，以保证数据的正确性，然后经过抽取（Extraction）、转换（Transformation）和装载（Load），即 ETL 过程，合并到一个企业级的数据仓库里，从而得到企业数据的一个全局视图，在此基础上利用合适的查询和分析工具、数据挖掘工具（大数据魔镜）、联机分析处理（OLAP）工具等对其进行分析和处理（这时信息变为辅助决策的知识），最后将知识呈现给管理者，为管理者的决策过程提供支持。

商务智能并非一项专有的技术，它是数据仓库、联机分析处理、数据挖掘等技术的综合运用。

一、数据仓库

商务智能的核心和基础技术是数据仓库。数据仓库的特点正好满足管理会计信息系统的需求。

在企业中，数据处理大致分为两类：一类是操作型处理，也称为联机事务处理，它是针对具体业务在数据库联机的日常操作；另一类是分析型处理，一般针对某些主题的历史数据进行分析，支持管理决策。

传统的二维关系型数据库主要针对的是联机事务处理数据操作，即支持日常的、基本的事务处理，如超市收银系统，在数据库中记录详细的客户购买记录，通过系统计算快速进行结账处理。这种传统的关系型数据库属于操作型数据处理环境，能够很好地满足事务处理系统的需求,但是很难满足管理者和决策者的管理需求,因为对于管理者和决策者来说,其关注的数据往往是综合的、系统的数据,而非简单的、基础的业务数据。如超市管理者,其更多关注的是超市某类商品、某个网点的销售规律,而非某个具体客户某件商品的购买记录。因此,管理者和决策者需要的是分析型处理,而非操作型处理。分析型数据处理和操作型数据处理在处理特点上存在着明显的不同,这主要体现在以下几个方面:

1. 处理性能特性不同。日常业务涉及频繁、简单的数据存取,因此对操作型处理的性能要求是比较高的,需要数据库能够在很短时间内做出反应,多个用户按分时方式使用系统资源,同时保持较短的响应时间。而分析型处理的及时性则要求没有那么高,分析程序的运行时间可能很长,需要消耗大量的系统资源。

2. 数据集成性不同。企业的操作型处理通常较为分散,传统数据库面向应用的特性使数据集成困难。往往存在数据不一致问题,外部数据和非结构化数据缺失问题等。而分析型处理则对数据的综合度和集成性要求比较高,在管理决策时,不仅要关注内部信息,还往往要关注很多的外部信息。

3. 数据更新性不同。操作型处理主要由原子事务组成,数据更新频繁,需要并行控制和恢复机制。而分析型处理是以一定的周期进行更新的。

4. 数据时限不同。操作型处理主要服务于日常的业务操作,只需要当前数据,数据库中只存储了短期数据。而分析型处理中历史数据则很重要,许多分析必须以大量的历史数据以及综合数据为依托。

5. 数据综合性不同。操作型处理系统主要是针对交易数据,数据粒度很细,在分析统计方面通常只需要简单的统计功能,不需要很强的综合分析能力。而分析型处理系统则强调综合能力,不需要对细节数据进行分析。

基于以上的几点不同可以看出,操作型系统中的数据存储和处理方式不太适合决策分析系统的数据处理。分析型决策系统需要一个综合的、集成的、随时间变化的数据集合,这类数据集合被称为数据仓库。

数据仓库之父比尔·恩门(Bill Inmon)给数据仓库下了一个完整的定义:

数据仓库是一个面向主题的、集成的、相对稳定的、反映历史变化的数据集合,用于支持管理决策过程。

在数据仓库定义中,主题是一个非常重要的概念。主题是指用户使用数据仓库进行决策时所关心的重点方面,如客户、收入、销售渠道等。借助数据仓库,我们就可以从客户的维度、收入的维度、销售渠道的维度等来分析企业的经营状况。

数据仓库主要应用于在线数据分析和数据挖掘,支持复杂的分析操作,侧重决策支持,并且提供直观易懂的查询结果。

根据数据仓库的定义和作用,可以看出,数据仓库具有如下特点:

1. 数据仓库是面向主题的。操作型数据库的数据组织是面向事务处理任务,而数据仓库中的数据是按照一定的主题域进行组织。主题是用户决策所关注的方向,一个主题通常与多个操作型信息系统相关。

2. 数据仓库是集成的、汇总的。数据仓库的数据来自分散的操作型数据,将所需数据从原来分散的数据库中抽取出来,进行清理、加工与集成,统一与综合之后进入数据仓库,消除了源数据中的不一致性。

3. 信息存储在多个存储介质上。数据仓库并不是所谓"大型数据库",而是在内外部数据库的基础上,为了进一步挖掘数据资源,提供决策支持而构建的大容量数据集合,它可能存储在多个存储介质上,跨越数据库模式的多个版本,从多个数据来源中将信息集成并使之关联。

4. 数据仓库是不可更新的。数据仓库主要是为决策分析提供数据,所涉及的操作主要是数据的查询,为管理决策提供支持。

5. 数据仓库是随时间变化的。传统的关系数据库系统比较适合处理格式化的数据,能够较好地满足商业商务处理的需求。稳定的数据以只读格式保存,且不随时间改变。而数据仓库会随着时间的变化,不断增加新的数据内容,删除旧的数据内容;也会随时间变化,按照时间段进行数据的重新综合。

6. 数据仓库是非规范化的。数据仓库建设的目的是为前端查询和分析服务,数据具有较大的冗余性。

根据数据仓库的目的和特点,数据仓库的体系结构大致如图7-9所示,主要由四部分构成:

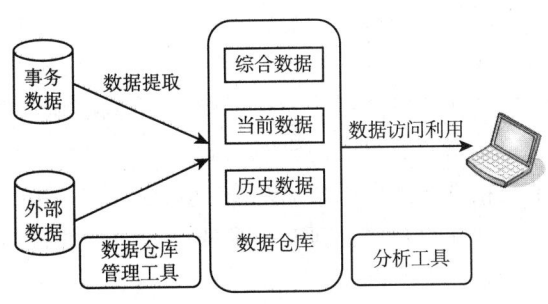

图7-9 数据仓库体系结构

1. 数据源。数据源是数据仓库系统的基础,是整个系统的数据源泉。通常包括企业内部的事务数据和外部数据。内部数据包括存放于RDBMS(关系型数据库管理系统)中的各种业务处理数据和各类文档数据。外部数据包括各类法律法规、市场信息和竞争对手的信息等。

2. 数据仓库管理工具。数据仓库管理工具是整个数据仓库系统的核心,负责数据的存储和管理。数据仓库的真正关键是数据的存储和管理。数据仓库的组织管理方式决定了它有别于传统数据库,同时也决定了其对外部数据的表现形式。要决定采用什么产品和技术来建立数据仓库的核心,则需要从数据仓库的技术特点着手分析。针对现有各业务系统的数据,进行抽取、清理,并有效集成,按照主题进行组织,形成企业级的数据仓库和部门级的数据集市。

3. OLAP分析工具。OLAP分析工具对分析需要的数据进行有效集成,按多维模型予以组织,以便进行多角度、多层次的分析,并发现趋势。

4. 前端工具。前端工具用于数据访问利用,主要包括各种报表工具、查询工具、数据分析工具、数据挖掘工具以及各种基于数据仓库或数据集市的应用开发工具。

二、联机分析处理(OLAP)

联机分析处理(On-Line Analytical Processing,OLAP)的概念最早是由关系数据库之父 E. F. Codd 于 1993 年提出的，他同时提出了关于 OLAP 的 12 条准则。OLAP 的提出引起了很大的反响，OLAP 作为一类产品同联机事务处理（OLTP）明显区分开来。

联机事务处理 OLTP（On-Line Transaction Processing）是传统关系型数据库的主要应用，用于基本的、日常的事务处理，如超市收银系统。而 OLAP 是数据仓库系统的主要应用，用于支持复杂的分析操作，决策支持，以及提供直观易懂的查询结果。

OLAP 能够使分析人员、管理人员或执行人员从多个角度对信息进行快速、一致、交互的存取，满足在多维环境下特定的查询和报表需求，它的技术核心是"维"的概念。

"维"是人们观察客观世界的角度，是一种高层次的类型划分，一般包含着层次关系，而且这种层次关系有时相当复杂。通过把一个实体的多项重要属性定义为多个维，从而可以使用户对不同维上的数据进行比较，这是 OLAP 的基本思想。因此 OLAP 也可以说是多维数据分析工具的集合。

OLAP 的基本多维分析操作主要有切片和切块、钻取以及旋转等，图 7-10 展示了 OLAP 的多种分析操作方式。

切片和切块是在一部分维上选定值后，关心度量数据在剩余维上的分布。如果剩余的维只有两个，则是切片；如果有三个，则是切块。如图 7-10 中的前 3 个图。

钻取是改变维的层次，变换分析的粒度。它包括向上钻取和向下钻取。向上钻取是在某一维上将低层次的细节数据概括到高层次的汇总数据，或者减少维数；而向下钻取则相反，它从汇总数据深入到细节数据进行观察或增加新维。如图 7-10 中的第 4 图。

旋转是变换维的方向，即在表格中重新安排维的放置（例如行列互换）。如图 7-10 中的第 5 图。

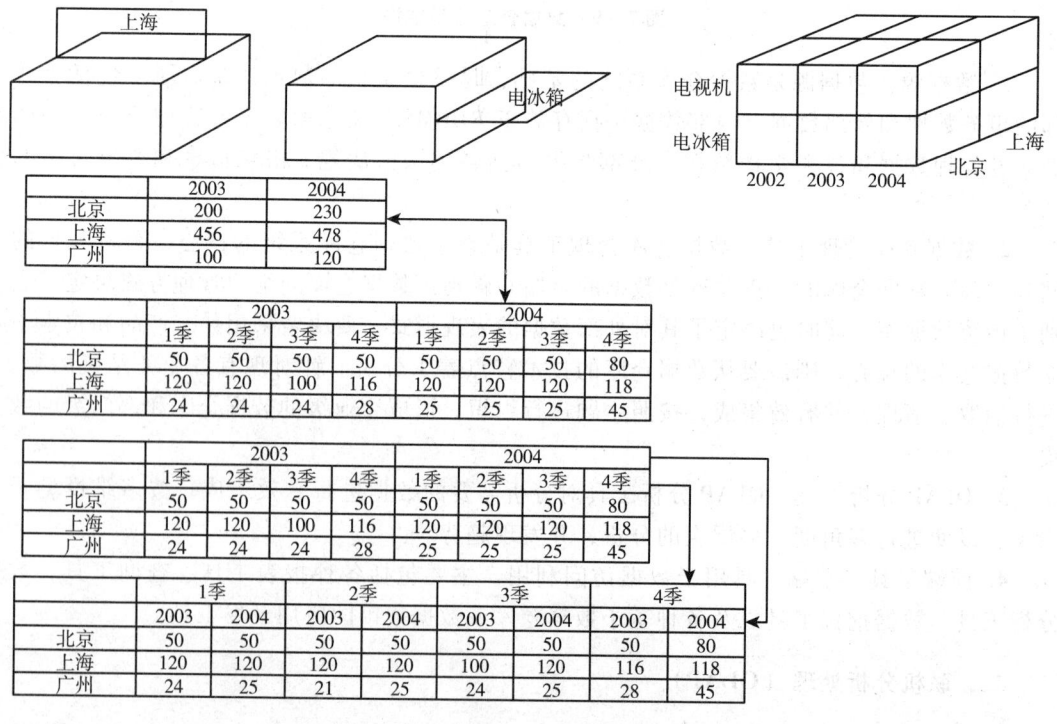

图 7-10 联机分析处理（OLAP）的几种操作方式

三、数据挖掘

数据挖掘又称数据库中的知识发现（Knowledge Discover in Database，KDD），是目前人工智能和数据库领域研究的热点问题，所谓数据挖掘，是指从数据库的大量数据中揭示出隐含的、先前未知的并有潜在价值的信息的非平凡过程。数据挖掘是一种决策支持过程，它主要基于人工智能、机器学习、模式识别、统计学、数据库、可视化技术等，高度自动化地分析企业的数据，做出归纳性的推理，从中挖掘出潜在的模式，帮助决策者调整市场策略，减少风险，做出正确的决策。

最为经典的数据挖掘案例就是"啤酒与尿布"的故事。20世纪90年代，沃尔玛北美一家超市借助数据挖掘技术发现一个有趣的现象：购买尿布的顾客中有70%的顾客同时会购买啤酒。啤酒与尿布是两种完全不相关的商品，但在超市的销售记录中却出现了惊人的相关性。后来，超市管理人员通过观察分析才发现其中的奥妙，那就是北美的全职太太们一般在丈夫上班时会嘱咐她们的丈夫下班时顺道去超市给孩子买尿布，而爱好啤酒的男士们往往会在买完尿布后顺手给自己买上一打啤酒。这种蕴含在大量交易数据中的隐含规律是无法通过人的先知去判断和获取的，只能借助于数据挖掘这种信息技术的手段来实现，这就是数据挖掘所带来的价值。

利用数据挖掘进行数据分析常用的方法主要有分类、聚类、关联规则、特征、序列、模式等，它们分别从不同的角度对数据进行挖掘。

分类是找出数据库中一组数据对象的共同特点并按照分类模式将其划分为不同的类，其目的是通过分类模型，将数据库中的数据项映射到某个给定的类别。它可以应用到客户的分类、客户的属性和特征分析、客户满意度分析、客户的购买趋势预测等，如一个汽车零售商将客户按照对汽车的喜好划分成不同的类，这样营销人员就可以将新型汽车的广告手册直接邮寄到有这种喜好的客户手中，从而大大增加了商业机会。

聚类分析是把一组数据按照相似性和差异性分为几个类别，其目的是使得属于同一类别的数据间的相似性尽可能大，不同类别中的数据间的相似性尽可能小。它可以应用到客户群体的分类、客户背景分析、客户购买趋势预测、市场的细分等。

关联规则是描述数据库中数据项之间所存在的关系的规则，即根据一个事务中某些项的出现可导出另一些项在同一事务中也出现，即隐藏在数据间的关联或相互关系。在客户关系管理中，通过对企业的客户数据库里的大量数据进行挖掘，可以从大量的记录中发现有趣的关联关系，找出影响市场营销效果的关键因素，为产品定位、客户寻找、市场营销与推销等决策支持提供参考依据。

特征分析是从数据库中的一组数据中提取出关于这些数据的特征式，这些特征式表达了该数据集的总体特征。如营销人员通过对客户流失因素的特征提取，可以得到导致客户流失的一系列原因和主要特征，利用这些特征可以有效地预防客户的流失。

四、人工智能技术

人工智能是基于计算机的具有智能和模拟人的智能行为功能的系统。人工智能是计算机科学的一个分支，它企图了解智能的实质，并生产出一种新的能以人类智能相似的方式做出反应的智能机器，人工智能技术可以广泛用于商业智能中。人工智能领域的研究包括机器人、语言识别、视觉系统、自然语言处理、神经网络和专家系统等。

(一) 机器人

机器人是自动执行工作的机器装置。它既可以接受人类指挥，又可以运行预先编排的程序，也可以根据以人工智能技术制定的原则纲领行动。它的任务是协助或取代人类的工作，例如生产业、建筑业或是危险的工作。

(二) 语音识别技术

语音识别技术，也被称为自动语音识别（Automatic Speech Recognition，ASR），其目标是将人类的语音中的词汇内容转换为计算机可读的输入，例如按键、二进制编码或者字符序列。

(三) 视觉系统

视觉系统就是用机器代替人眼来做测量和判断。视觉系统是指通过机器视觉产品（即图像摄取装置）将被摄取目标转换成图像信号，传送给专用的图像处理系统，根据像素分布和亮度、颜色等信息，转变成数字化信号；图像系统对这些信号进行各种运算来抽取目标的特征，进而根据判别的结果来控制现场的设备动作。是用于生产、装配或包装的有价值的机制。它的特点是提高生产的柔性和自动化程度，在一些不适合于人工作业的危险工作环境或人工视觉难以满足要求的场合，常用机器视觉来替代人工视觉。

(四) 自然语言处理

自然语言处理研究能实现人与计算机之间用自然语言进行有效通信的各种理论和方法，是一门融语言学、计算机科学、数学于一体的科学。它并非一般地研究自然语言，而在于研制能有效实现自然语言通信的计算机系统，特别是其中的软件系统。

(五) 人工神经网络

人工神经网络（Artificial Neural Networks，ANNs）也简称为神经网络（NNs）或称作连接模型（Connection Model），它是一种模仿动物神经网络行为特征，进行分布式并行信息处理的算法数学模型。

最近十多年来，人工神经网络的研究工作不断深入，已经取得了很大的进展，其在模式识别、智能机器人、自动控制、预测估计、生物、医学、经济等领域已成功地解决了许多现代计算机难以解决的实际问题，表现出了良好的智能特性。

(六) 专家系统

专家系统是一个智能计算机程序系统，其内部含有大量的某个领域专家水平的知识与经验，能够利用人类专家的知识和解决问题的方法来处理该领域问题。专家系统一般通过提问和解释帮助决策者做出决策。专家系统是人工智能中最重要的也是最活跃的一个应用领域，它实现了人工智能从理论研究走向实际应用、从一般推理策略探讨转向运用专门知识的重大突破。

五、大数据

管理会计信息系统是一个运用企业多样数据进行分析处理的系统。企业的全数据（财务、业务和外部数据）是管理会计信息系统的基础。随着大数据时代的来临，管理会计信息系统的应用将日趋深入和广泛。未来，大数据技术将在管理会计信息系统的应用中得到充分的展现。

随着科学、技术和工程的迅猛发展，近20年来，许多领域（如光学观测、光学监控、健康医护、传感器、用户数据、互联网和金融公司以及供应链系统）都产生了海量的数据，而且数据是源源不断的，这些数据被誉为信息时代的"石油"。根据IDC（国际数据公司）的预测，2020年，全球的数据量将达到35.2ZB（1ZB=10亿TB）。在如此庞大的数据中，隐藏着巨大的机会和价值；同时也对数据处理和分析技术提出了新的挑战。大数据技术就是在此背景下应运而生的。

大数据，或称巨量资料，指的是需要新处理模式才能具有更强的决策力、洞察发现力和流程优化能力的海量、高增长率和多样化的信息资产。

大数据不用随机分析法（抽样调查）这样的捷径，而采用所有数据进行分析处理。大数据的最大特点是4V特点，即Volume（大量）、Velocity（高速）、Variety（多样）、Value（价值）。

（1）Volume（大量）：数据量大是大数据的第一大基本特征。一般情况下，大数据是以PB、EB、ZB为单位进行计量的（1ZB=1024EB，1EB=1024PB，1PB=1024TB），1PB相当于50%的全美学术研究图书馆藏书信息内容。

（2）Velocity（高速）：大数据的第二大特征是高速。高速特点体现在两个方面，一是增长速度快，二是处理速度快。实时数据流处理的要求，是区别大数据应用和传统数据库技术、商务智能技术的关键差别之一。大数据技术遵循1秒定律，即对于大数据应用而言，必须要在1秒钟内形成答案，否则处理结果就是过时和无效的。

（3）Variety（多样）：多样性是大数据的又一大特点。主要体现在：①数据来源多。互联网、物联网、企业内外部大量应用系统等都是大数据的源泉。②数据类型多。在大数据中，保存在关系数据库中的结构化数据只占少数，80%-90%的数据是图片、音频、视频、模型、连接信息、文档等非结构化和半结构化数据。所谓结构化数据，是指能够用数据或统一的结构加以表示的数据，如数字、符号等。这类数据可以以二维表结构的形式存储到传统的关系型数据库中。非结构化数据是指数据结构不规则或不完整，没有预定义的数据模型，不方便使用数据库二维逻辑表来表现的数据，包括所有格式的办公文档、文本、图片、XML、HTML、各类报表、图像和音频/视频信息等。半结构化数据是介于结构化和非结构化之间的数据，XML、HTML文档就属于半结构化数据，它一般是自描述的，数据的结构和内容混在一起，没有明显的区别。非结构化数据和半结构化数据对数据处理的能力要求更高。③除了数据来源多和数据类型多之外，大数据的多样性还体现在数据之间的关联性强。数据之间会产生频繁交互，如游客在旅行途中上传的图片和日志，就与游客的位置、行程等信息有着很强的关联性。

（4）Value（价值）：价值性是大数据的根本特性。挖掘价值是大数据技术存在的意义所在。但是，大数据的价值密度相对于数据仓库等要低得多，挖掘大数据的价值类似于沙里淘金，即从海量的数据中挖掘稀疏但是珍贵的信息。

在大数据的环境下，一切都会发生变革，包括我们的思维模式。以前，人们对数据分析处理习惯于采用抽样统计分析的方法，在大数据环境下，分析的数据集已经不再是随机样本数据了，而是所有数据。正是基于全体数据，数据量的大幅增加会造成结果的不准确，与此同时，一些错误的数据也会混进数据库，按照传统的"小数据"分析技术，最基本、最重要的要求就是减少错误，保证质量，因为收集的信息量比较少。但是，在大数据环境下，对数据的研究允许不精确，接受适量错误的存在，通过对混杂的全体数据进行分析处理，往往能得到反映现实更好的结果。同时，在大数据环境下，人们追求的研究结果是数据的相关性（即数据"是什么"），而非因果关系（即"为什么"），大数据技术的研究只需要通过数据的相关性来发现价值。

本章小结

本章全面介绍了信息系统的建设过程和相关技术支持。首先从信息系统开发和建设的角度详细阐述了管理会计信息系统开发的主要过程，这些过程包括系统规划、系统分析、系统设计、系统实施和系统维护等，重点介绍了各个阶段所需要完成的主要工作。其次，描述了管理会计信息系统的应用框架和系统特点。最后，就管理会计信息系统的核心技术支持——商务智能进行了介绍，重点阐述了商务智能中所运用的数据仓库、在线数据分析、数据挖掘、人工智能以及大数据等技术。

本章习题

1. 系统开发过程一般可分为几个阶段？各个阶段的主要工作内容是什么？
2. 常见的系统开发方法有哪些？各自适合哪类系统的开发？
3. 系统可行性研究主要包含哪几个方面？
4. 业务流程图和数据流程图各自主要的用途是什么？
5. 管理会计信息系统部件包含哪几部分？
6. 管理会计信息系统的主要特点有哪些？
7. 什么是商务智能？
8. 什么是数据仓库？数据仓库具有哪些特点？
9. 联机分析处理（OLAP）主要的多维分析操作方式有哪些？
10. 大数据的主要特点是什么？

参考文献

［1］财政部，《管理会计应用指引第 802 号——管理会计信息系统应用指引》，2016 年。

［2］刘鹏，《信息系统与商业创新》，清华大学出版社，2017年版。

［3］哈格·卡明斯，《信息时代的管理信息系统》（原书第8版），严建援等译，机械工业出版社，2015年版。

［4］张瑞君、蒋砚章，《会计信息系统》（第7版），中国人民大学出版社，2015年版。

［5］Efraim Turban，《管理信息技术》（原书第5版），赵苹等译，中国人民大学出版社，2009年版。

［6］薛华成，《管理信息系统》（第5版），清华大学出版社，2007年版。

［7］George H. Bodnar、William S. Hopwood，《会计信息系统》（原书第8版），卢俊译，清华大学出版社，2003年版。

［8］罗超理、李万红，《管理信息系统原理与应用》，清华大学出版社，2002年版。

［9］林志军，《会计信息系统原理与应用》，东北财经大学出版社，1999年版。

［10］［英］维克托·迈尔-舍恩伯格、肯尼思·库克耶，《大数据时代》，盛杨燕、周涛译，浙江人民出版社，2013年版。

［11］韩向东，《构建基于商业智能的管理会计信息系统》，《财务与会计》，2015年。